고려 양반과 兩班田 연구

윤한택

서울대 대학원 국사학과에서 석사학위, 고려대 대학원 사학과에서 박사학위를 받았다.
서울대 · 고려대 · 조선대 · 동아대 등에서 강의하였으며,
구로역사연구소(현 역사학연구소) 소장, 경기문화재단 문예진흥실장 · 전문위원, 경기대
학교 겸임교수 등을 역임하였고, 현재 역사건축기술연구소 이사로 있다.

주요논저
<전자본주의사회의 성격>≪사회과학개론≫(백산서당, 1987)
≪바로보는 우리 역사≫(공저, 구로역사연구소, 1990)
≪高麗 前期 私田 硏究≫(고려대 민족문화연구소, 1995)
<토지국유론과 사유론>≪고려시대사 강의≫(늘함께, 1997)
≪한 권으로 읽는 한국사≫(공저, 휴머니스트, 2002)
<전시과 체제에서의 사전의 성격>≪한국 전근대의 주요 쟁점≫(역사비평사,
2003)

고려 양반과 兩班田 연구

값 20,000원

2011년 9월 5일 초판 인쇄
2011년 9월 10일 초판 발행

저   자 : 윤 한 택
발 행 인 : 한 정 희
발 행 처 : 경인문화사
편   집 : 신학태 김지선 문영주 안상준 김송이 맹수지
서울특별시 마포구 마포동 324 - 3
전화 : 718 - 4831~2, 팩스 : 703 - 9711
이메일 : kyunginp@chol.com
홈페이지 : 한국학서적.kr / www.kyunginp.co.kr
등록번호 : 제10 - 18호.(1973. 11. 8)

ISBN : 978-89-499-0802-1 93910
© 2011, Kyung-in Publishing Co, Printed in Korea

고려 양반과 兩班田 연구

윤 한 택

景仁文化社

책머리에

글쓰기, 다시 시작이다.

한글을 배워 책읽기를 주로 하다가 이른바 글쓰기는 대학 초년에 '자서전'이랍시고 지난날을 정리하면서 시작했던 것 같다. 지금 그 글은 흔적조차 남아 있지 않지만, 내가 생각하는 글쓰기—나를 '날'세우고, 너를 '널'뛰듯 비판하는 수준을 넘어 그로 제삼자화하여 '그리워'하는 글쓰기—는 거기서 비롯되지 않았을까 싶다.

그 글쓰기는 대학 생활 내내 군사독재 정권에 대한 비판으로, 식민성·후진성 극복을 위한 자주적 근대화의 씨앗에 대한 탐구로 이어졌다. 대학원에 진학하고부터는 동양고전 학습과 이를 활용한 한국 중세 봉건제의 해명에 집중되었다.

그 성과가 박사학위 논문 ≪고려 전기 사전 연구≫다.

그 이후 나의 글쓰기는 사실 중단되었다. 이때까지 문제의식을 계승할 만한 현실적인 바탕이 마련되지 못했으므로, 글쓰기라고 해봐야 오직 밥벌이를 위한 잡글에 불과했다고 여겨진다. 이른바 문화니 창조도시니 하는 주제로 여러 번 글을 썼지만, 그것은 떠밀려 널뛰기하는 억지 춘향 노릇이었다. 경기도 개발지역의 지표조사를 통해 지역사에 대한 글도 적지 않게 썼지만, 이것 또한 일정한 전망을 가진 의미 있는 글쓰기로 보기에는 한참 못 미치는 것이었다. 박사학위 논문 내용을 풀어서 ≪내일을 여는 역사≫, ≪고려시대사강의≫ 등에 실었는데, 되돌아보면 그 또한 도가 지나쳐 사실을 탐구하는 역사학의 기본 금도를 어긴 경우가 있었던 것 같아 마음이 편치 않다.

이제 이 밥벌이마저 벗어야 하는 정년에 이르러 다시 글쓰기를 생각한다. 박사학위 논문이 우여곡절 끝에 마음과는 다르게 '사전'이란 제목을 붙인 사료집이 되어버렸지만, 원래 계획은 한국적 봉건 가령지인 '양반전'을 보여주고 싶었었다. 박사학위 논문 작성을 위해 준비해둔 사료 중에서 관련된 것을 정리해 보았다.

우선, 1장은 <고려전기 양반과 양반전>이란 글을 바탕에 깔았다. 공전과 사전, 공민과 사인을 연계하는 신분적 토지소유 원리인 전정연립, 그 중 국가 운영자인 사인의 특권적 소유토지인 사전에 관한 연구의 성과를 바탕으로 하여, 그 대표적 집단인 문무담당층인 양반과 그들의 특권적 소유 토지인 양반전을 사료에 근거하여 논증하였다.

다음으로 2장에서는 급하게 정리되지 않은 채로 실었던 <고려전기 양반공음전시와 등과전>을 차분히 풀어서 썼다. 고려 양반 입사로의 주요한 두 축인 음서와 과거, 그에 상응하는 초입사전으로서의 양반공음전시와 등과전이란 전망을 가지고 사료를 재검토하여 어느 정도 개연성 있는 결론을 도출하였다. 말하자면 '입사'가 공·사를 연계하는 전정연립 절차 바로 그것이었다.

제3장은, 양반전은 전정연립을 매개로 하여 운영되는데, 그것은 본관과 세계를 씨줄과 날줄로 하는 가문을 바탕으로 하는 가령지의 성격을 가진다고 논증한 글을 배치하였다. 구체적인 사례 연구 성격을 띤 <고려전기 경원이씨가의 과전지배>라는 글이다. 여기서 고려 전기 유력 가문인 문벌귀족의 대표격인 인주이씨 가문의 양반과전과 식읍, 식실봉, 혼계, 작위 등의 연관을 검토하였다.

제4장은 제3장 유력 가문 인주이씨 가령지 지배와 연계된 주변 한단 가문의 존재양태를 '군포지역'의 사례를 통하여 그 일단을 살펴보려고 하였다. 군포 지역을 둘러싼 영현, 속현의 변천 과정을 살펴보면서 그것

이 유력 가문의 가령지 지배의 변천 과정과 궤를 같이 한다는 개연성을 추정할 수 있었다.

시간에 쫓기어 더 많은 사례 연구를 자료만 수집해 놓고 정리하지는 못했다. 적어도 한강 이남의 수주 최씨, 임진강 수계의 파평 윤씨 가문 가령지 연구는 적절한 시기에 마무리 지을 기회가 있기를 기대한다.

고려 양반전의 선행 형태에 관한 글을 보론 <신라 골품귀족의 양반전 지배>라는 제목으로 실었다. 글의 작성 순서로는 가장 이른 변태섭 선생님 화갑논문집에 실었던 글이다. 경덕왕대 문무관료전이 우리나라 중세 봉건 가령지인 양반전의 시원형태라는 전망을 가지고 배치하였다.

신라 문무관료전, 고려 양반전을 이은 조선왕조 봉건제에 대한 연구 중 근래에 정리된 이경식 교수의 여러 논고, 특히 <조선전기 양반의 토지소유와 봉건>이란 글에서 그 변질된 유제의 형태를 볼 수 있다. 양반 공급원으로서의 골품귀족 → 문벌귀족, 권문세족 → 신흥사족으로의 변천과정을 염두에 두면서 독자들이 이 책과 연관하여 읽는다면 좀 더 이해가 쉽지 않을까 하는 마음에서 같이 읽기를 정중히 부탁드린다.

마지막으로 하마나까 노보루[濱中昇]가 나의 사전연구에 붙인 언급에 대해 한 마디 해두지 않을 수 없다. 그는 '용어'와 '용례'를 혼돈하여 근원적인 비판 논점의 오류를 범하였다. 이에 대한 나의 해명이 늦었던 것은 순전히 현실적 연구 여건의 제한 때문이었다. 아직도 사전연구에서 제시한 나의 연구 방법과 결론에 대한 생각은 변함이 없다. 물론 내가 수긍할 만한 씨의 진전된 연구 성과가 나오면 그때 가서 재검토해볼 여지를 남겨둘 것을 약속한다.

결국 고려 양반전은 본관과 세계로 이루어진 가문을 바탕으로 한 봉건 가령지였으며, 그 바탕에 공·사 신분과 토지를 연계시키는 전정연립을 과거와 음서의 형태로 매개하는 사회적 계약관계가 놓여 있었다. 이러한 신분적 토지 소유라는 한국에서의 봉건제는 고려 양반전에서 그 전형적인 성격을 보여주고 있다.

나의 젊음을 송두리째 바쳤던 고려 전시과 연구는 나에게 쌀 한 톨, 실오라기 하나, 벽돌 한 장 가져다주지 않았다. 몸에 맞지 않는 옷을 입고 주변을 기웃거리며 당해온 수모도 이젠 끝이다. 그러나, 어쩌랴! 그리운 이는 그대뿐인데.

여기저기 흩어진 글을 이렇게 모양 있게 정리해준 경인문화사에 감사드린다. 손으로 직접 썼던 골품제 관련 글을 비롯하여 벽자 투성이인 여러 논문을 재작성하고 교정해준 이정호 연구교수에게도 감사드린다.

다시 시작이다, 그대를 그리워하는 글쓰기.

2011. 6.

절로삶터지기 七玄 윤한택

목 차

책머리에

제1장 고려전기의 양반과 양반전

1. 머리말 ··· 3
2. 양반의 용례 ··· 5
3. 양반제 ··· 37
4. 양반전 ··· 50
5. 맺음말 ··· 63

제2장 고려전기 양반공음전시와 등과전

1. 머리말 ··· 69
2. 음서와 양반공음전시 ····························· 70
3. 과거와 등과전 ······································· 99
4. 맺음말 ··· 114

제3장 문벌귀족의 양반전 지배 - 경원이씨가의 사례(고려전기 경원이씨가의 과전 지배)

1. 머리말 ··· 119
2. 본관과 세계 ··· 122
3. 과전의 수급과 운영 ······························· 139
4. 맺음말 - '가령지'의 음미 ······················ 161

제4장 양반전 지배 구조 하 한단가문의 존재 양태 - 군포지역의 사례

1. 후삼국의 통일과 고려 초기 ·················· 185
2. 지방제도의 변화 ·················· 189
3. 왕규의 난 ·················· 193
4. 최충헌 정권과 수리사 ·················· 197

보론 : 신라 골품귀족의 양반전 지배(신라 골품귀족의 경제적 기반)

1. 머리말 ·················· 227
2. 연구사의 소묘 ·················· 230
3. 용어에 대한 전제적 검토 ·················· 237
4. '골품' 및 '品'의 사회적 기능과 그 위치 ·················· 245
5. 골품의 경제적 기반 ·················· 251
6. 맺음말 ·················· 269

찾아보기 ·················· 271

x

수록논문의 게재 학술지

○ 〈고려전기의 양반과 양반전〉, 《역사연구》 5, 역사학연구소, 1997(개고 수록)

○ 〈고려전기 양반공음전시와 등과전〉, 《京畿史學》 2, 경기사학회, 1998 (개고 수록)

○ 〈高麗前期 慶源 李氏 家의 科田支配〉, 《역사연구》 1, 역사학연구소, 1992(개고 수록)

○ 〈고려시대의 군포〉, 《軍浦市史》 2, 군포시사편찬위원회, 2010

○ 〈新羅 骨品貴族의 經濟的 基盤 - 骨品·品의 비교를 통한 文武官僚田·百姓丁田의 복원시도-〉, 《邊太燮博士華甲紀念 史學論叢》, 三英社, 1985

제1장
고려전기의 양반과 양반전

1. 머리말

농업이 주산업이었던 고려사회에서 기본 생산수단인 토지는 전정이라 불리웠고, 전정 그 자체는 당시 역전법이 존재하던 상황에서 그 지력이 충분히 강성하여 경작되고 있었으며, 양전의 대상으로 부세단위가 되는 토지였다. 나아가 전정은 인정, 정호 등과 연관되어 전정연립 체계를 이루고 있었는데, 이것은 그 당시 사회적 역무의 2대 범주인 공·사의 상호전화 과정이기도 하였다.

또한 사전은 자기 의사의 독립성을 바탕으로 한 통치권의 위임이라는 사회적 조건과 본원적인 혈연의 계승을 바탕으로 한 생산경영·식화·탈점 등의 주체적 조건이 결합되어, 자기 노동 산물의 결과인 보유·사용·상속·증여·제한적 수용이란 일반적 속성을 그 바탕에 가지면서 타인의 노동을 매개로 잉여생산물을 지대의 형태로 실현하는 토지였다. 그리고 사전 실현을 위한 사회적 조건과 주체적 조건은 원래 사전을 둘러싼 통일된 양면이었지만, 그 발전 과정에서 점차 괴리됨으로써 그 실현이 어렵게 되어 마침내는 붕괴에 이른 것으로 파악된다. 그것은 전정연립의 운명과 궤를 같이하는 것이었으며, 이것이 전시과에서 사전이 갖는 역사성이기도 하다.[1]

이러한 사전의 정의와 그 제도적 함의, 역사적 성격은 사전의 한 지목인 양반전에서도 원칙적으로 관철될 것으로 예견된다. 즉, 양반 자격으로의 통치권의 위임이란 사회적 조건과 혈연의 계승을 바탕으로 한 생산

---

[1] 이상의 서술은 윤한택, 1995 《고려 전기 사전 연구》 참조

경영·식화·탈점이란 주체적 조건이 결합하여, 타인의 노동을 매개로 잉여생산물을 지대의 형태로 실현시키는 토지 정도로 규정할 수 있을 법도 하다. 그러나 이러한 규정은 사전의 정의를 찾아가는 과정에서 얻어진 부수적인 성과물이므로 이를 바로 결론으로 끌고 갈 수는 없다. 이제 이것을 전정이란 대범주, 사전이란 중범주에 이어 양반전이란 소범주를 설정하여 체계적으로 검증해 들어가기로 한다.

양반전은 궁원전, 사원전, 군인전, 기인전 등과 같이 사전의 한 지목을 이루고, 특히 국가 운영의 근간인 문무반직이란 사회적 조건과 결합되어 있으므로, 고려사회 경제체제를 이해하기 위한 중요한 연구 대상이 될 수밖에 없다. 그러나 현실적으로 연구에 대한 관심이 다소 부족했던 것 같다. 그렇게 된 데에는 크게 두 가지 이유가 있었던 것으로 보인다. 첫째로 양반이 조선왕조 지배계층의 대명사로 한정되어 왔다는 점이다. 이 점은 관료제가 조선왕조에서 가장 정비된 모습으로 보였고, 따라서 양반 연구가 조선왕조 전공자에 의해 주로 이루어졌다는 사정에서 오는 것이다. 물론 양반의 어원, 기원, 존재형태, 해체기의 모습 등에 대한 다양한 추구가 시도되지 않은 것은 아니지만, 양반체제의 총체적 복원에 이르지는 못하였다.[2]

고려의 양반전이 중심적인 연구 대상으로 취급되지 못한 두 번째 이유는 토지소유론에 대한 편향된 이해가 그 근저에 가로놓여 있었기 때문이다. 국유론적 이해체계에서 양반이 토지 소유의 주체로 끼어들 여지는

---

2) 대표적인 연구성과는 다음과 같다.
　　김석형, 1958 <양반론>, ≪역사논문집≫ 제3집
　　이성무, 1980 ≪조선초기 양반연구≫, 일조각
　　고려시대 양반제에 대한 연구로는 다음 논문이 참고가 된다.
　　末松保和, 1953 <高麗初期의兩班について>, ≪東洋學報≫ 36-2
　　변태섭, 1961 <고려조의 문반과 무반>, ≪사학연구≫ 11 ; 1971 ≪고려정치제도사연구≫에 재수록

없다. 현재의 연구성과와 관련해서는 사유론적 이해의 편향이 크게 영향을 미치고 있다. 즉 양반전은 양반과전인데, 이는 한정유기적인 납공토지이거나 지방관의 책임하에 경영되고 있었던 만큼 소유권적 관점에서 볼 때 그 지배력이 매우 미약한 것으로 이해될 수밖에 없었다. 이에 비해 양반공음전시는 무기영대적 전체토지로 사적 지배력이 강한 것으로 이해되었다. 이에 따라 양반전이 과전과 공음전으로 분절되어 총체적 해명이 불가능하게 되었다. 이 점에 대한 총체적 검토와 대안의 모색은 다음 기회로 미루기로 한다.[3]

여기서는 양반전에 대한 지금까지의 연구성과를 고려하면서 주로 용례를 중심으로 재검토해 보고자 한다. 우선 양반에 대한 용례를 체계적으로 정리하여 그 범주를 확정하고, 양반 제도와 관련된 몇 가지 문제를 음미한다. 계속하여 양반전에 대한 용례 검토를 통하여 그 범주와 성격의 일단을 해명한다.

2. 양반의 용례

고려전기의 양반은 궁원·사원·군인·기인 등과 더불어 사적 영역의 일환을 형성하면서 공·사 전화라는 전정연립 체계 내에 연계되어 있었다. 그러므로, '전정', '사전'과 마찬가지로 이 양반도 그 자체의 고유한 의미를 가지면서도 공·사에 공통적인 일반 인민의 존재와 연계되어 있는 속성을 가지는 것으로 보인다. 여기서는 우선 양반 용례의 분석을 통하여 실증적으로 확인하기로 한다.

양반의 용례는 일단 양반 그 자체와 문무, 동서 관련 용례로 나누어서 살피고 그 제도적 연관하에서 이를 총화하기로 한다. 이들 용례 분석은

---

3) 이 책 제2장 <고려전기 양반공음전시와 등과전>에서 다룬다.

당시 사회의 양대 기본요소인 인간과 토지, 그리고 이의 총체로서의 호
에 대응하는 주체·객체·사회적 실현체라는 분류 기준에 따라 진행한다.

먼저 일반 용례부터 보기로 하자. 그 주체와 관련해서 다음의 사례들
이 찾아진다.

A1 敎 兩班 職事五品以上 子孫若弟姪 許一人入仕[4]

A2 揭榜云 國家之制 近仗及諸衛 每領 設護軍一 中郞將二 郞將五
別將五 散員五 伍尉二十 隊正四十 正軍訪丁人一千 望軍丁人六百 (중
략) 今國家大平 人物如古 宜令一領 各補一二百名 京中五部坊里 除各司
從公令史主事記官 有蔭品官子 有役賤口外 其餘兩班 及內外白丁人子
十五歲以上 五十歲以下 選出充補 令選軍別監 依前 田丁連立 (중략) 其
閒 諸宮院 及兩班等 以丘史賤口 拘交造飾求請者 宮院則 所掌員 兩班
則 勿論職之有無 依例科罪 諸衙門 詐稱通粮丘史 追錄名籍 知情規避者
亦皆科罪[5]

A3 定兩班功蔭田柴法 一品 門下侍郞平章事以上 田二十五結 柴十五
結 二品 祭政以上 田二十二結 柴十二結 三品 田二十結 柴十結 四品 田
十七結 柴八結 五品 田十五結 柴五結 傳之子孫 散官減五結 樂工賤口
放良貟吏 皆不得與受 功蔭田者之子孫 謀危社稷 謀叛大逆 延坐 及雜犯
公私罪 除名外 雖其子有罪 其孫無罪則 給功蔭田柴三分之一[6]

A4 兩京 文武兩班 各以官品高低 許加父母妻 封爵[7]

A5 中書門下奏 明法業 但讀律令 其登科甚易 且於外敍 必六經州牧
實爲出身捷俓 緣此 兩班子弟 及貢士 求屬者 漸多[8]

A6 救急都監 以年饑 發崔竩倉穀 賜太子府 二千斛 諸王宰樞 各六十
斛 宰樞致仕 及顯官三品以上 各三十斛 三品致仕 及文武四品 各二十斛
五六品 各十斛 九品以上 七斛 又 賜兩班寡婦 及城中居民 軍士僧徒 諸
役人 有差[9]

---

4) 《고려사》 권 75 선거지 3 범서서 현종 5년 12월
5) 《고려사》 권 81 병지 1 오군 정종 11년 5월
6) 《고려사》 권 78 식화지 1 공음전시 문종 3년 5월
7) 《고려사》 권 75 선거지 3 범봉증지제 예종 3년 2월
8) 《고려사》 권 73 선거지 1 선거 1 과목 1 인종 18년 윤6월
9) 《고려사》 권 80 식화지 3 진휼 수한역려진대지제 고종 45년 4월

A7 敎曰 (중략) 一 三韓壁上功臣 三韓後代代壁上功臣 配享功臣 征
戰沒陣而亡功臣 子孫等 以賤技 落在工商匠樂者 凡以功與恩 已屬兩班
而父母無痕咎者 宜推明許通 其功臣之田 如有孫外人占取者 勿論年限
依孫還給 同宗中 功臣田 若一戶合執者 辨其足丁半丁 均給 功臣子孫
屬南班者 改東班10)

A8 敎曰 (중략) 甲申 丁亥年 東蕃元帥 尹瓘 吳延寵 爲國亡身 庚益
懷節寵方 崔甫 及出衆成功 對戰亡身 兩班 軍人 及行諜未還 記事 儒一
內外玄孫中 例許一名初職 乙卯年 西事成功 及戰亡 兩班員將 庚戌年
昌化軍衛社 景純 李雄 等 內外孫中一名 許初職 (중략) 凡功臣子孫 以賤
技落在工商匠樂者 推明許通 屬南班者改東班11)

A9 王在金文衍家 百官會梨峴新宮 王下敎曰 (중략) 一 (중략) 自今 若
宗親娶同姓者 以違背聖旨論 宜娶累世宰相之女 爲室 宰相之男 可聽娶
宗世之女 若家世卑微 不在此限 新羅王孫 金琿一家 亦爲順敬太后叔伯
之宗 彥陽金氏一宗 定安任太后一宗 慶源李太后 安山金太后 鐵原崔氏
海州崔氏 孔岩許氏 平康蔡氏 淸州李氏 唐城洪氏 黃驪閔氏 橫川趙氏
坡平尹氏 平壤趙氏 並累代功臣宰相之宗 可世爲婚媾 男尙宗女 女爲宗
妃 文武兩班之家 不得娶同姓 外家四寸 亦聽求婚12)

A1은 음서에 관한 현종조의 교서이다. 직사 5품 이상에게 자·손·제·
질 중 1인의 입사를 허용한다는 내용이다. 이 기사는 양반 주체가 혈연
을 매개로 자질을 계승한다는 관점에서 두 가지 사실이 주목된다. 첫째,
그 범위에 관한 것으로, 여기서는 자·손·제·질의 3촌까지가 고려되고
있다. 둘째, 이 경우 양반은 입사자 즉 문무 기능 담당자라는 고유한 의
미를 갖지만, 이 고유한 의미는 그 당사자 외에 일반 공민 자격인 가족
을 포함하는 일정 혈족집단의 존재와 연계되어 있다는 점이다.

A2는 근장 및 제위 소속 정인(丁人) 보충과 그 규정 위반자에 대한
처벌을 명시한 정종조의 방문이다. 즉 경중 오부 방리에서는 각사의 공

---

10) 《고려사》 권 33 세가 33 충렬왕 24년 춘정월 무신
11) 《고려사》 권 75 선거지 3 범서공신자손 충선왕 즉위
12) 《고려사》 권 33 세가 33 충선왕 복위 동11월 신미

무에 종사하는 영사·주사·기관과 음서의 대상이 되는 품관의 아들, 그
역무가 있는 천구를 제외하고 그 나머지 양반 및 내외 백정인의 아들로
서 15세 이상 50세 이하의 남자를 선출하여 보충하고, 선군별감으로 하
여금 이전대로 전정을 연립케 하고 있다. 또한 그 사이에 궁원과 양반
등이 규정대로 하지 않고 거짓으로 꾸며서 구사나 천구를 대신 보충하고
자 하는 자가 있었는데, 궁원의 경우 그 관장 관원을, 양반의 경우 유·무
직을 막론하고 처벌하도록 하고 있다.

혈연과 자질 연립이란 주체의 관점에서 보면, 먼저 그 연립의 범위로
서 부자 관계가 거론되고 있다. 그 자질의 연립과 관련해서는 정인이란
문무 기능의 계승과 토지의 연립이 이루어지고는 있지만, 그 기능은 이
미 천역으로 여겨지고 있고, 또한 구사나 천구를 바꿔치기하는 일이 발
생할 정도로 국가 운영에의 참여라기보다는 몸으로 떼우는 일로 바뀌어
가고 있음이 확연하다. 또한 그 아들이 정인 선출 보충의 자격자로서 같
이 거론되고 있는 백정은 농업에 종사하는 일반 공민이다. 문무 기능을
담당하고 있는 양반이 그와 다른 기능을 연립하고 있는 자식과 혈연적으
로 연계되어 있고, 정인이란 형식상의 양반 자격자는 합법적으로 일반
공민, 불법적으로는 구사, 천구 등 천인들과의 연립이 사실로 확인된다.

A3은 잘 알려진 문종조 양반공음전시법 기록이다. 혈연과 자질의 연
립이란 주체의 관점에서만 보면, 그 연립의 범위는 자·손에 미치고 있
다. 그런데 여기서는 전시의 연립만 확인될 뿐 이와 아울러 그 문무 기
능 담당자로서의 자질이 연립되고 있는지는 명시되어 있지 않다. 양반
용어와 관련해서는 그 수여대상에서 제외되고 있는 '악공 천구로서 방량
된 원리(樂工賤口 放良貟吏)'라는 구절이 주목된다. 이들은 천출이지만
명백히 양반의 범주에 포함된다. 따라서 여기서의 양반은 명백히 문무
기능 담당자의 의미이다. 그러면서도 이 양반은 공음전시를 매개로 혈연
적으로 그 시점에서 일반 공민의 자격인 그 자손과 연계되어 있고, 그

자질의 측면에서는 악공 천구라는 전혀 다른 기능과 연계되어 있다.

양반의 혈연적 범위와 자격이 부·모·처에 미치고 있음을 예종 연간의 기록인 A4가 보여준다. 양경 문무양반의 관품의 고저에 따라서 그 부·모·처에게 봉작이 가해지고 있는 것이다. 혈연과 자질의 연립이란 주체의 관점에서 보면, 그 연립의 범위가 부·모·처에까지 미치고 그 자질도 아래로뿐만 아니라 위와 옆으로도 연립되고 있음이 확인된다. 여기서도 문무 기능을 가지고 국가 운영을 담당하는 양반이 일반 직능을 가지고 있는 일정 범위의 인간과 혈연적으로 연계되고 있음이 보인다.

A5는 양반 자제가 명법업으로 출신하고 있는 사정을 보여주는 인종조의 기록이다. 명법업은 율령만 읽으면 되므로 제술업·명경업에 비해 등과가 훨씬 쉽고, 따라서 양반 자제들로서 이에 응시하고자 하는 자가 점차 많아지고 있다고 전한다. 여기서 확인되는 혈연의 연립 범위는 자·제이고, 국정 운영에 참여하는 문무 기능이 명법업이란 과거시험을 매개로 일반 공민 자격으로부터 전화·부여되고 있다.

흉년을 당하여 구급도감이 최의의 창고 곡식을 태자부 이하 제 역무가 있는 자에게 나누어준 사실이 A6에서 보인다. 그 수급 대상 중에 양반의 과부가 따로 거론되어, 국가 운영 담당자란 양반의 의미와 그와 더불어 혈연을 재생산하는 당사자인 처가 그와 연관되는 범위로서 확인된다.

A7, 8은 충선왕 즉위 교서 중의 일부이다. 삼한벽상공신, 삼한후대벽상공신, 전몰공신 자손 등이 천한 기능으로 공·상·장·악에 떨어져 있는 자로서, 무릇 공로와 은사로써 이미 양반에 소속되고 그 부모가 아무런 흠과 잘못이 없는 자는 허통하도록 하고 있다. 혈연과 자질의 연립이란 주체의 관점에서 살피면, 그 범위가 부모·자·손에 미치며, 그 기능이 공·상·장·악자로부터 문무 담당자로 연립되고 있음이 확인된다. 아울러 문무 담당자란 고유한 양반의 의미와 이들 양반의 존재가 천한 기능인인

공·상·장·악인을 포함한 혈족집단이란 일반적 전제 위에 서 있음에 유의할 필요가 있다. 또 이어지는 공신전 전급 범위로서 '동종(同宗)'이 거론되고 있는데, 이 용어도 양반 주체의 연립 범위로서 고려됨직하다. 그 동일종족의 범위가 구체적으로 어디까지인지는 연구되어야 하겠지만, 이 시기 그러한 범위가 존재한 것은 확실하다.

갑신년·정해년 동여진 정벌 시의 유공·전몰 양반의 내외현손 중에서 상례대로 한 사람에게 초직을 허용하고, 을묘년 서경 묘청 토벌 시 유공 및 전몰 양반 원장의 내외손 중 1명에게 초직을 허용하는 조치도 내려지고 있다. 문무 담당자로서의 양반의 의미와 그 양반의 혈연과 자질의 연립 범위가 내외손·내외현손까지 미치고 있음을 보여준다.

A9는 고려후기 '재상지종(宰相之宗)'을 보여주는 자료로 알려진 충선왕 복위 교서 중 동성금혼 관련 조항이다. 여기서는 종친과 아울러 문무 양반 가문의 동성금혼령도 내려지고 있다. 양반 혈연을 재생산하는 당사자들 간의 결합에서 동성이 배제되고, 이것이 양반 자격을 연립하는 조건으로 되어, 혈연 자체의 연립과 자질의 연립이 서로 충돌하는 모습이 보인다. 이 교서에서 외가 4촌의 혼인은 허용되고 있어, 혈연을 재생산하는 운영원리로서 친가 중심의 편향이 보이고 있다. 결국 적어도 이 시점에서는 양반의 혈연과 자질을 연립하는 범위로서 친계 편향의 성씨 집단이 현실적으로 기능하고 있고, 이것이 법제화되고 있음이 확인된다. 여기서의 양반의 의미도 문무 담당자란 고유의 의미를 가지면서, 그를 배태하는 일정한 혈족집단과 연계되어 있다는 사실도 지적해 둘 만하다.

이렇게 혈연과 자질의 연립이란 주체의 관점에서 양반의 용례를 분석하면, 몇 가지 사실이 정리될 수 있다. 그 연립의 범위로서 부·모·처·자·제·질·내외현손·동종·동성 등의 범주가 사료에서 잡힌다. 자질의 연립과 관련해서는 양반 고유의 문무 기능과 여타의 농·공·상·장·악 등의 기능이 적어도 당대 한에서는 상호 연관되어 있음이 확인된다. 또한 후기의 동성금혼 자료는 혈연 연립과 자질 연립 사이의 충돌을 보여주는 사실로 읽혀, 이는 공·사 연립의 애로를 가져오는 사회적 변화와 동일한 추세로 볼 수 있을 것 같다.

이제 다음으로 객체 관련 양반 용례를 보기로 하자. 여기서는 자료의 종류에 따라 가산 일반 및 토지, 수입, 지출 항목으로 나누어 살핀다.

B1 御觀風殿 下敎曰 朕聞鎬京 萬世不衰之地 (중략) 頒布新令 (중략) 一遵尙仙風 (중략) 近來 兩京 八關之會 日減舊格 遺風漸衰 自今 八關會 預擇兩班 家産饒足者 定爲仙家 依行古風 致使人天咸悅[13]

B2 册子泓 爲王太子 赦 加內外文武兩班散職 兼賜田柴[14]

B3 設九穀 覆以靑帊 (중략) 庶人四十人 竝靑衣 耕牛八十 每兩牛 隨牛人一人 耒耜四十具 畚二十具 鍤一十具 以木爲刃 (중략) 文武兩班 常起居 (중략) 庶人 以次耕 于千畝 (중략) 樞密以下左右侍臣 及文武百寮 各就位立班 (중략) 閤門 引太子公侯伯宰臣 入就位 常起居 訖 (중략) 文武百寮 常起居 訖[15]

B4 給田都監議請 文武兩班 前受之田 肥嶢不均 隨職改給 權勢之家 皆占良田 惡其不便於已 沮其議[16]

---

13) ≪고려사≫ 권 18 세가 18 의종 22년 춘3월 무자
14) ≪고려사≫ 권 18 세가 18 의종 7년 하4월 기묘. 비슷한 용례로는, ≪고려사≫ 권 78 식화지 1 전제 서문, ≪고려사≫ 권 78 식화지 1 목종 원년 12월, ≪고려사≫ 권 78 식화지 1 전시과 현종 5년 12월, ≪고려사≫ 권 78 식화지 1 전시과 덕종 3년 4월, ≪고려사≫ 권 78 식화지 1 전시과 문종 30년, ≪고려사≫ 권 81 병지 1 오군 정종 11년 5월, ≪고려사≫ 권 78 식화지 1 공음전시 문종 3년 5월, ≪고려사≫ 권 78 식화지 1 전시과 명종 18년 3월, ≪고려사≫ 권 21 세가 21 신종 즉위 동11월 경자삭, ≪고려사≫ 권 80 식화지 3 진휼 은면지제 고종 40년 6월, ≪고려사≫ 권 27 세가 27 원종 14년 동12월 경신, ≪고려사≫ 권 84 형법지 1 직제 충렬왕 24년 정월 충선왕 즉위, ≪고려사≫ 권 78 식화지 1 녹과전 충목왕 원년 8월, ≪고려사≫ 권 81 병지 1 오군 신우 13년 11월
15) ≪고려사≫ 권 62 예지 4 적전
16) ≪고려사≫ 권 78 식화지 1 전제 경리 원종 원년 정월. 비슷한 용례로는, [下敎 (중략) 一 京畿八縣田 元有其主 國家 近因多故 以兩班祿俸之薄 初給墾地 其餘 荒地頗多 自利爲先者 乘閒受賜 不許其主 不納官租 專收其利 甚者 又幷兩班折給之田 使不得隨職遞受者 多矣 令有司 更爲審驗 和會折給 江華田 亦令均分](≪고려사≫

B5 下旨 今諸院 寺社 忽只 鷹坊 巡馬 及兩班等 以有職人員 殿前上守 分遣田莊 招集齊民 引誘猾吏 抗拒守令 以至敺攝差人 作惡萬端 下界別銜 不能懲禁 且 東西兩班 及有官守散官等 依附別常 外方下去 侵害殘民 今後窮推 執送于京[17]

B1은 의종이 그 모제인 익양후·평량후가 민심을 얻자 변란이 일어날까 우려하여 서경으로 옮겨 거처하면서 반포한 신령(新令) 중의 하나로 선풍(仙風)을 준수하여 숭상하라는 조항이다. 앞으로 팔관회 때 미리 양반으로서 가산이 풍족한 자를 선가(仙家)로 정하여 고풍대로 시행하라고 하고 있다. 국가에서 양반에게 허여된 녹봉이나 전시과를 규정대로 균질하게 보유한다면, 그들의 지출의 범위도 그리 큰 편차를 가지지 않을 것이므로 그들 사이에 그리 큰 빈부의 차이가 생길 수가 없다. 또한 자기 노동만으로는 재산을 축적하는 데 한계가 있을 수밖에 없을 것이다. 이렇게 가산이 풍족한 자가 발생할 수 있는 소지는 사전의 분석에서 살폈듯이[18] 통치권의 위임이란 사회적 조건과 결합된 생산경영, 식화 등의 주체적 조건에 크게 의존한 것으로 보는 것이 자연스럽다.

양반에게 풍족한 가산을 보장하는 가장 중요한 객체 중의 하나인 토지에 관한 기록이 B2·3·4·5에서 보인다. B2는 의종의 왕자 홍을 효령태자로 책봉하는 기록이다. 그는 정중부에 위협당하여 영은관에 갇혔다가 진도현으로 추방당하는 비운을 맞지만, 이 책봉식을 기념하여 사면령을 내리고 내외 문무 양반에게 산직을 더하며 아울러 전시를 하사하고 있기도 하다. 양반전이 그 직에 상응하여 가급되고 있는 것으로 이해된다. 이 시기에 전시과가 규정에 따라 시행되고 있는 것을 알려주는 귀중한 사례이다. 전시과는 그 일반 규정에 잘 나타나 있듯이, 과에 따라 지

권 78 식화지 1 전제 경리 충렬왕 24년 정월 충선왕 즉위)
17) ≪고려사≫ 권 85 형법지 2 금령 충렬왕 12년 3월
18) 윤한택, 1995 앞의 책

급하고 신물하면 납공하도록 되어 있는 전지와 시지이다. 그것은 사전으로서는 타인의 노동을 매개로 잉여생산물을 지대의 형태로 실현하는 토지였음은 물론이다.[19]

B3은 적전례 시행 절차에 대한 구체적인 조항이다. 서인이 소·뇌사·번·삽으로 갈고, 문무양반이 일상적 행동을 하는 절차로 이어지고 있다. 적전에 대한 경작자로서의 서인과 관리자로서의 양반이란 역할이 상징적으로 드러나고 있다. 적접적인 양반전 사례는 아니지만, 객체로서의 토지와 양반과의 관계를 시사해주고 있어서 주목된다. B4는 문무양반에게 녹봉 대신 주어진 경기 녹과전 관련 사료이다. 이전에 주어진 전지가 비척이 불균하고 그 직에 따라 개급하도록 급전도감이 건의하고 있다. 그러나 권세가가 모두 양전을 점거하여 자신에게 불리해지는 것을 싫어하여 그 논의를 방해했다 한다. 녹과전의 성격은 따로 규명되어야 할 주제이므로 여기서는 일단 접어두기로 한다. 녹봉 용도의 토지가 객체로서 양반에게 지급되고 있다는 사실을 확인하면 족하다.

B5에서는 제 궁원·사사·홀지·응방·순마와 더불어 양반이 그들의 전장에 제민을 불러모아 산업을 경영하고 있음을 보여주고 있다. 소위 전시과체제가 해체되어 가는 과정에서 모든 양반이 토지를 받지 못하여 몰락하는 것이 아니고, 이렇게 당당히 전장을 경영하고 있는 양반도 있다는 것을 보여주는 간명한 기록이다. 이것도 전기 이래로 이어지는 양반전 계열임은 특별히 강조될 필요가 있다.

이 기록의 후반부에서는 또 동서양반(東西兩班)이 별상(別常)을 빙자하여 외방에서 잔민들을 침해하고 있다고도 한다. 이러한 부류의 불법적, 합법적 양반 수입 항목은 다음 사례에서도 계속 확인된다.

  B6 兩班 中心爲頭 異位重行 (중략) 兩班 再拜 (중략) 兩班 跪受其人

---

19) 윤한택, 1995 위의 책

勝 三品以上則 祇候分授 四品以下 太府人吏分上 祿牌 判事以上則 三司判官分授 以下 人吏分上[20]

B7 制 富民利國 莫重錢貨 西北兩朝 行之已久 吾東方 獨未之行 今始制鼓鑄之法 其以所鑄錢 一萬五千貫 分賜宰樞 文武兩班 軍人 以爲權輿 錢文曰 海東通寶[21]

B8 下制 各處 富强兩班 以貧弱百姓 賒貸未還 劫奪古來丁田 因此失業益貧 勿使富戶 兼幷侵割 其丁田 各還本主[22]

B9 下敎曰 (중략) 一 凡侍朝兩班 不得受人賄賂 至於茶藥紙墨 亦不可受 違者罪之[23]

B6은 인일에 양반이 인승과 녹패를 받는 의식에 관한 절차를 기록하고 있다. 이 증빙 자료를 바탕으로 녹봉이 수여될 것이다. 양반이 그 자격을 가지고 관료로서의 생활을 유지하기 위해 관계를 맺는 객체로서 녹봉이 거론될 수 있음이 확인된다. B7은 숙종조 해동통보 유통에 관한 기록이다. 이때 주조한 화폐 1만 5,000관을 재추, 문무양반, 군인에게 나누어 주었다 한다. 양반이 자기 생활의 유지와 부의 축적을 위한 자료들을 매개하는 수단인 객체로서의 화폐와 맺고 있는 관계를 보여준다.

양반이 자기 생활의 유지를 넘어서서 축재의 수단으로 식리 행위에 종사하고 있음을 B8의 명종조 기사가 보여주고 있다. 각처의 부강 양반이 빈약한 백성에게 대출 미상환을 이유로 고래의 정전을 겁탈하고 있다는 것이다. 식리 행위를 미끼로 토지의 겸병이 자행되고 있음도 동시에 확인된다.

B9는 충선왕 즉위 교서의 한 조항으로 양반들에게 뇌물을 받지 못하도록 규정하고 있다. 차·약·종이·먹 등의 사소한 것까지도 금지하고 있다. 이러한 물목을 단초로 하여 광범하게 비리가 이루어지고 있던 사정

---

20) ≪고려사≫ 권 67 예지 9 인일하의
21) ≪고려사≫ 권 79 식화지 2 화폐 숙종 7년 12월
22) ≪고려사≫ 권 79 식화지 2 차대 명종 18년 3월
23) ≪고려사≫ 권 84 형법지 1 직제 충렬왕 24년 정월 충선왕 즉위

이 간접적으로 반영되고 있는 것으로 읽힌다.

이렇게 양반은 녹봉·화폐·식리·뇌물 등을 통하여 생활·축재의 객체와 연계되어 있는가 하면, 반면 이러저러한 부담도 아울러 지고 있었다.

　　B10 判 文武兩班 諸宮院 田受三十結以上 一結 例收稅五升[24]

　　B11 判 凡諸州縣 義倉之法 用都田丁數 收歛 一科公田一結 租三斗 二科及宮寺院兩班田 租二斗 三科及軍其人戶丁 租一斗 已有成規 脫遇歲歉 百姓阻飢 以此救急 至秋還納 毋得濫費[25]

　　B12 改營大市 左右長廊 自廣化門 至十字街 凡一千八楹 又 於廣化門內 構大倉南廊 迎休門等 七十三楹 凡五部坊里 兩班戶 歛米粟 就賃供役 兩班 坊里之役 始此[26]

　　B13 鄭子璵 還自蒙古 (중략) 又 上陳情表 略曰 (중략) 繼歛兩班百姓之戶者 至于四五度[27]

　　B14 分給官絹 二萬匹 于兩班 及京外民戶 糴兵粮[28]

　　B15 敎曰 (중략) 一 兩班奴婢 以其主 役各別 自古 未有公役雜歛 今良民盡入勢家 不供官役 反以兩班奴婢 代爲良民之役 今後一禁 乃至奴

---

24) ≪고려사≫ 권 78 식화지 1 조세 현종 4년 11월

25) ≪고려사≫ 권 80 식화지 3 상평의창 현종 14년 윤9월. 비슷한 사례로, [兩府宰樞議 先王設倉廩 儲蓄積 以充國用 而備凶荒 比來 郡縣羅患 賦稅多欠 百官月俸 且未准給 國家 如有不虞之需 將何以支 宜立直倉貟吏 據兩班祿科田數 當秋科歛 以贍其用 從之](≪고려사≫ 권 79 식화지 2 과렴 충렬왕 14년 10월)

26) ≪고려사≫ 권 21 세가 21 희종 4년 추7월 정미. 비슷한 사례로, [監察司言 (중략) 且修宮室 今已三載 而兩班無僕隷者 只賣祿牌 雇備赴役 或有躬自執役者 亦請除之 以娛農隙](≪고려사≫ 권 29 세가 29 충렬왕 6년 춘3월 임자)

27) ≪고려사≫ 권 27 세가 27 원종 12년 추8월. 비슷한 사례로, [遣太子倎 奉表如蒙古 叅知政事 李世材 樞密院副使 金寶鼎 等 四十人 從之 百官餞于郊 文武四品以上 出銀各一斤 五品以下 出布有差 以充其費 國臨駄馬 三百餘匹 以馬不足 抑買路人馬 以故 兩班 乘馬者少](≪고려사≫ 권 24 세가 24 고종 46년 하4월 갑오), [遣諫議大夫 郭汝弼 如元 上表曰 (중략) 專取兩班祿俸 及諸賦稅 尚未充給 (하략)](≪고려사≫ 권 27 세가 27 원종 15년 하4월 갑자)

28) ≪고려사≫ 권 82 병지 2 둔전 충렬왕 7년 3월. 비슷한 사례로, [有告於王曰 兩班百姓 輸兵粮已畢 宰樞 及有權勢者 獨否 王怒 命軍糧別監 具疏其名 以聞](≪고려사≫ 권 29 세가 29 충렬왕 9년 하6월 임진)

妻婢 夫任許其主[29]

B10의 현종조 기록에서 보듯, 양반은 제 궁원과 더불어 그 수여받은 토지가 30결 이상일 경우 1결당 상례대로 세를 5되씩 걷도록 하고 있다. 또 B11의 유명한 상평의창 조 기사에서 보이듯이, 양반전은 궁·사원전과 더불어 2과 공전에 상당하는 1결당 2두의 의창 조를 부담하고 있다.

양반이 방리의 역을 제공하기 시작하는 것은 희종 대임을 B12 기사가 알려주고 있다. 대시의 좌우장랑을 개수하는데, 광화문에서 십자가까지 기둥이 모두 1,008개였고, 또 광화문 안에 대창남랑, 영휴문 등 총 73개의 기둥을 세웠는데, 오부방리의 양반호에게 미속을 거두어 일꾼을 사서 역을 제공하였다 한다.

B13, 14에서는 백성호와 더불어 양반호가 군량을 조달하고 있음을 보여준다. 삼별초 반군 토벌을 위해 주둔하고 있던 원나라 군마료를 4~5차례나 추렴하기도 하고, 일본 정벌을 위한 군량을 마련하기 위하여 국가 보유 비단을 풀어서 바꾸어가기도 하고 있다.

양반가가 소유한 사노비를 공역에 동원하고 있는 사례가 고려후기에 중요한 사회 문제의 하나가 되고 있음을 B15가 보여주고 있다. 양민이 전부 세가에 들어가 관역을 제공하지 않으니, 도리어 양반 노비로써 양민역을 대신하게 하고 있다는 것이다.

이렇듯 양반이 자신의 생활 및 부의 축적을 위해 맺는 외계의 자연물인 객체와의 관계도 고유하게는 타인의 노동을 매개로 잉여생산물을 지대의 형태로 실현하는 양반전, 농장 등을 기축으로 하여 녹과전, 녹봉 등의 수입, 화폐 유통과 식리 행위, 뇌물 수여를 통한 축재, 일종의 소유세의 납부, 진휼 용도의 조(租)의 예치, 방리역을 비롯한 제반 역의 제공, 군수 용품의 제공, 소유 노비를 통한 공역 제공 등을 통하여 사회의 전

---

29) ≪고려사≫ 권 85 형법지 2 노비 충렬왕 24년 정월

범위에 걸쳐 맺어지고 있었다. 이러한 고유한 관계는 또한 방리역이나 군수 용품 제공의 예나 더 일반적으로는 산업 경영이나 식리 행위를 통하여 보이듯, 일반 공민인 백성층과 공통의 바탕 위에서 맺는 일반적 관계를 전제로 하면서 이루어지고 있음도 주목된다. 이는 양반과 백성이 그 외계의 자연물인 객체를 매개로 상호 연립되어 있는 것의 당연한 반영이기도 하다. 또한 '불사가산(不事家産)'이 상찬되거나 '청렴'이 양반의 고유한 자질로 되어가는 이후 역사의 전개과정과 대비되는 이유이기도 하다.

이제 양반 주체와 객체가 어울려 만들어 내는 정치·법률·이념 등 사회적 실현체 관련 용례를 살펴보기로 하자.

C1 設宰臣位 於王座東南 樞密位 於王座西南 (중략) 宰臣樞密 拜位於殿庭中心 (중략) 聞辭位 於殿庭東邊 (중략) 文官聞辭位 於殿庭東 (중략) 武官聞辭位 於殿庭西 (중략) 文武群官位 於殿庭南 兩班 相對爲首 (중략) 文武六品以下位 於殿門外 (중략) 宰臣樞密 俱集朝堂 文武群官 集泰定門外 (중략) 樞密 及通事舍人以下 及南班員 入就聞辭位 (중략) 宰臣 及文武群官 入就聞辭位 (중략) 宰臣 及文武群官 就拜位[30]

C2 文武群官 入就殿庭 兩班 相對爲首 每等異位 俱重行 (중략) 兩班皆躬身應諾 (중략) 兩班再拜[31]

C3 御神鳳樓 肆敕曰 (중략) 兩京 文武兩班 及南班正雜路 凡有職者各加同正職 上册都監員 加職事 人吏 超一等同正職 掌固 書者 初入仕 造册函儀仗官吏 書册文員 及殿中行禮安樂道場都監 及太廟等告祭享官道俗員吏 各加師銜 諸執事官吏 及雜類 賜物有差 西京押物使 及外官持表員等 加級 坤成殿 及崇明府 延德 明福宮員 加職事 人吏 超一等 同正職 南班人吏 准職改班 坤成殿侍衛 將相將校 各加職事同正職 給事 及宮府 掌固 書者 筭士 醫士 初入仕 坤成殿侍婢親侍 放良 前放良者 入仕 雜類 賜物有差 州縣 進奉長吏 加一等同正職 職滿者 加武散階 承天府 進奉戶長以上 加武散階 副戶長以下 加一等職 無職者 許初職 同府長吏 許

30) 《고려사》 권 67 예지 9 일월삼조의
31) 《고려사》 권 68 예지 10 선마의

服色 明經製述兩大業登科人 及三韓功臣子孫 四祖內有工商樂名 稽留未
施行者 仰所司 准例 疾速奏裁 兩京諸領府庫軍人妻 三十年以上不離同
居守護者 賜物有差 凡蒙恩 合加職而未加者 不過一等 許加 或加職 而所
司論奏收貼者 及逗留未施行者 皆許職貼 或諸犯罪配流 會赦而合受職貼
未還給而身亡者 許還 或蒙會赦恩 而所司未點職身先亡者 如有子息告之
點奏給貼[32]

　　C4 西海道按察使報 狄人 四十騎 稱捕獵 渡淸川江 入界 於是 松都出
排兩班 悉還江華 時遣兩班 輪番出戍松都[33]

　　C5 下教曰 (중략) 一 凡州府郡縣 先王 因丁田多少 以等差之 近來 兩
班 內外鄕貫 無時加號 甚乖古制 有司論罷[34]

　　C6 宣宥境內曰 (중략) 倭賊寇邊 (중략) 自募追捕者 兩班 超三等官之
賤者 賜錢 州郡被擄掠者 官爲檢其虛實輕重 與減賦稅[35]

C1, 2는 각각 한 달에 세 번 열리는 조회 의례와 인사 사령 절차인
선마 의례에 관한 기록이다. 양반이 이 정기적 정치 행사에 주요 구성원
으로서 배치되고 있다.

C3은 예종이 그의 모 유씨를 왕태후로 책봉하고 내린 대사면과 은상
을 소상하게 기록하고 있다. 그 중 양경(兩京)의 문무양반에게는 동정직
을 더해주고 있다. 국가의 경사스러운 일을 맞아 특별한 승진 인사가 이
루어지고 있음을 보여준다.

---

32) ≪고려사≫ 권 12 세가 12 예종 3년 춘2월. 비슷한 용례로는, ≪고려사≫ 권 14
　　세가 14 예종 11년 하4월 신묘, ≪고려사≫ 권 18 세가 18 의종 7년 하4월 기묘,
　　≪고려사≫ 권 21 세가 21 신종 즉위 동11월 경자삭, ≪고려사≫ 권 24 세가 24
　　고종 40년 하6월 신해, ≪고려사≫ 권 25 세가 25 원종 원년 하4월 무오, ≪고려
　　사≫ 권 33 세가 33 충렬왕 24년 춘정월 무신

33) ≪고려사≫ 권 23 세가 23 고종 35년 동10월 임오. 비슷한 용례로는, [束里大康
　　和尙 見王曰 (중략) 王無以對 召兩府 議之 分文武兩班 及諸領府 爲三番 往來開京
　　以示遷都之意](≪고려사≫ 권 25 세가 25 원종 원년 춘3월 을미), [束里大 欲往
　　開京 出屯 于昇天府北郊 遣上將軍申思佺等 率初番 文武兩班十六 領士卒 先往開
　　京](≪고려사≫권 25 세가 25 원종 원년 하4월 경자)

34) ≪고려사≫ 권 84 형법지 1 직제 충렬왕 24년 정월 충선왕 즉위

35) ≪고려사≫ 권 38 세가 38 공민왕 원년 춘2월 병자

강화도에 피난해 있는 동안에도 수도 개경은 내팽개쳐 놓고만 있을 공간은 아니었다. 때로 양반을 파견하여 교대로 파수를 보게 하였다. C4는 그러던 중 오랑캐 40기가 수달을 잡는다며 청천강을 건너 우리 경계에 들어왔다는 서해도 안찰사의 보고를 받고 번을 서던 양반들이 모두 강화로 되돌아오고 있는 사정을 전해주고 있다. 피난 정부에서의 수도 경비 임무를 양반이 지고 있는 사례이다.

C5는 충선왕 즉위 교서 중의 일절로 주부군현 호칭의 변경에 관한 조항이다. 주부군현의 호칭은 정전의 다소에 따라 등차가 지어져 있는데, 근래에 양반이 그들 내외향관의 호칭을 수시로 더하고 있다고 전한다. 양반의 정치적 세력에 따라 그들 연고지의 등급이 바뀌고 있는 사정의 일단을 볼 수 있다.

고려 말 왜구의 창궐을 근절시키는 것이 중요한 정치적 사안으로 떠오르고 있었던 것이 사실인데, 스스로 모병하여 체포하는 자에게 양반일 경우 3등급을 특진시키는 특명이 내려지고 있음을 C6이 보여주고 있다.

이렇게 양반은 정치적으로 조회·선마·책봉·의례 등 정기적 정치 행사 등 정치 운영에 참여하고, 비상시에는 수도 방위 임무도 담당하며 왜구 토벌에도 참여하여 특별 승진의 혜택을 받기도 하면서 정치적 세력을 키워가고, 이 세력을 바탕으로 그들 연고지의 등급을 높여가고 있음이 실증적으로 확인된다. 즉 문무 기능을 가지고 국가 운영에 참여함으로써 타인의 의사에 대한 통치력을 행사하는 양반의 정치적 모습 그것이다. 이러한 통치권의 행사가 물론 자기 의사에 대한 독립성을 바탕으로 한 일반 공민의 존재와의 제도적 연관 위에서 이루어지고 있다는 시대적 사정을 여기서 다시 상기시킬 필요가 있다.

고려의 양반들은 군사적으로도 이러한 공·사의 연관이란 제도적 역사성에 반영된 독특한 역할을 수행하고 있었다.

C7 西京 (중략) 元定 兩班 軍 閑人 雜類 都計 九千五百七十二丁36)

C8 尹瓘奏 始置別武班 自文武散官吏胥 至于商賈僕隷 及州府郡縣 凡有馬者 爲神騎 無馬者 爲神步 跳盪梗弓精弩發火等軍 年二十以上者 非擧子 皆屬神步 兩班 與諸鎭府軍人 四時訓鍊 又選僧徒 爲降魔軍 國初內外寺院 皆有隨院僧徒 常執勞役 如郡縣之居民有恒産者 多至千百 每國家興師 亦發內外諸寺隨院僧徒 分屬諸軍37)

C9 初 忠州副使 于宗柱 每簿書間 與判官 庾洪翼 有隙 聞蒙古兵將至 議城守 有異同 宗柱 領兩班別抄 洪翼 領奴軍雜類別抄 相猜忌 及蒙古兵至 宗柱 洪翼 與兩班等 皆弃城走 唯奴軍雜類 合力擊逐之 蒙古兵退 宗柱等還州 檢官私銀器 奴軍 以蒙古兵掠去 爲辭 戶長光立等 密謀殺奴軍之魁者 (하략)38)

C10 判 鎭邊別抄 本以前銜散職 及在京兩班 輪番赴防 近年以來 主掌官吏 看循面情 以人吏百姓 代之 因此 貢賦日减 且 無識之人 相繼逃散 當所居州縣 徵斂多重 民弊不少 自今 復以前銜散職 在京兩班 窮推 輪番赴防39)

C11 都堂議 置軍翼 (중략) 以兩班 百姓 才人 禾尺 爲軍人 人吏 驛子官寺倉庫宮司奴 私奴 爲烟戶軍 定頭目 聽自願 備弓箭槍劒中一物 (중략) 無事歸農 有變 押領赴征40)

C7은 서경 주현군 9,572 정 중의 한 구성원으로서 양반이 거론되고 있다. 여기서의 양반은 문무 기능을 가지고 국가 운영에 현재 참여하는 당사자이기보다는 산직자이거나 그러한 양반호의 자제 등 구성원을 지칭하는 것으로 보는 것이 순조롭다.

별무반에 관한 기록인 C8에서의 양반은 바로 그 앞 문맥 속에서의 문무산관에 해당하는 것으로 봐도 무리가 없을 것 같다.

---

36) ≪고려사≫ 권 83 병지 3 주현군 북계
37) ≪고려사≫ 권 81 병지 1 오군 숙종 9년 12월
38) ≪고려사≫ 권 103 열전 이자성전 고종 19년
39) ≪고려사≫ 권 82 병지 2 진수 충숙왕 5년 4월
40) ≪고려사≫ 권 81 병지 1 오군 신우 4년 12월. 비슷한 용례로는, ≪고려사≫ 권 81 병지 1 오군 신우 2년 7월, ≪고려사≫ 권 81 병지 1 오군 신우 3년 7월, ≪고려사≫ 권 81 병지 1 오군 신우 14년 2월

C9는 몽고 침략 하에서의 충주성에서 벌어진 양반 별초와 노군 잡류 별초 간의 응전 태도와 은기 분실을 둘러싼 음모에 관한 생생한 기록이 다. 양반이 별초의 구성원을 이루고 있는 것을 보여준다.

C10은 진변별초에 관한 충숙왕대의 기록이다. 본래는 전함산직과 재 경 양반을 교대로 부방(赴防)시켰는데, 근년 이래 인리·백성이 대신하여 공부가 날로 감소하고 도망이 연이어 징수가 가중되니 민폐가 심하므로 원래대로 할 것을 판시하고 있다.

C11은 우왕 대에 도당이 군익 설치를 건의하고 있는 기록이다. 양반, 백성, 재인, 화척을 군인으로 삼고, 인리, 역자, 관·시·창고·궁사노, 사노 를 연호군으로 삼아, 일이 없으면 농사짓게 하고 변이 생기면 전쟁에 나 가도록 하고 있다. 이 기록은 '양반을 군인으로 삼는다'라고 표현하고 있어, 양반·군인이 병기되던 이전의 기록과 성격을 달리하고 있다. 양반 개념이 일반 공민 개념과 명확히 분리되는 사회적 변화를 반영한 것으로 보인다.

이렇게 고려에서는 양반이 공·사 연립이란 제도적 연관 하에서 일반 공민과 연계되어 있었으므로, 주현군, 별무반, 주현별초, 진변별초 등의 중요 구성원으로서 군사 업무에 종사하고 있던 사실이 그런 맥락에서 이 해될 수 있을 법도 하다.

계속해서 법률적 측면과 관련된 양반의 용례를 검토해보기로 하자.

　　C12 置大鼓 於毬庭東西 各十五 在兩班行外 (중략) 文武百官板位 (중 략) 宰臣樞密以下 侍臣文武百寮 俱就位 (중략) 太子聞辭位 (중략) 公侯 伯 (중략) 宰臣位 (중략) 文官三品位 (중략) 四品以下位 (중략) 武官三品位 (중략) 四品以下 (중략) 兩班 相對爲首[41]
　　C13 定 文武兩班 墓地[42]

---

41) ≪고려사≫ 권 68 예지 10 의봉문선사서의
42) ≪고려사≫ 권 85 형법지 2 금령 경종 원년 2월

C14 王許崔沆蒼頭 著幞頭 舊例 唯諸王宗室宮宅蒼頭 著幞頭 謂之紫門假着 權勢兩班家奴 着幞頭 自沆始[43]

C15 王 以大旱 去陽傘 禁兩班 著帽[44]

C16 監察司榜曰 國家 連因旱乾 禾穀不登 (중략) 且 露衣簷笠 兩班妻郊外之服 今嗇夫奴隷之妻 亦皆着之 尊卑無別 自今 一皆禁斷[45]

C17 下敎 一 開城府五部 及外方州縣 以百姓 爲兩班 以賤人 爲良人 僞造戶口者 據法斷罪[46]

C12는 사면령을 반포하는 의례 절차이다. 법률을 집행하는 주요 행사에 양반이 실무 구성원으로서 배치되어 있는 모습을 확인할 수 있다.

문무양반의 묘지 규격에 관한 법률적인 규정을 C13에서 읽을 수 있다.

노(奴)는 복두를 착용할 수 없도록 복식 관계 규정이 마련되어 있었던 듯하다. 그러나 제왕·종실·궁택의 창두(蒼頭)에게는 복두 착용이 허용되어 이를 '자문가착(紫門假着)'이라 했다 한다. 그러던 것이 무신 집권기에 들어 최항의 창두에게 이것이 허용되면서 권세 양반가의 가노들도 모두 쓰게 되었다고 C14의 기록이 전하고 있다.

고려 시기에 남자는 10세 이상이면 모두 모자를 쓰도록 되어 있었다.[47] 그런데 큰 가뭄이 들면 양산을 제거하고 양반들에게 모자를 쓰지 못하도록 하는 조치가 내려가고 있는 것이 C15의 원종조 기사에서 보인다. 국가 운영의 담당자가 농사 행정에 대해서 일정하게 책임을 지도록

---

43) ≪고려서≫ 권 72 여복지 관복 관복통제 고종 39년
44) ≪고려사≫ 권 25 세가 25 원종 원년 하6월 무술
45) ≪고려사≫ 권 85 형법지 2 금령 충렬왕 14년 4월
46) ≪고려사≫ 권 79 식화지 2 호구 충숙왕 12년 10월. 비슷한 용례로는, ≪고려사≫ 권 26 세가 26 원종 11년 하5월 경술, ≪고려사≫ 권 130 열전 배중손전 원종 11년, ≪고려사≫ 권 130 열전 조휘전 원종 12년, ≪고려사≫ 권 35 세가 35 충숙왕 12년 동10월 을미, ≪고려사≫ 권 85 형법지 2 금령 충숙왕 후8년 5월
47) [令 男子 十歲以上 着帽](≪고려사≫ 권 85 형법지 2 금령 성종 원년 4월)

하는 조처로 보인다.

양반 가노, 양반 자신의 것뿐 아니라 양반 처의 복식에 대해서도 법률적인 규정이 마련되어 있었다. 그 중 양반 처의 교외 복식은 '노의첨립(露衣簷笠)'이었고, 이의 착용에는 엄격한 신분적 제한이 가해지고 있었다. 이를 어겨 존비가 무분별해지면 가뭄이 연잇고 농사가 망쳐진다고 고려 사람들은 생각하고 있었던 것 같다. C16의 충렬왕대 기사에서는 이렇게 양반 처가 아닌 색부(嗇夫), 노예의 처가 모두 이것을 착용하고 있는 사정을 전하면서 그것을 금지하는 명령이 감찰사의 방문으로 내려가고 있다.

고려에서 양반, 백성, 양인, 천인이 그 혈연, 자질, 사회적 지위 등에서 명백하게 구별되고 있었던 것은 다시 말할 필요가 없다. 그런 한편 그들은 공·사 연립 체계에 연계되어 당대에 한하여는 상호 전화하고도 있었다. 이 점은 앞의 주체 관련 양반 용례 분석에서 어느 정도 드러났다고 볼 수 있다.

그런데 이러한 공·사 연립을 내용으로 하는 전정연립 체계가 고려후기에 가면서 점차 무너져가고 있던 사정도 이미 알려져 있다.[48] 양반이 죽으면서 자격이 상실되었는데도 그들의 전시과를 납공하지 않는다는 사정은, 양반 자격이란 관점에서 보면, 자격 상실자의 불법 점거로 보일지 모르나, 후대로 오면서 오히려 이러한 법률 규정이 제대로 지켜지는 경우는 예외적인 것으로 보아도 좋을 것 같다. 양반 자격의 획득을 위한 정상적 통로인 과거, 음서 운영 문제는 차치하더라도, 첨설직으로 대표되는 관직의 남발, '납속보관'을 통한 획득 등 그 통로는 엄청나게 확대되고 있었기 때문이다.

그러한 사회적 변화의 반영이 양반과 백성, 양인과 천인 사이의 호구 위조로 나타난 것으로 보인다. 그들 상호간의 독립, 전화라는 원리가 제

---

48) 윤한택, 1995 위의 책

대로 기능하지 못하게 되는 상황에서 그들 사이의 구분이 모호하게 되고, 그 위조가 성행하게 되는 것은 자연적인 추세로 볼 수 있다. 이를 법률을 동원하여 구분하고자 하는 조처가 C17에서 보듯 내려지고 있지만, 이것은 공·사 연립이란 원래의 제도로의 복귀를 의미하지는 않는다. 역사적으로 형성된 현실의 변화를 거스르면서 법률이 자기를 실현시키는 데는 한계가 있었다. 그러므로 이때의 신분 확인이란, 공·사 전화가 화석화된, 따라서 각 신분 사이의 상호 전화가 불가능해진 것을 법제적으로 확인하는 작업으로 보인다. 이 과정에서 양반 개념도 공·사 연립을 바탕으로 한 '사'의 범주에서 공·사 대립을 반영한 '사'의 범주로 바뀌어 가고 있었다. 양반은 이제 백성과 완전히 분리되어가고 있었던 것이다. 이 점은 항목을 바꾸어 고려 양반을 제도적으로 음미하면서 다시 논의하기로 한다.

이제 사회적 실현체와 관련된 양반 용례 분석의 마지막 수속으로 이념의 측면을 보기로 하자.

> C18 (전략) 陪祀文武官位 (중략) 簋實稻粱 (중략) 簋實黍稷 (중략) 文武兩班 常起居 訖 (중략) 文武侍臣 再拜 訖 (중략) 文武群官 集齋宮門前 文東武西 (중략) 文武百官 各就位 立定 (하략)[49]
> C19 舍人喝 百官再拜 勅侍奉員將 文武兩班 上馬 黃門侍郎奏 上馬[50]
> C20 文武百官 聞辭位 (중략) 文武官 拜位 (중략) 兩班 相對爲首 如常儀 (중략) 宰臣樞密文武百官 入就聞辭位 (중략) 宰臣樞密文武百寮 俱就拜位 (중략) 賓贊以下文武百寮 凡在位者 皆再拜 (중략) 三師三少 文武群官 及宮官 皆服其服[51]

---

49) 《고려사》 권 59 예지 1 원구
50) 《고려사》 권 64 예지 6 부태묘의
51) 《고려사》 권 66 예지 8 왕태자가원복의. 비슷한 용례로는, 《고려사》 권 61 예지 3 제릉 배릉의, 《고려사》 권 64 예지 6 진위의, 《고려사》 권 64 예지 6 선왕휘신진전작헌의, 《고려사》 권 65 예지 7 책왕비의, 《고려사》 권 67 예지 9 왕태자원정동지수군관하의, 《고려사》 권 3 세가 3 성종 7년 동10월

C21 兩班 中心爲頭 異位重行 (중략) 宰臣 兩班 再拜 (중략) 祗候引宰臣 出 次引兩班 出52)

C22 宰臣樞密 文武三品官 及命婦坐 (중략) 文武四品官以下坐 (중략) 孝子順孫有官品者 預坐 (중략) 孝子順孫 無官品者坐 於同樂亭左右廊廡 (중략) 若眞宰則 命眞宰 若樞密則 命樞密 若八座以下則 命三品官 (중략) 文武兩班 東西相對立 (중략) 文武兩班 及諸執事官 俱再拜 (중략) 宰樞三品致仕官 每四季月 (중략) 賜酒果 于私第53)

C23 侍中 姜邯贊 卒 輟朝三日 諡仁憲 命文武兩班 會葬 弔誄 賻贈加禮54)

C24 至大同江 御龍船 宴太子 扈從臣僚 及西京文武兩班55)

C25 燃燈 太孫如奉恩寺 (중략) 諸王宰樞 兩班 士卒 侍衛 如常儀 (중략) 許諸王宰樞 文武兩班 服吉服紅鞓56)

C26 監察司張榜曰 兩班詔媚權貴 非族長而 皆拜于下 自後 拜與受者 皆罪之 (중략) 庶人乘馬 見大官 不下者 取其馬 送典牧司57)

C27 下敎曰 一 太祖創立 禪敎寺社 皆以地鉗相應 置之 今 兩班私立願堂 虧損地德 又共議寺社住持 率以貨賂濫得 並令禁斷58)

---

52) ≪고려사≫ 권 67 예지 9 신설하의

53) ≪고려사≫ 권 68 예지 10 노인사설의

54) ≪고려사≫ 권 64 예지 6 제신상 현종 22년 8월

55) ≪고려사≫ 권 11 세가 11 숙종 7년 추8월 정사. 비슷한 용례로는, [王座 (중략) 太子座 於王座東南 (중략) 公侯伯座 (중략) 宰臣樞密座 於太子公侯後 (중략) 文官三品及承制侍臣座 於宰臣後 武官三品座 於樞密後 (중략) 文武四品以下座 (중략) 文武三品以下 常叅官以上位 (중략) 文武官三品以下 常叅以上位 於宰臣後 兩班 相對爲首 俱重行 (중략) 兩班四品以下 分入左右廊 文東武西 俱重行 (중략) 兩班三品以下 常叅以上 殿門外 戴花 (중략) 兩班三品 及侍臣 獻壽 (중략) 文武群官 以次退](≪고려사≫ 권 68 예지 10 대관전연군신의)

56) ≪고려사≫ 권 64 예지 6 국휼 원종 원년 2월 기유. 비슷한 용례로는, ≪고려사≫ 권 69 예지 11 상원연등회의, ≪고려사≫ 권 69 예지 11 중동팔관회의, ≪고려사≫ 권 18 세가 18 의종 22년 춘3월 무자

57) ≪고려사≫ 권 85 형법지 2 금령 충렬왕 9년 정월. 비슷한 용례로는, [禮部奏 准御史臺格 兩班貝吏 於朝門街衢公處 以私禮拜伏者 隨卽科罪 (하략)](≪고려사≫ 권 85 형법지 2 금령 현종 16년 4월)

58) ≪고려사≫ 권 84 형법지 1 직제 충렬왕 24년 정월 충선왕 즉위

C18, 19는 고려 국가의 상징적 근원인 하늘과 종묘에 대한 의례 절차이다. 국가 운영 담당자의 일원으로서 문무 양반의 위치가 엿보인다. C20은 왕태자 책봉을 비롯한 제반 왕실 의식에서의 양반의 역할을 보여주고 있다.

양반은 기상 변화나 천체 운행과 관련한 제반 절일이나 노인을 위한 연회 등의 의식에서도 핵심 요원으로서 참석하고 있음을 C21, 22 기록이 보여준다. 농업 생산을 정상적으로 영위하기 위한 자연적 조건의 확보를 기리고 농업 기술과 경험을 풍부하게 가지고 있는 고로들을 우대하는 의식 등에서의 양반의 역할이 보인다.

C23, 24에서는 양반이 대신의 장례식에 참석하고 있는 사실과 왕이 베푸는 연회에 참석하고 있는 사례들을 보여주고 있다.

고려 때 국가적인 불교 행사인 연등·팔관회 의식에서도 양반들이 중요 구성원으로서 참여하고 있는 모습이 C25에서 보이고, 그들은 또한 독자적으로 자기들의 원당을 가지고 종교 생활에 깊숙하게 관여하고 있음을 C27 기록이 전해주고 있다.

양반가 내부의 질서와 국가 공적 질서가 때로 부딪힐 수 있으며 이때 양반가 내부의 사적 질서가 상당히 존중되는 것이 공·사 연립이 작동하고 있는 체제에서의 정상적인 모습이다. 충렬왕대의 감찰사 방문인 C26에서도 이러한 점이 엿보인다. 양반이 권귀에게 아첨하여 자기 족단 내의 윗사람이 아닌데도 상하를 가리지 않고 아래에서 절하는 사례가 있어 처벌하도록 하고 있다. 여기서 양반 가문 내부의 질서가 존중되고는 있지만, 그런 질서보다는 현실에서의 정치권 실권에 따라 질서 체계가 이루어져가고 있는 사정을 볼 수 있다. 이 점은 현종조의 어사대 격에서 공적 질서 체계를 무시하고 양반 가문의 사적 질서를 고집한다 하여 처벌 논란이 일던 사정과 비교하면, 양반체제 변화의 일단을 압축적으로 보여주고 있어 흥미롭다.

공·사 질서가 분리되고 화석화되면서, 사적 질서를 바탕으로 공적 질서가 부딪히면서 하나로 운영되고 있던 탄력성이 사라지고, 현실에서의 힘의 논리가 공적 권위에 의한 시정 명령이란 이데올로기에 실려 실질적으로 행사되어가고 있는 모습을 읽게 되는 것이다. 이러한 경향은 이후 성리학의 명분론·의리론에 의해 더욱 증폭되어간 것으로 보인다.

이렇게 고려의 양반은 원구, 태묘, 왕실, 인민 생활, 관료 세계, 불교, 양반 가문 내부 등 모든 영역에서의 의식을 집행하는 실무자로서 기능하고 있는 것을 보았고, 또 앞의 주체 관련 용례 분석의 A9에서 보았듯이 동성금혼이 규정되고 있는 혼인 의식에서도 국가 운영에의 참어란 양반의 고유한 기능과 일반 공민을 포함하는 일반적 기능이 유기적으로 연계되어 있는 것을 볼 수 있고, 이는 공·사 연립 사실의 제도적 반영의 결과인 것으로 보인다.

주체·객체·사회적 실현체와 관련된 양반 용례에 대한 계통적인 분석을 진행한 결과, 이제 양반의 범주를 나름대로 정리해볼 수 있을 것 같다. 양반은 주체적으로는 일정 범위의 혈연집단 안에서 문무 자질을 연립받고, 이를 문무 직책의 확보를 통해서 사회적으로 확인받아 정치·군사·법률·이념의 제 영역에서 타인 의사에 대한 지배력을 행사하는 국가 운영에 종사하면서, 이에 상응하는 물질적 객체를 매개로 타인의 노동을 사용하여 그 잉여생산물을 지대·이자 등의 형태로 실현하는 특권적인 사적 소유자 중의 하나이다. 고려에서 이들 양반은 농·공·상·장·악 등 기타 기능을 가지고, 자기 의사의 독립성을 바탕으로 자기 노동에 근거하여 자신을 재생산해가는 일반 공민의 존재와 공·사 연립이란 전정연립 체계에 유기적으로 연결되어 있었다. 고려에서 양반이 관료와 신분의 두 가지 의미를 가진 것으로 파악되어 왔던 기존의 이해는, 바로 이러한 전정연립이 양반이란 인간의 사회적 존재에 반영된 결과로 보아도 좋을 것 같다. 그러니까 이 두 가지 의미란 엄밀하게 말하면 공민과 양면을 이루면서 상호 연립되어 있는 양반을 개체와 총체의 양 측면에서 본 것이라고 볼 수도 있을 것 같다.

이러한 양반과 공민의 연립체계는 고려후기 이후 무너져간 것으로 보인다. 주체적으로는 친계 편향을 가지는 동성금혼의 일반화에서 보이듯 이미 대립이 기정사실화되고 있었고, 사회적으로는 양반과 백성, 양인과 천인 사이의 호구 위조 현상의 일반화에서 드러나듯 그 독립·전화의 원리가 혼돈·고착화의 방향으로 바뀌어가고 있었으며, 객체의 관점에서는 대표적으로 전시과의 납공 원리가 사전 확대의 방향으로 전화되어가고 있었던 것이다. 이에 따라 양반과 표리를 이루고 있던 공민과의 연계 고리가 끊어지면서, 양반은 사족이란 의미로 점차 고착화되어간 것으로 보인다. 이러한 변화는 전정연립의 해체와 그 커다란 추세에서 일치하고 있다. 이 점은 양반제도에 대해 몇 가지 생각해보기 위해 항목을 다시 설정하여 논의하기로 한다.

이제 이 절에서 지금까지 논의된 양반 범주에 대한 잠정적 결론을 양반과 관련된 동서·문무 용례를 동원하여 좀더 풍부하게 하고, 아울러 다음 항에서 논의할 양반 제도의 검토를 위한 근거 자료도 좀더 마련해보기로 한다.

D1 詔 兩京 文武班五品以上 各許一子蔭官 無直子者 許收養子及孫[59]

---

59) 《고려사》 권 75 선거지 3 범음서 예종 3년 2월. 비슷한 용례로, 《고려사》 권 75 선거지 3 전주 범봉증지제 성종 7년 10월, 《고려사》 권 75 선거지 3 범음서 목종 즉위, 《고려사》 권 75 선거지 3 범봉증지제 목종 2년 10월, 《고려사》 권 64 예지 6 백관기가 현종 11년 윤6월, 《고려사》 권 84 형법지 1 관리급가 현종 11년, 《고려사》 권 93 열전 채충순전 현종 11년, 《고려사》 권 6 세가 6 정종 7년 추9월 정미삭, 《고려사》 권 81 병지 1 오군 문종 5년, 《고려사》 권 75 선거지 3 범음직 숙종 5년 2월, 《고려사》 권 75 선거지 3 범음서 인종 5년 2월, 《고려사》 권 75 선거지 3 범음서 인종 12년 6월, 《고려사》 권 64 예지 6 오복제도 명종 14년 7월, 《고려사》 권 64 예지 6 백관기가 명종

D2 父 擧首 直史館 若松 與其兄 若椿 俱幼 擧首曰 若椿 當以文藝立身 可勤學 若松 武才著名 若椿果登第 仕至兵部侍郎 若松出身禁衛 明宗時 由郎將 拜將軍 重房奏 自庚寅以來 武官皆兼文官 而內侍茶房 獨不得兼 請許兼屬 王 以若松等 四十三人 皆兼 內侍茶房 武官兼屬 自若松輩始 神宗初 拜樞密院副使 (중략) 若松畜妓 生二子 長入國學 補服膺齋生 次入流品 崔忠獻 陰嗾御史臺 奏 屬伶官 限七品 又削學籍[60]

D1은 문무반의 혈연과 자질이 연립되는 사실을 보여주는 예종조의 조문이다. 직자·수양자·손까지 문무 기능이 이어지고 있다. 관련 제 사료를 일별하면, 위로는 부모·조·증조·친백숙모·외조부모·처부모 그리고 처, 아래로는 생·질·여서·내외손까지가 동종으로 고려되고 있음을 볼 수 있다.

D2는 차약송 전의 일부인데, 문무 자질이 연립되는 과정의 일단을 엿볼 수 있다. 그의 아버지 거수는 직사관이었는데, 그의 형 약춘은 문예로 등제하며, 그는 무재가 저명하여 금위로 출신하고, 명종조에 낭장을 거쳐 장군에 배수되었다 한다. 그의 기생 소출 천출자가 권세에 힘입어 입

14년 7월, ≪고려사≫ 권 75 선거지 3 범음서 고종 40년 6월, ≪고려사≫ 권 75 선거지 3 범봉증지제 고종 40년 6월, ≪고려사≫ 권 75 선거지 3 범음서 충렬왕 8년 5월, ≪고려사≫ 권 75 선거지 3 범음서 충선왕 죽위, ≪고려사≫ 권 75 선거지 3 범봉증지제 충선왕 복위, ≪고려사≫ 권 75 선거지 3 범음서 충선왕 즉위, ≪고려사≫ 권 75 선거지 3 범봉증지제 공양왕 3년 8월

60) ≪고려사≫ 권 101 열전 차약송전 신종. 비슷한 용례로, ≪고려사≫ 권 2 세가 2 태조 16년 춘3월 신사, ≪고려사≫ 권 92 열전 공직전 태조대, ≪고려사≫ 권 75 선거지 3 범천거지제 성종 11년 정월, ≪고려사≫ 권 81 병지 1 오군 현종 9년 9월, ≪고려사≫ 권 81 병지 1 오군 현종 22년 2월, ≪고려사≫ 권 6 세가 6 정종 7년 하5월, ≪고려사≫ 권 7 세가 7 문종 원년 하9월 임오, ≪고려사≫ 권 95 열전 왕국모전 숙종초, ≪고려사≫ 권 12 세가 12 숙종 9년 하4월, ≪고려사≫ 권 96 열전 오연총전 예종 3년, ≪고려사≫ 권 103 열전 조충전 고종 3년, ≪고려사≫ 권 22 세가 22 고종 10년 하5월, ≪고려사≫ 권 102 열전 김인경전 고종 22년, ≪고려사≫ 권 123 열전 이분희전 부 이습 충렬왕, ≪고려사≫ 권 75 선거지 3 범선용수령 신우 원년 12월, ≪고려사≫ 권 124 열전 반복해전 신우, ≪고려사≫ 권 75 선거지 3 범봉증지제 공양왕 3년 8월

사로를 따라가고 있었지만, 최충헌의 은근한 압력으로 영관(伶官)에 소
속시켜 7품에 한직당하고 있다.

혈연과 자질의 연립이란 주체의 관점에서 볼 때, 문무가 가지고 있는
그 기능은 앞에서 검토한 양반의 그것과 대동소이하다.

> D3 始定 職散官 各品 田柴科 (중략) 文班 丹衫以上 作十品 (세주 생
> 략, 이하 같음) (중략) 雜業 丹衫以上 作十品 (중략) 武班 丹衫以上 作五
> 品 (중략) 以下雜吏 各以人品 支給不同 其未及此年科等者 一切 給田十
> 五結[61]
> D4 文武班祿 文宗三十年 定[62]
> D5 制 諸道 被兵凋殘 租賦耗少 其令州縣其人 耕閑地 收租 補經費
> 又令文武三品以下 權務以上 出丁夫 有差 防築梯浦瓦浦 爲左屯田 狸浦
> 草浦 爲右屯田[63]

---

61) ≪고려사≫ 권 78 식화지 1 전시과 경종 원년 11월. 비슷한 용례로, [議 以品祿減
   少 分給文武官 京畿田有差 以近地 給校尉隊正 盖爲苦役也](≪고려사≫권 78 식
   화지 1 전제 녹과전 원종 13년 정월), [給田都監啓 分掌宗室諸君 於宗簿司 文班
   於典理司 武班 於軍簿司 前銜各品 於開城府 令擇其可受科田者 以憑考核](≪고려
   사≫ 권 137 열전 신우전 부 신창 원년 9월)

62) ≪고려사≫ 권 80 식화지 3 녹봉 문종 30년. 비슷한 용례로, ≪고려사≫ 권 3
   세가 3 성종 2년 춘3월 계미, ≪고려사≫ 권 3 세가 3 성종 8년 춘2월 경진, ≪고
   려사≫ 권 4 세가 4 현종 11년 하4월 계묘, ≪고려사≫ 권 5 세가 5 현종 14년
   하5월 무자, ≪고려사≫ 권 5 세가 5 현종 16년 춘2월 임오, ≪고려사≫ 권 5
   세가 5 현종 20년 추9월 정축, ≪고려사≫ 권 5 세가 5 현종 22년 춘2월 기묘,
   ≪고려사≫ 권 7 세가 7 문종 7년 동10월 계축, ≪고려사≫ 권 80 식화지 3 녹봉
   선종 5년 윤12월, ≪고려사≫ 권 11 세가 11 숙종 7년 동10월 경오, ≪고려사≫
   권 12 세가 12 예종 3년 춘2월 병술, ≪고려사≫ 권 13 세가 13 예종 5년 추9월
   임진, ≪고려사≫ 권 80 식화지 3 녹봉 인종조, ≪고려사≫ 권 19 세가 19 의종
   24년 하윤5월 경인, ≪고려사≫ 권 20 세가 20 명종 16년 하6월 갑자, ≪고려사≫
   권 21 세가 21 희종 3년 춘3월 경자, ≪고려사≫ 권 129 열전 최충헌전 고종 3년,
   ≪고려사≫ 권 129 열전 최충헌전 부 최이 고종 33년, ≪고려사≫ 권 129 최충헌
   전 부 최항 고종 41년, ≪고려사≫ 권 24 세가 24 고종 45년 하5월 임술, ≪고려
   사≫ 권 129 최충헌전 부 최의 고종 46년, ≪고려사≫ 권 25 세가 25 원종 원년
   추7월 을해, ≪고려사≫ 권 82 병지 2 마정 충렬왕 14년 2월

D6 令諸王 百官 及工商 奴隷 僧徒 出軍糧 有差 諸王 宰樞 僕射 承旨 米二十石 致仕宰樞 顯官三品 十五石 致仕三品 顯官文武四五品 十石 文武六品 侍衛護軍 八石 文武七八品 衆上解官 六石 東班九品 衆外副使 校尉 南班九品 四石 正雜權務 隊正 三石 東西散職 業中僧 一石 白丁 抄奴 所由 丁吏 諸司下典 獨女 官寺奴婢 十斗 賈人 大戶 七石 中戶 五石 小戶 三石 唯年七十以上男女 勿歛[64]

D3은 '시정전시과' 규정이다. 문무반·잡업 직산관의 복색과 품에 따라 전시과 액이 정해지고 있다. D4는 문무반 녹봉 규정이다.

강화 천도 시기에 문무관은 정부(丁夫)를 내어 제포와 와포를 쌓아 죄둔전으로 만들며, 이포와 초포를 쌓아 우둔전으로 만들고 있는 사정을 D5가 보여주고 있다. 이렇게 문무반은 직접 노동력을 내기도 하는 한편, 생산물을 내어 국가적 사업에 참여하기도 하였다. 일본 재정벌용 군량을 마련하는 과정에 문무반이 그의 사회적 지위에 상응하는 만큼 차등적으로 참여하고 있는 모습을 D6이 보여주고 있다.

이렇게 그의 사회적 지위에 상응하는 토지와 녹봉이 규정되고 있고, 또 그와 더불어 직접 노동력이나 생산물을 내어 국가적 사업에 차등적으로 참여하고 있는 모습을 보면, 그 세부적인 기능까지는 일단 제쳐두더라도 그 커다란 기능의 범주에서 양반의 모습과 별로 달라 보이지 않는다. 그들이 외계의 자연과 맺는 객체의 관점에서도 문무반과 양반은 유사한 개념으로 여겨지고 있었던 것 같다.

D7 禘于太廟 (중략) 大赦 賜文武爵一級 執事者二級 百姓大酺三日[65]

63) ≪고려사≫ 권 79 식화지 2농상 고종 43년 2월

64) ≪고려사≫ 권 82 병지 2 둔전 충렬왕 9년 3월. 비슷한 용례로, ≪고려사≫ 권 79 식화지 2 과렴 충렬왕 15년 3월, ≪고려사≫ 권 79 식화지 2 과렴 충숙왕 17년 4월(채홍철전 충숙복위), ≪고려사≫ 권 36 세가 36 충혜왕 후4년 하5월 을유, ≪고려사≫ 권 134 열전 신우전 8년 2월, ≪고려사≫ 권 109 열전 안축전 부 안종원 신우

D8　時　武散官　檢校將軍以下　散員同正以上　聚議　欲奪處東班權務官　重房　臺省　畏衆口　莫敢誰何　仲方獨曰　國家　設官分職　唯卿監外　武臣　不兼文官　自庚寅以後　吾儕得處臺省　布列朝班　校尉隊正　許着幞頭　西班散職　差任外官　固非先王之制　若又遽奪權務官　其如東西定制何　吾寧死不從　議遂寢　於是　西班散職　群聚於路　每見達官　控訴不已　(하략)66)

D9　至如出將入相　一身文虎　一舌華夷　全百美而　綽綽有餘67)

---

65) ≪고려사≫ 권 3 세가 3 성종 13년 하4월 갑진. 비슷한 용례로, ≪고려사≫ 권 3 세가 3 성종 즉위 하8월 계미, ≪고려사≫ 권 3 세가 3 목종 즉위 동12월 임인, ≪고려사≫ 권 3 세가 3 목종 9년 6월 무술, ≪고려사≫ 권 4 세가 4 현종 즉위 4월 무술, ≪고려사≫ 권 4 세가 4 현종 즉위 5월 무인, ≪고려사≫ 권 10 세가 10 선종 즉위 11월 무진, ≪고려사≫ 권 11 세가 11 숙종 5년 춘2월 을사, ≪고려사≫ 권 16 세가 16 인종 7년 춘3월 경인, ≪고려사≫ 권 16 세가 16 인종 8년 동10월 임신, ≪고려사≫ 권 16 세가 16 인종 10년 동11월 경진, ≪고려사≫ 권 17 세가 17 의종 2년 추7월 을해, ≪고려사≫ 권 19 세가 19 의종 23년 하4월 계묘, ≪고려사≫ 권 129 열전 최충헌전 신종 2년, ≪고려사≫ 권 129 열전 최충헌전 신종 5년, ≪고려사≫ 권 75 선거지 3 범선용수령 충렬왕 원년 6월, ≪고려사≫ 권 32 세가 32 충렬왕 33년 추7월 을해, ≪고려사≫ 권 114 열전 오인택전 공민조, ≪고려사≫ 권 115 열전 이색전 공민왕, ≪고려사≫ 권 75 선거지 3 전주 신우 6년 6월, ≪고려사≫ 권 75 선거지 3 범천거지제 신우 14년 정월, ≪고려사≫ 권 115 열전 이숭인전 신우시

66) ≪고려사≫ 권 100 열전 13 홍중방전 입명종. 비슷한 용례로, ≪고려사≫ 권 77 백관지 2 문산계, ≪고려사≫ 권 1 세가 1 태조 원년 추9월 갑오, ≪고려사≫ 권 93 열전 김심언전 성종 9년 7월, ≪고려사≫ 권 77 백관지 2 문산계 성종 14년, ≪고려사≫ 권 93 열전 채충순전 목종조, ≪고려사≫ 권 94 열전 황보유의전 목종조, ≪고려사≫ 권 94 열전 황보유의전 현종 5년 동11월, ≪고려사≫ 권 4 세가 4 현종 5년 동11월 을유, ≪고려사≫ 권 68 예지 10 선마의 덕종 2년 3월 신미, ≪고려사≫ 권 58 지리지 3 북계 서경유수관평양부 숙종 7년, ≪고려사≫ 권 75 선거지 3 사심관 인종 12년, ≪고려사≫ 권 20 세가 20 명종 16년 하4월 정묘, ≪고려사≫ 권 20 세가 20 명종 17년 하6월 병신, ≪고려사≫ 권 101 열전 송저전 명종, ≪고려사≫ 권 75 선거지 3 전주 공민왕 원년 3월, ≪고려사≫ 권 75 선거지 3 첨설직 공민왕 12년 윤3월, ≪고려사≫ 권 75 선거지 3 첨설직 공민왕 20년 12월, ≪고려사≫ 권 72 여복지 조복 공민왕 21년 11월, ≪고려사≫ 권 72 여복지 공복 신우 13년 6월, ≪고려사≫ 권 72 여복지 공복 공양왕 3년 정월

67) ≪한국금석전문≫ 중세하 499. 조연수묘지. 비슷한 용례로, ≪고려사≫ 권 2 세가 2 태조 19년 추9월, ≪고려사≫ 권 7 세가 7 문종 6년 하5월 계해, ≪고려사≫

D10 元帥副元帥 服戎服(前一日 有司奉宣 齋征袍戎衣 到尙書兵部 准舊例 頒賜元帥以下從軍文武員寮)[68]

D11 太子 公侯伯 宰臣樞密 文武百官 各就位立 (중략) 太子以下文武 百寮 皆再拜[69]

권 10 세가 10 선종 3년 하6월 계묘, ≪고려사≫ 권 12 세가 12 숙종 10년 추8월 무자, ≪고려사≫ 권 12 세가 12 예종 원년 추7월, ≪고려사≫ 권 12 세가 12 예종 3년 춘정월, ≪고려사≫ 권 13 세가 13 예종 4년 하5월 병인, ≪고려사≫ 권 13 세가 13 예종 4년 추7월 을사, ≪고려사≫ 권 14 세가 14 예종 12년 춘3월, ≪고려사≫ 권 14 세가 14 예종 17년 하4월, ≪고려사≫ 권 16 세가 16 인종 9년 춘3월 갑진, ≪고려사≫ 권 17 세가 17 인종 24년 춘2월, ≪고려사≫ 권 127 열전 이자겸전 인종, ≪고려사≫ 권 18 세가 18 의종 16년 하4월 갑신, ≪고려사≫ 권 123 열전 김존중전 의종조, ≪고려사≫ 권 94 열전 서희전 부 서공 의종조, ≪고려사≫ 권 128 열전 이의민전 명종 24년, ≪고려사≫ 권 100 열전 두경승전 명종, ≪고려사≫ 권 65 예지 7 영대명무조칙사의 신종 2년 4월, ≪고려사≫ 권 22 세가 22 고종 6년 춘정월 경인, ≪고려사≫ 권 22 세가 22 고종 15년 추8월 병진, ≪고려사≫ 권 24 세가 24 고종 38년 동10월 병진, ≪고려사≫ 권 129 최 충헌전 부 최항 고종 38년, ≪고려사≫ 권 24 세가 24 고종 40년 동14월 신미, ≪고려사≫ 권 24 세가 24 고종 45년 하4월 기유, ≪고려사≫ 권 24 세가 24 고 종 45년 동11월 정미, ≪고려사≫ 권 25 세가 25 원종 즉위 하6월 임인, ≪고려 사≫ 권 25 세가 25 원종 원년 춘3월 임오, ≪고려사≫ 권 26 세가 26 원종 5년 추8월 계축, ≪고려사≫ 권 26 세가 26 원종 10년 추8월 무술, ≪고려사≫ 권 26 세가 26 원종 11년 추9월 계해, ≪고려사≫ 권 130 열전 임연전 원종, ≪고려사≫ 권 89 열전 충렬왕제국대장공주 충렬왕 4년, ≪고려사≫ 권 29 세가 29 충렬왕 8년 하5월 경신, ≪고려사≫ 권 30 세가 30 충렬왕 19년 동10월 기해, ≪고려사≫ 권 34 세가 34 충렬왕 즉위 하5월 병오, ≪고려사≫ 권 34 세가 34 충숙왕 원년 춘정월 갑진, ≪고려사≫ 권 67 예지 9 진대명표전의 공민왕 원년 윤3월 갑신, ≪고려사≫ 권 62 예지 4 문선왕묘 공민왕 16년 7월, ≪고려사≫ 권 132 열전 신돈전 공민왕 17년, ≪고려사≫ 권 126 열전 이인임전 공민왕 23년, ≪고려사≫ 권 45 세가 45 공양왕 원년 동12월 계해, ≪고려사≫ 권 45 세가 45 공양왕 2년 춘2월 계해, ≪고려사≫ 권 74 선거지 2 무과 공양왕 2년 윤4월, ≪고려사≫ 권 45 세가 15 공양왕 원년 동12월 임자

68) ≪고려사≫ 권 64 예지 6 견장군출정의. 비슷한 용례로, ≪고려사≫ 권 81 병지 1 서문, ≪고려사≫ 권 95 열전 왕총지전 문종초, ≪고려사≫ 권 129 열전 최충 헌전 신종 3년, ≪고려사≫ 권 81 병지 1 오군 원종 12년 4월, ≪고려사≫ 권 81 병지 1 오군 충렬왕 6년 10월, ≪고려사≫ 권 81 병지 1 오군 공민왕 20년 7월

　　D12 爲廣州牧使 謝上表 因自解云 (중략) 賊大將 蘇黃鱗 鄭先谷 朴應
素 等 文武二十餘人 相繼來降 其餘雜類 不可勝數 (하략)[70]
　　D13 文武侍臣行事官及有司次 (중략) 文班九品以上位 於東門之內
(중략) 武班九品以上位 於西門之內 (중략) 通事舍人 分引 文武從享之官
俱就門外位 (하략)[71]
　　D14 禮儀司奏定 文武官 路上相見禮[72]

---

69) 《고려사》 권 68 예지 10 친사원구후사사의. 비슷한 용례로, [制曰 數年以來 水
　　旱不調 災變屢見 (중략) 其兩京文武南班貝吏 有犯當降黜者 及州府郡鎭長吏將校
　　有罪受黜者 主司 的其輕重 依舊敍用 其詔曲奸邪 再犯私罪者 不在此例 公徒私杖以
　　下 原之] (《고려사》 권 8 세가 8 문종 12년 추7월 경인)

70) 《고려사》 권 96 열전 윤관전 부 윤언이 인종조. 비슷한 용례로, 《고려사》 권
　　2 세가 2 태조 19년 추9월, 《고려사》 권 3 세가 3 성종 2년 춘3월 무인, 《고려
　　사》 권 6 세가 6 정종 8년 동11월 신묘, 《고려사》 권 9 세가 9 순종 즉위 동
　　10월 을미, 《고려사》 권 127 열전 묘청전 인종 13년, 《고려사》 권 100 열전
　　우학유전 의종, 《고려사》 권 99 열전 유응규전 부 유자량 의종조, 《고려사》
　　권 105 열전 허공전 원종, 《고려사》 권 84 형법지 1 직제 충렬왕 14년 3월

71) 《고려사》 권 61 예지 3 태묘 태묘사맹월급납친향의. 비슷한 용례로, 《고려사》
　　권 65 예지 7 책태후의, 《고려사》 권 65 예지 7 원자탄생하의, 《고려사》 권
　　66 예지 8 책왕태자의, 《고려사》 권 66 예지 8 왕태자칭명입부의, 《고려사》
　　권 67 예지 9 책왕자왕회의, 《고려사》 권 67 예지 9 원정동지절일조하의, 《고려
　　사》 권 67 예지 9 원회의, 《고려사》 권 67 예지 9 유지하의, 《고려사》 권 67
　　예지 9 친사원구후재궁수하의, 《고려사》 권 71 악지 2 풍입송, 《고려사》 권
　　93 열전 최항전 현종초, 《고려사》 권 7 세가 7 문종 즉위 동11월 병오삭, 《고려
　　사》 권 64 예지 6 상국상 문종 9년 9월, 《고려사》 권 12 세가 12 예종 3년 5월
　　신해, 《고려사》 권 63 예지 5 잡사, 《고려사》 권 70 악지 1 헌가악독주절도 예
　　종 11년 8월 기묘, 《고려사》 권 70 악지 1 태묘악장 예종 11년 10월, 《고려사》
　　권 15 세가 15 인종 4년 하5월 경진, 《고려사》 권 17 세가 17 의종 5년 추7월
　　갑진, 《고려사》 권 54 오행지 2 오행사왈금 24쪽 명종 3년 5월 갑진, 《고려사》
　　권 70 악지 1 태묘악장 공민왕 16년 정월 병오

72) 《고려사》 권 84 형법지 1 피마식 현종 즉위. 비슷한 용례로, 《고려사》 권 84
　　형법지 1 피마식 덕종 2년 12월, 《고려사》 권 84 형법지 1 피마식 선종 10년
　　6월, 《고려사》 권 68 예지 10 참상삼외인리장고알재신급인리장고알참상참의의
　　숙종 2년 5월, 《고려사》 권 14 세가 14 예종 11년 하4월 경진, 《고려사》 권
　　68 예지 10 문무원장인리기거의 인종 22년 9월, 《고려사》 권 74 선거지 2 학교
　　인종조, 《고려사》 권 39 세가 39 공민왕 6년 추윤9월 무신 ; 여복지, 《고려사》

D15 制 文武官 遭喪[73]

D7은 성종대 태묘에 제사 지내고 내린 은사인데, 이 중 문무관에게는 특별 승진 기회가 주어지고 있고, 백성에게는 사흘 동안의 잔치가 베풀어지고 있다. D8은 잘 알려진 홍중방 전의 일부인데, 문무반 사이의 '설관분직(設官分職)' 사실의 일단을 상징적으로 볼 수 있다. D9는 조인규의 3남 연수 묘지명 중 한 부분이다. 나가면 장수요 들어오면 재상인데, 이는 한 몸에 문무를 겸하는 것이라 하여, 문무의 직능을 한마디로 보여준다.

D10에서는 문무원료가 출정하는 의식을 볼 수 있다. 문무의 군사 기능의 일단을 엿볼 수 있다.

D11은 왕이 직접 원구에서 제사지내고 나서 사면령을 반포하는 의식인데, 문무백료가 의식 집행의 주요 구성원으로 참여하고 있다. 법을 집행하는 과정에서의 문무의 역할을 짐작케 한다. D12는 그 부친과의 <대각국사비문> 때문에 맺힌 원한에다 자신과의 ≪주역≫ 강독을 둘러싼 알력 등이 얽힌 김부식을 묘청 토벌군의 상관으로 맞아 싸우러 나갔다가 정지상과 내통했다는 모함을 받아 폄출된 윤언이가 이를 해명하는 내용 중의 일부분이다.

토벌 당시 항복해온 대장 소황린, 정선곡, 박응소 등 20여 명을 문무라고 표현하고 있는데, 이 용어가 법률적인 신분 표현으로 쓰이고 있는 듯하여 주목된다.

D13은 사맹월과 납일에 왕이 직접 태묘에 제사 지내는 의식을 보여

권 74 선거지 2 학교 공민왕 20년 12월

73) ≪고려사≫ 권 64 예지 6 오복제도 현종 9년 5월. 비슷한 용례로, [制 文武官父母在三百里外者 三年一定省 給暇三十日 無父母者 五年一掃墳 給暇十五日 並不計程途 五品以上 奏聞 六品以下 有司給暇 登第者 定省掃墳日限 亦依此例](≪고려사≫ 권 84 형법지 1 관리급가 정종 11년 2월)

주고 있는데, 국가적 행사에서 문무반이 중요 구성원으로 배치되고 있다. 문무관이 관료 세계 안에서 그들의 서열에 따라 서로 지켜야 할 예의 중 길에서 인사하는 규정이 D14에서 보인다. 문무관은 관인이면서 동시에 한 가문의 구성원이기도 하였다. 그들이 상을 당했을 때 지켜야 할 오복제도 규정이 D15에서 보인다.

이렇게 문무반은 정치·군사·법률·이념 등 주체와 객체가 어울려 만들어내는 사회적 실현체에서도 그 기능의 범주가 양반과 크게 다르지 않다.

문무반 용례 검토를 총괄해보면, 그 주체, 객체, 사회적 실현체의 제 부면에서 양반 용례와 그 제도적 유사성을 발견할 수 있고, 이 정도의 검토로 적어도 고려적 질서가 작동하고 있던 시기에는 이 두 용어가 혼용될 수 있음을 보여준다.

문무 용어와 관련하여, 동서·좌우 용어에 대한 이해도 하나 더 붙여서 이해해 두는 것이 좋을 것 같다.

> D8.1 王服紫袍 設灌頂道場 于康安殿 詣景靈殿 告嗣位 遂乘輿 至壽寧宮 卽位 受群臣朝賀 班序尙右 文西武東74)
> D8.2 甲申 王將春享寢園 百官侍衛 至寢園 次於園東 乙酉 王乘輦入自南俠門 文官敍立 於東階下 武官 西階下75)
> D8.3 詳定 (중략) 駕後 中道 太子公侯伯宰臣 左文班 右武班 (하략)76)

문무와 동서가 같은 용어임은 다시 검증할 필요가 없을 듯한데, 이 두 용어가 원나라 부마국 시기에 잠시 바뀌어 있었던 듯한 사례가 있어서 이것을 지적해두는 것은 양반 정의를 논의하는 현단계에서 필요할 것

---

74) ≪고려사≫ 권 33 세가 33 충선왕 복위 추8월 갑인
75) ≪고려사≫ 권 61 예지 3 제릉 공민왕 2년 정월
76) ≪고려사≫ 권 72 여복지 범법가위장 의종조

같다. D8.1은 충선왕 복위식 장면이다. 여기서 문무반 서열이 오른쪽을 높여 문반이 서쪽에, 무반이 동쪽에 배치되어 있다.

그러다가 D8.2 시기에 오면 공민왕이 침원에 춘향제를 지내면서 백관을 시위하게 하고 있는데, 이때 문관은 동계 아래에 무관은 서계 아래에 차례로 섰다는 것을 보아 이 시기에 오면 문무반의 차가 원래대로 되돌아가고 있는 것이 확인된다. 또 문무반의 원래 위치가 좌우이고 좌가 우위임은 위의 충선왕 복위식에서도 드러나고 있지만, D8.3의 의종조 법가 규정에서 확연히 보인다.

양반, 문무, 동서, 좌우에 관한 사례 검토를 통하여 이제 앞에서 정의된 양반 개념의 내용을 좀더 풍부하게 할 수 있었다. 이제 이 정의를 염두에 두면서 이 양반의 존재를 사회, 역사 구조의 일환인 제도로써 몇 가지 검토해 보기로 하자.

3. 양반제

양반은 주체적으로는 일정 범위의 혈연집단 안에서 문무 자질을 연립받고, 이를 문무 직책의 확보를 통해서 사회적으로 확인받아 정치, 군사, 법률, 이념의 제 영역에서 타인 의사에 대한 지배력을 행사하는 국가 운영에 종사하면서, 이에 상응하는 물질적 객체를 매개로 타인의 노동을 사용하여 그 잉여생산물을 지대, 이자 등의 형태로 실현하는 특권적인 사적 소유자 중의 하나이다. 고려에서 이들 양반은 농·공·상·장·악 등 기타 기능을 가지고, 자기 의사의 독립성을 바탕으로 자기 노동에 근거하여 자신을 재생산해가는 일반 공민의 존재와 공·사 연립이란 전정연립 체계에 유기적으로 연결되어 있었다. 또한 양반은 원칙적으로 그 기능을 의미하는 한에서는 문무, 동서, 좌우와 동의어로 쓰였고, 잘 알려져 있듯이 문이 무보다 반차상으로 우위였다.

양반에 대한 계통적 용례 분석이 진행되면서 이것이 특정한 하나의 사실적 존재로서 검증되는 것을 넘어 그 사회적 위상과 역사적 변화라는 틀 속에서 자리매김될 것이 요청되었다. 이 항에서는 그 작업의 일단을 진행하고자 하는데, 가능한 범위에서 양반과 재추의 상관 관계, 양반의 규모, 양반의 성립시기, 양반 개념의 변질 등 몇 가지 사실을 확인해 보기로 한다.

첫째로, 재추양부와 문무양반과의 상관관계 문제이다. 양반 개념은 원래 문무관리 전체를 총칭한 광의의 의미와 3품 이하의 관리만을 한정하여 말하는 협의의 의미가 있었다 한다.[77] 또한 이렇게 재추와 문무양반을 분리하여 표시하게 된 원인은 무반이 3품을 한직으로 하고 있는 고려의 양반제도에 있다고도 하였다. 사실 검증의 문제나 그 원인에 대한 해명은 더 덧붙일 필요가 없을 것 같다. 여기서는 그 상관관계가, 가장 강력한 가문이며 국가의 상징적인 정점인 왕실과의 혼인관계에 의해서도 형성되고 굳어져간 것으로 보인다는 점만을 덧붙여 두고 싶다. 충선왕 동성금혼 교서 중의 종친과의 통혼이 허용되는 '누대공신재상지종(累代功臣宰相之宗)' 기술 부분, '문무양반지가(文武兩班之家)' 기술 부분이 이를 방증해 준다.

둘째, 양반의 규모 문제이다. 그 수는 문종조 경정전시과 규정을 바탕으로 산정하면 2,161원이고,[78] 백관지 편제를 통하여 알아보면 2,300명 정도로 집계된다.[79] 양반 직사와 산관 수에 대해서는 다음의 두 기록이 아울러 참고가 된다.

---

77) 변태섭, 1961 <고려조의 문반과 무반>, 《사학연구》 11 ; 1971 《고려정치제도사연구》에 재수록

78) 강진철, 1980 《고려토지제도사연구》 양반전

79) 박용운, 1990 《고려시대 음서제와 과거제 연구》의 9. 고려시대 음서제와 과거제에 대한 비교 검토

E1 國相 每歲 給米 四百二十苫 致仕半之 尙書侍郎以下 二百五十苫 卿監郎官 一百五十苫 南班官 四十五苫 諸軍衛錄事 一十九苫 其武臣 視此等而上之 與文官相垺 內外見任受祿官 三千餘員 散員同正無祿給 田者 又一萬四千餘員 其田皆在外州 佃軍耕蒔 及時輸納而均給之80)

E2 元遣 山東東西道宣慰使 塔察兒 刑部尙書 王泰亨 詔曰 (중략) 中 書省移咨曰 (중략) 驅良之事 (중략) 其錄連事目曰 (중략) 王京裏外 諸司 衙門州縣 摠三百五十八處 設官 大小 四千三百五十五員 刻削於民 甚爲 冗濫 加之賦役頻倂 (중략) 城郭州縣 虛有其名 民少官多 管民官 按廉官 半年一次交代 令本處百姓 自備牛馬路費等物 迎送新舊官員 道路如織 防農害物 民甚苦之81)

E1은 유명한 ≪고려도경≫ 창름조 기사이다. 여기서는 내외현임으로 녹을 받는 관리가 3,000여 원이고, 산관동정으로 녹은 없고 전지를 지급 받는 자가 또 1만 4,000여 원인데, 그 전지는 전부 외주에 있어서 전군 이 경작하고 때에 맞추어 수납하여 균등하게 지급한다고 적고 있다.

E2는 행성 평장정사 활리길사가 파직되어 돌아가서 보고한 내용을 토 대로 내외관을 합치고 줄이며, 그 관명이 원나라와 같은 것을 모두 고치 게 되는데, 그 보고 내용 중의 하나이다. 왕경 내외 제사 아문 주현이 총 358처에 설관이 대소 4,355원이라 하였다.

단편적인 사실들이지만 이들 사실을 동원하여 다소 모험적인 추론을 해보면, 문종조에는 직사관 수가 2,000여 명이었던 것이 인종조에는 3천 여 명으로 후기 충렬왕대에는 4,000여명으로 증가하고 있었던 것을 볼 수 있겠다. 이 시기에 와서 내외관이 합쳐지고 줄어졌다고 전하는데, 그 수가 어느 정도인지는 확실하지 않다. 한편 산관동정 수는 인종조 기록 뿐인데, 여기서는 1만 4,000여 명이었던 것이 확인된다. 이것으로 고려 전기 관료의 수를 대략 직사 2,000~3,000여 명, 산관 1만 4,000여명으

---

80) ≪선화봉사고려도경≫ 권 16 창름
81) ≪고려사≫ 권 32 세가 32 충렬왕 27년 하4월 기축

로 추산해 볼 수 있을 것 같다.

셋째, 양반의 성립 시기에 관한 문제이다. 성종 14년 문무산계의 분립
제정에 기점이 설정된 이후,[82] 대부분의 연구자가 이를 따르고 있다. 그
러나, 잘 알려져 있듯이 문산계, 무산계가 문반, 무반의 관계도 아니며,
더구나 이 시기 이전에도 문무 직사의 분장 사실이 다음과 같이 확인되
므로, 이 설을 따르기 어렵다.

    F1 尙州 賊帥 阿字盖 遣使來附 王命 備儀迎之 習儀於毬庭 文武官
俱就班 廣評郎中 柳問律 與直省官 朱瑄劼 爭列[83]
    F2 (전략) 神劍 與其弟 菁州城主 良劍 光州城主 龍劍 及 文武官僚
來降[84]
    F3 王 至自百濟 御威鳳樓 受 文武百官 及 百姓 朝賀 (중략) 誡百寮書
八篇[85]

    F1, 2, 3은 태조대의 기록이다. F1은 상주 적수 아자개가 귀순하자 환
영식을 연습하기 위해 문무관을 모두 반열에 나아가게 하였는데, 광평랑
중 유문율과 직성관 주선길이 반열을 다투었다고 전한다. F2에서는 신
검, 양검, 용검과 문무관료가 항복해왔다 하여 후백제의 것이긴 하지만,
이 시기의 상황을 알려주는 방증자료로서는 의미가 있다. F3은 태조가
통일을 완수하고 돌아와서 문무백관 및 백성의 축하를 받고, ≪계백료
서≫ 8편을 중외에 반포했다는 기록이다.

    F4 始命 雙冀 爲知貢擧 自後 命文臣一人 爲知貢擧[86]
    F5 定 文武兩班 墓地[87]

82) 末松保和, 1963 <高麗初期の兩班について>, ≪東洋學報≫ 36-2
83) ≪고려사≫ 권 1 세가 1 태조 원년 추9월 갑오
84) ≪고려사≫ 권 2 세가 2 태조 19년 추9월
85) ≪고려사≫ 권 2 세가 2 태조 19년 추9월
86) ≪고려사≫ 권 74 선거지 2 과목 2 범시관 광종

F6 始定 職散官 各品 田柴科 (중략) 文班 丹衫以上 作十品(세주 생략, 이하 같음) (중략) 雜業 丹衫以上 作十品 (중략) 武班 丹衫以上 作五品 (중략) 以下雜吏 各以人品 支給不同 其未及此年科等者 一切給田十五結[88]

F4, 5, 6은 광종, 경종 연간의 기록이다. F4는 과거 초행 기록인데, 이후로 문신 1인을 지공거로 삼았다고 쓰고 있다. F5는 문무양반의 묘지 규격 규정이고, F6은 시정전시과 규정으로, 문무반, 잡업 직산관 각품이 그 대상으로 되고 있다.

F7 御威鳳樓 大赦 陞文武官一階[89]

F8 宋遣 (중략) 來册王 詔曰 (중략) 揆文敎 而 奮武衛 (중략) 文武之兼才 (중략) 王受册詔 文武官僚 將校 僧道 三軍 萬姓 等曰 (하략)[90]

F9 御詳政殿 賜文武元尹以上 馬人一匹[91]

F10 敎 文武常叅官以上 父母妻 封爵[92]

F11 宋遣 (중략) 來 加册王 檢校太尉 加 食邑一千戶 食實封五百戶 (중략) 王旣受册 赦絞罪以下 文班 從仕年深者 改服 武班 年老無子孫 自癸卯年錄軍籍者 皆放還鄕里 兩班並加恩[93]

F12 敎曰 聞 朝野士庶之病者 (중략) 內外 文官五品 武官四品以上疾病 並令本司 具錄以聞 (중략) 群臣 上表謝[94]

F13 敎曰 (중략) 凡文官 有弟子 十人以下者 (하략)[95]

F14 上封事 (중략) 專權擅勢 以爲輕重 私門成黨 以爲富家 (중략) 賊臣也 (중략) 西京 (중략) 署百官 置萬戶 分司文武 甚多 (하략)[96]

---

87) ≪고려사≫ 권 85 형법지 2 금령 경종 원년 2월
88) ≪고려사≫ 권 78 식화지 1 전시과 경종 원년 11월
89) ≪고려사≫ 권 3 세가 3 성종 즉위 하8월 계미
90) ≪고려사≫ 권 3 세가 3 성종 2년 춘3월 무인
91) ≪고려사≫ 권 3 세가 3 성종 2년 춘3월 계미
92) ≪고려사≫ 권 75 선거지 3 전주 범봉증지제 성종 7년 10월
93) ≪고려사≫ 권 3 세가 3 성종 7년 동10월
94) ≪고려사≫ 권 3 세가 3 성종 8년 춘2월 경진
95) ≪고려사≫ 권 74 선거지 2 학교 성종 8년 4월
96) ≪고려사≫ 권 93 열전 김심언전 성종 9년 7월

F15 禘于太廟 (중략) 大赦 賜文武爵一級 執事者 二級 百姓大酺三日[97]
F16 敎曰 (중략) 業文之士 纔得科名 各牽公務 以廢素業 (중략) 在外
文官 自爲詩三十篇 賦一篇 (하략)[98]

F7에서 16까지는 성종 초로부터 문무산계 분정 이전까지의 기록이다.
F7은 성종 즉위 은사로 문무관에게 각각 1계씩을 승진시키고 있다. F8
에서는 왕이 송나라의 책봉을 받고 문무관료, 장교, 승도, 삼군(三軍), 만
성(萬姓) 등에게 조를 내리고 있다. F9에서는 문무 원윤 이상에게 각각
말 1필씩을 하사하고 있다.

또 왕 7년에는 문무 상참관 이상 부모처에게 봉작하는 교서가 내려지
고 있음을 F10의 기사가 보여준다. F11에서는 송나라가 왕의 책봉을 더
하자, 문반으로 나이 많은 자의 복식을 바꾸게 하고, 무반으로 나이 많고
자식이 없어 군적에 얹힌 자는 향리로 되돌아가게 하며, 양반 모두에게
은혜를 더하였다 한다.

F12에서 보듯, 왕 8년에는 내외 문관 5품, 무관 4품 이상으로 질병이
있을 때는 보고하여 치료하도록 교서가 내려가고도 있다. 또 이 해는 문
풍을 진작시키기 위하여 상벌이 가해지는 가운데, 문관으로서 제자가 10
인 이상인 경우 인사고과에 반영하도록 하는 교서도 F13에서처럼 내려
지고 있다.

F14는 김심언의 봉사 2조 중의 뼈대인데, 그 두 번째 조항에서 서경
에는 백관, 만호를 설치하고 문무 분정이 매우 많으니, 지대어사를 설치
하여 규찰하도록 건의하고 있다.

왕 14년에는 태묘에 제사 지내고 문무에게 직 1급씩을 하사하고 있는
것을 F15가 보여준다. F16에서는 문풍을 진작시키기 위하여 재외 문관
에게 매년 시 30편, 부 1편 씩을 지어 바치도록 교시하고 있다.

---

97) ≪고려사≫ 권 3 세가 3 성종 13년 하4월 갑진
98) ≪고려사≫ 권 3 세가 3 성종 14년 춘2월 기묘

이렇게 성종 14년 문무산계의 분립 제정 이전에도, 반열을 다투는 문무관, 항복해 온 후백제의 문무관료, 태조의 후삼국 통일을 축하하는 문무백관, 지공거가 되는 문신, 묘지 규격이 정해지는 문무양반, 전시과가 규정되는 문무반, 즉위 은사로 특진하는 문무관, 왕 책봉 은사를 받는 문무관료·문반·무반·양반, 말을 하사받는 문무, 부모처에게 봉작이 가해지는 문무, 질병 특진을 받는 문무관, 문풍 진작의 대상이 되는 문관, 서경의 다양한 문무 분사 등 문무 관련 사례가 정치·경제·사회·사상의 제 부면에서 고루고루 등장하고 있다.

더구나 고려 태조는 초기의 관제를 신라의 것을 근간으로 하고 이름과 뜻을 쉽게 알 수 있는 것만 태봉의 것을 따르도록 하였다 한다. 신라 관제에서 문무 직사 분장 사실을 확인하는 것은 어렵지 않다. 계속해서 논의할 양반전과도 관련하여 신문왕대 문무관료전 기록을 전시과와 제도적 연관하에서 파악하는 것은 이러한 양반 제도의 시원을 논의하는 데 일정한 시사를 줄 것 같다.

넷째, 양반 개념의 변질에 관한 문제이다. 이 문제에 관한 기존의 이해체계를 추리면 다음과 같다. 고려, 조선시대에 양반은 두 가지 개념으로 쓰였다. 그 하나는 관제상의 문반과 무반을 지칭하는 개념이고, 다른 하나는 고려, 조선시대의 지배신분층을 지칭하는 개념이다. 그리고 이 중 관제상의 문·무반을 지칭하는 개념이 양반 개념의 시원이었고, 이 개념은 양반관료제가 처음으로 실시된 고려 초기부터 쓰여왔다. 그러나 양반관료체제가 점차 정비되어감에 따라 문, 무반직을 가진 사람뿐 아니라 그 가족, 가문까지도 양반으로 불리게 되었는데, 고려 말 조선 초기부터는 점차 이런 경우가 많아지게 되었다.[99]

---

[99] 이성무, 1980 전게서, 5·13쪽. 김석형의 견해도 대동소이하다. 다만 김석형은 성종 14년 문무관계 분화 이전의 문무양반 기사를 부정하고, 지배신분층을 봉건귀족이라 부르며, 이러한 개념 전화가 일어나는 시기가 고려중기 이후부터라고 보는 점에서 다르다.

앞 항 양반 용례 분석 결과, 고려에서 양반이 관료와 신분의 두 가지 의미를 가진 것으로 파악되어 왔던 기존의 이해는, 공·사 연립을 그 실체로 하는 전정연립이 양반이란 인간의 사회적 존재에 반영된 결과로 보았다. 그러니까 이 두 가지 의미란 엄밀하게 말하면 공민과 양면을 이루면서 상호 연립되어 있는 양반을 개체와 총체의 양 측면에서 본 것이었다.

이러한 양반과 공민의 연립체계는 전정연립 체계의 해제와 더불어 고려후기 이후 무너져가고 있었다. 주체적으로는 친계 편향을 가지는 동성금혼의 일반화에서 보이듯 이미 대립이 기정 사실화 되어가고 있었고, 사회적으로는 양반과 백성, 양인과 천인 사이의 호구 위조 현상의 일반화에서 드러나듯 그 독립, 전화의 원리가 혼돈, 고착화의 방향으로 바뀌어가고 있었으며, 객체의 관점에서는 대표적으로 전시과의 납공 원리가 사전 확대의 방향으로 전화되어가고 있었던 것이다. 이 점은 또한 사, 사전의 개념 전화 추세와도 일치하고 있는 것을 보여준다. 이에 따라 양반과 표리를 이루고 있었던 사와 농·공·상·장·악이 대립물로 전화하여 화석화하면서 이를 기정 사실화하려는 '사농공상론'이 자리를 잡아간 것으로 보인다. 이제 이러한 사실을 보여주는 자료를 검토해보기로 하자.

G1 尋出爲安南都護副使 (중략) 先是 巫出入士族家 潛亂婦女 其被汚者亦羞之 不以語人 故所至恣淫穢 至是 一方服其神明[100]

G2 羅州人 父 松壽 鄕貢進士 (중략) 嘗隨僧天琪 來京 貧窮無依 寄食天琪 天琪憐之 求贅富家 無應者 太府少卿 安弘祐 許之 約既定 後悔曰 吾雖貧 士族 豈可納鄕貢子 未幾 弘祐死 家日貧 乃許[101]

G3 元遣 征東行中書省右丞 忻都 茶丘 來 時 我翼祖 亦以朝命 自東北面 來見王 至于再三 益恭益虔 王曰 卿本士族 豈忘本乎 今觀卿擧止 足知心之所存矣[102]

---

100) ≪고려사≫ 권 99 열전 현덕수전 명종 5년
101) ≪고려사≫ 권 105 열전 정가신전 고종조

G4 時 內府令 姜融 有求於開物 不獲 怒歐之 開物罵曰 汝本奴隷 敢辱士族耶 (하략)[103]

G5 朴連 亦拜典理判書 連居母喪 娶妻 每入見 王不之咎 嘗有僧 白王曰 官寺之奴 或有拜高官大職者 不可與士族齒 (하략)[104]

G6 元聞 三萬死 遣工部郎中 阿魯 刑部郎中 王胡劉等 來鞫之 阿魯等 坐行省 欲訊浩 鎖項而來 三萬弟 善財罵浩曰 我兄幾姦汝妻 懷恨杖殺乎 浩曰 我妻士族 寧有是耶 若婢妾 必有穢行 善財母賤故云然[105]

G7 宦者 金實棄妻 欲更娶士族女[106]

G8 諫官 李行等 又上疏曰 (중략) 富强失利 怨謗難弭 士族失業 生理難繼 (하략)[107]

G9 天台 嵩山寺 長老 全義 李氏之良也 士族也 而棄之 學浮屠 游曹溪 首四選矣[108]

G1은 조위총란 때 그 부친 연주도령 담윤과 홀로 붙좇지 않고 성을 지키면서 공을 세워 내시지후가 된 현덕수가, 그 해인 명종 5년에 안남도호부사로 나갔을 때의 이야기이다. 여장한 남자 무당이 사족가에 출입하면서 부녀들을 몰래 더럽히고 그 욕을 당한 자도 이를 수치스럽게 생각하여 남에게 말하지 않았기 때문에 이르는 곳마다 멋대로 더럽혀왔는데, 현덕수가 이를 밝혀 그 일대 사람들이 그 신명함에 탄복하였다 한다. 사족에 관한 기록으로는 최초의 것이다.

G2는 ≪금경록≫을 편찬하는 등 문명이 높았던 나주인 정가신의 출신과 혼인 과정에 관한 기록 부분이다. 그 아버지 송수는 향공진사였는데, 그는 일찍이 승려 천기를 따라서 서울에 왔지만, 빈궁하고 의탁할

---

102) ≪고려사≫ 권 29 세가 29 충렬왕 7년 춘3월 갑인
103) ≪고려사≫ 권 106 열전 김훤전 김개물 충선시
104) ≪고려사≫ 권 36 세가 36 충혜왕 원년 추8월 병진
105) ≪고려사≫ 권 131 열전 기철전 충목시
106) ≪고려사≫ 권 135 열전 신우전 11년 정월
107) ≪고려사≫ 권 78 식화지 1 녹과전 신우 14년 7월
108) ≪牧隱文藁≫ 권 5 無隱菴記

곳이 없어 천기에게 기식하고 있었다. 천기가 이를 가련하게 생각하여 부잣집에 데릴사위 자리를 구했는데, 응하는 자가 없던 차에 태부소경 안홍우가 허락하였다. 약속이 정해지고 나자 후회하기를, "내 비록 가난하나 사족인데, 어찌 향공의 아들을 맞아들이겠는가!" 하였다. 얼마 안 있어 홍우가 죽고 집이 날로 가난해지자 그제야 허락하였다 한다.

G3은 이성계의 증조부 행리에 관한 기록이다. 원나라가 정동행중서성 우승 흔도를 파견하여 왔는데, 이때 이행리도 조정의 명령으로 동북면에서 와서 충렬왕을 알현하였는바, 재삼 더욱 공경하고 경건하였다. 왕이 말하기를, "경은 본래 사족이니 어찌 근본을 잊어버리겠는가! 지금 경의 행동거지를 보니 마음의 소재를 알 만하도다" 하였다 한다.

G4는 충선왕의 총애를 받은 의성현인 김개물이 전부시승으로 있을 때의 이야기이다. 내부령 강융이 개물에게 요구하여 여의치 않자 성내고 때리니, 개물이 꾸짖어 말하기를, "너는 본래 노예인데, 감히 사족을 욕보이느냐!" 하여, 융이 앙심을 품고 헐뜯었다 한다.

G5에서는 충혜왕이 박연을 전리판서에 배수하였는데, 연은 어머니 상중에 처를 맞았는데도 매번 알현할 때 왕이 이를 흠잡지 않았다 한다. 어떤 승려가 아뢰기를, "관시의 노예가 고관대직을 배수받은 자가 있으니, 사족과 동열에 놓을 수 없습니다" 하니, 왕이 노하여 "내가 박연을 총애한단 말이냐!" 했다고 전한다.

G6은 기철 족제인 삼만의 토전점탈죄를 정치도감이 다스리다가 삼만이 순군에서 사망하자 원나라가 관리를 파견하여 추궁하는 과정에서 나오는 장면이다. 도감관인 서호를 심문하려고 목에 족쇄를 채우고 오자, 삼만의 동생인 선재가 호를 꾸짖으며 말했다. "내 형이 네 처를 간통하려 하니 원한을 품고 장을 때려 죽였지?" 서호가 대답하였다. "내 처는 사족이다 어찌 그런 일이 있을 수 있겠는가! 노비의 첩이라면 필시 그런 더러운 행동이 있겠지." 선재의 에미가 천하므로 그랬다는 것이다.

G7은 환자 김실이 처를 버리고 사족 녀에게 다시 장가가려고, 우왕에게 휴가를 청했다가 곤욕을 치르는 과정에서 나오는 이야기다.

G8은 간관 이행 등의 전제 개혁 상소문 중의 한 부분이다. 부강자는 이익을 잃으니 원망과 비방을 막기 어렵고, 사족은 실업하여 생계와 도리를 잇기 어렵다고 실상을 토로하고 있다 .

G9는 이색 <무은암기>의 일절이다. 천태 숭산사 장로는 전의 이씨인 좋은 집안이다. 사족인데도 이를 버리고, 부도를 배우고 조계에 노닐어서 네 번의 승과에서 수석을 치지하였다 한다.

이렇게 기록상으로 명종 5년부터 나타나기 시작하는 사족으로는, 여장남자 무당의 유린을 당하는 안남도호부의 사족가의 부녀, 정가신의 처가인 태부소경 안홍우가, 이성계가, 의성현 김개물가, 관시 노예 출신인 박연과 동열에 놓을 수 없다는 사족, 기삼만을 다스린 정치도감관 서호의 처가, 환자 김실이 재취했던 사족녀, 이행 등의 전제개혁 상소문에 실업하여 생계와 도리를 잇지 못하는 사족, 천태 숭산사 장로 전의 이씨가 등을 확인할 수 있다. 이들 용어법은 문무 기능을 가지고 국가 운영에 참여하고 있던 당사자인 양반 및 그 가족에 대한 지칭과 그 범주에서 겹치면서도 그 용어와 내용에서 독서 기능을 누대로 이어가는 특정 신분 집단의 지칭으로의 변화를 엿볼 수 있게 한다. 이 점은 인민 생활을 영위하는 기능적 분업이 점차 고착되면서 그들 기능 사이의 전화를 방지하려는 사회적 움직임과 궤를 같이 하는 것으로 보인다. 이른바 '사농공상론'이 그것이다.

G10 爲正言 草䟽陳時事曰 (중략) 自昔 帝王 分天下之民 爲四等曰 士農工商 農工商 各世其業 以供上 惟士無所事也 而 入學讀書 修身正家 事君治民之道 皆得學焉 而後官之 是以 公卿大夫 未有不盡其職 而人君 代天之政 成 (중략) 自辛丑癸卯以來 國用不足 以官爵 爲賞功之物 (중략) 商賈工匠公私奴隷 皆得爲官 (하략)[109]

G11 中郎將 房士良 上書曰 司馬遷曰 用貧求富 農不如工 工不如商 刺繡文 不如 倚市門 臣亦以謂 四民之中 農最苦 工次之 商則 遊手成群 不蠶而衣帛 至賤而玉食 富傾公室 僭擬王侯 誠 理世之罪人也 竊觀本 朝 農則 履畝而稅 工則 勞於公室 商則 旣無力役 又無稅錢 願自今 其 紗羅綾段絹子縣布等 皆用官印 隨其輕重長短 逐一收稅 潛行買賣者 並坐違制[110]

G10은 윤소종이 정언으로서 올린 상소문 중, '관작이 흙이나 티끌 같아서 모두 주우려 하고 중랑장이 소 아래서 청소나 하며 봉익의 값이 1필'이라는 농담이 나올 정도로 천해진 것을 시정할 것을 건의한 내용이다. '예부터 제왕이 천하의 인민을 4등으로 나누어 사농공상이라 하고, 농공상은 세세로 그 업에 종사하여 상부에 제공하였다. 오직 사는 그 종사하는 일이 없고, 학교에 들어가 책을 읽어서 몸을 닦고 집을 바르게 하며 임금을 섬기고 인민을 다스리는 법을 배운 다음에 관직을 주었다. 이 때문에 공경대부가 자기 직책을 다하지 않은 바가 없어서 임금이 하늘을 대신할 정치가 이루어졌다. 신축 계묘년 이래 국용이 부족해져서 관작이 유공자에 대한 상물로 되니, 오늘에 이르러 상고 공장노예까지도 모두 관직을 얻게 되었다'고 보고하면서, 공장상고가 자기 직업에 안주하도록 건의하고 있다. 사료 비판이 필요한 부분이 있지만, 당면 주제와 관련해서는 '천위', '천민', '천공', '오성북두', '열수' 등 하늘의 질서로 유비되듯이 사농공상의 분업을 엄하게 하며, 특히 '사'의 직능을 전문화시키려는 시대적 추세를 읽을 수 있다.

G11은 상인세를 공정하자는 중랑장 방사량의 건의문이다. '4민 중에 농이 가장 힘들며, 공이 다음인데, 상은 손을 놓고 무리를 지어, 누에를 치지 않고도 비단을 입으며, 지극히 천하면서도 좋은 음식을 먹고, 부가

---

109) ≪고려사≫ 권 120 열전 윤소종전 공민조
110) ≪고려사≫ 권 79 식화지 2 시고 공양왕 3년 3월

공실을 누르며 왕후를 마음대로 본뜨니 세상을 다스리는데 장애가 되는 죄인이다. 농은 농사를 지어 세를 바치며, 공은 공실에서 수고하는데, 상은 역역도 없고 세전도 없으니, 이제부터 사라·능단·초자·면포 등은 모두 관인(官印)을 사용하고, 경중·장단에 따라 일률적으로 수세하며, 몰래 매매하는 자는 다스리도록 하자'는 것이다. 4민의 직능적 분업이 무너져가는 이면에는 이러한 상업의 융성이 가로놓여 있었다는 것을 보여주어 매우 흥미로운데, 이런 변화된 현실을 직분론을 가지고 법률적, 사상적으로 붙들어 두려는 위의 윤소종의 논의에 비해 세정을 통한 합리적 해결책을 모색하는 방사량의 논의가 대비된다. 현재의 주제와 관련해서는 여기서도 '4민론'이 등장하여 주목을 끈다.

이는 이전 역사 시기에는 없던 경향이다. 양반 용례를 분석하는 과정에서 보았듯이, 양반의 자손들이 천기로 공·상·장·악에 떨어져 있는 자가 있었는가 하면, 천인으로서 방량된 양반원리들이 존재하여, 각 직능이 서로 엄격하게 구분되면서도 연립되어 있던 것이 고려적 질서가 작동하던 시기의 일반적인 사회 분위기였다. 문무 직능 담당자로서의 양반 당사자와 그를 포함한 일정 혈족집단이 하나의 사회 계층인 '사족'으로 인식되고, 이들의 직능인 '사'가 '농·공·상' 직능과 신분적으로 구분되어가는 사회적 변화는 고려적 질서의 해체, 새로운 질서의 모색과 맞물려 있는 것으로 보아도 좋을 것 같다. 이러한 사회 변화 분위기 속에서 사족을 바탕으로 한 조선조 양반관료체제에서의 특수한 신분 표현인 유학(幼學)이란 용어가 이색의 비음기(碑陰記)에서 보이기 시작한다.

　　G12 長男 吾先君 知密直司事 諱 種德 (중략) 仲男 簽書密直司事 諱 種學 娶門下侍中 李春富之女 生 六男一女 長 叔野 光州牧使 次 叔畦 晋州牧使 次 叔當 右軍僉摠制 今皆云亡 次 叔畝 同知中樞院事 次 叔福 及第 (중략) 晋牧 五女 長適監牧官 柳諍 次 適陵直 郭汾 次適 幼學 金克敬 次適 幼學 李思南 次 幼 (중략) 及第 二男二女 長 文垍 次 文疆 女

長適軍資錄事 尹濱 次適 幼學 柳仲誼 (중략) 季男 開城留後司留後 諱
種善 娶參贊門下部事致仕 權鈞之女 生一男 季疇 戶部正郞 (중략) 正郞
一男四女 男 坺 女 長適 幼學 李徽 次適 幼學 李貫然 餘 幼 (하략)[111]

이색의 차남 첨서밀직사사 종학, 종학의 차남 진주목사 숙휴, 숙휴의
제3녀가 유학 김극경에게, 제4녀가 유학 이사남에게 시집갔고, 종학의
제5남 급제 숙복, 숙복의 차녀가 유학 유중연에게 시집갔으며, 이색의
막내 아들 개성유후사유후 종선, 그 외동아들 호부정랑 계주, 계주의 장
녀가 유학 이휘, 차녀가 유학 이분연에게 시집갔다. 이색의 증손녀 5명
이 각각 김극경, 이사남, 유중영, 이휘, 이분연에게 시집갔는데, 이들의 신
분은 모두 유학으로 나타나고 있다. 이런 식의 신분 표현은 ≪고려사≫
열전이나 개인 비문에서는 볼 수 없었던 것이다.

이렇게 하여 양반제와 관련된 몇 가지 문제로서 재추와 양반과의 관
계, 양반의 규모, 양반의 성립시기, 양반 개념의 변질 등을 살펴보았다.
이 과정에서 고려 양반의 역사적 성격을 어느 정도 엿볼 수 있었다. 이
제 여기서 얻어진 이해를 바탕으로 그들의 소유 토지의 성격을 가늠해보
기 위한 작업에 들어가기로 하자.

4. 양반전

양반은 '사'의 한 구성요소로서, 문무 기능을 바탕으로 국가 운영에
참여하는 구체적 방식을 통하여 '사'의 속성을 실현시키고 있었다. 마찬
가지로 양반전도 사전의 한 지목을 이루면서, 문무 기능으로서의 혈연과
자질의 연립이란 주체적 조건과 이 기능을 가지고 국가 운영에 참여하는
사회적 조건을 바탕으로, 이에 상응하는 만큼의 타인 노동력을 매개로

---

111) ≪목은고≫ 비음기 선덕 8년 8월 하한

잉여생산물을 지대의 형태로 실현하는 그러한 토지일 것이 예상된다. 이는 또한 자기 의사의 독립성을 바탕으로 자기 노동을 투하하여 자기 자신의 단순 재생산에 종사하기 위한 수단으로서 보유·사용·매매·상속·증여·제한적 수용의 대상이 되는 토지라는 일반적 속성을 전제로 하고 있음도 물론 고려되어야 할 것 같다. 소범주로서의 양반전이 중범주로서의 사전의 한 지목이고, 이는 또한 대범주로서의 전정의 양대 범주 중의 하나이므로, 대범주로서의 전정이 가지고 있는 공·사 전화라는 전정연립의 기본원리가 이 소범주인 양반전에서도 관통될 것이기 때문이다.

양반전에 대한 이러한 이해는 아직 전정, 사전, 양반의 분석에서 얻은 간접적인 추론의 수준을 벗어나지 못한다. 이제 이를 구체적인 양반전 용례 분석을 통하여 확정지을 필요가 있다. 여기서는 먼저 객체로서의 양반전을 실현시키기 위한 사회적 조건과 주체적 조건을 보여주는 사례를 검토해보기로 한다. 또한 양반전의 확대재생산과 양극분해 과정에서 객체로서의 양반전 실현의 표리를 이루는 양 조건인 사회적 조건과 주체적 조건의 괴리 현상도 아울러 살펴보기로 한다.

먼저 양반전을 실현시키기 위한 사회적 조건부터 검토해보기로 하자. 여기에는 양반전 설정의 기준, 그 자격의 획득, 상실과 관련되는 조건이 검토된다.

> H1 初定役分田 統合時 朝臣 軍士 勿論官階 視人性行善惡 功勞大小 給之 有差[112]
> H2 始定 職散官 各品 田柴科 勿論官品高低 但以人品 定之 紫衫以上 作十八品 (세주 생략, 이하 같음) 文班 丹衫以上 作十品 (중략) 雜業 丹衫以上 作十品 (중략) 武班 丹衫以上 作五品 (중략) 以下雜吏 各以人品 支給不同 其未及此年科等者 一切 給田十五結[113]

---

112) 《고려사》 권 78 식화지 1 전시과 태조 23년
113) 《고려사》 권 78 식화지 1 전시과 경종 원년 11월. 같은 사례로 《고려사》 권 78 식화지 1 목종 원년 12월, 《고려사》 권 78 식화지 1 전시과 현종 5년

양반전의 설정 기준은 정치·군사·법률·신분·이념 등 제반 국가 운영에 참여하는 자기 고유의 기능인 문무 자질이 되는 것이 당연하다. 그 기준을 보여주는 직접적인 양반전 용례는 H1, 2가 보여주고 있어, 비교적 명확하다. H1은 이른바 역분전 기록인데, 여기서 '조신(朝臣)'은 문무양반을 포함하거나 거의 동의어로 정도로 보아도 크게 무리가 없을 것 같다. 그 토지 설정 기준은 '관계(官階)'를 논하지 아니하고, '성행선악, 공로대소'를 보아 차등적으로 이루어진다고 전하고 있다. 여기서 '관계'도 양반의 자기 고유 기능인 문무 자질을 등급 지은 것이고, '성행선악, 공로대소'도 충성도, 공로도를 의미하여 그러한 양반 자질의 정도를 나타낸 것이므로, 그 실체는 다르지 않다.

양반 용례와 양반제에 대한 계통적 검토에서 어느 정도 논증되었듯이, 고려 양반제가 성종 14년 이후에야 성립된 것이 아니고, 이전 시기의 제도를 계승한 측면이 있다면, 이 역분전의 기록을 '미숙'으로 보기보다는 이전 제도와 고려 건국 과정에서 새롭게 등장한 세력 구도를 재편하는 과정의 산물로 보는 것이 더 타당할 것 같다. 관료 질서 체계가 일정한 틀 내부에서 자기 궤도를 달리게 되면, 그 내부에서 수용할 수 없는 특별한 역할을 수행한 자에 대한 새로운 질서가 모색되게 마련이며, 이 가운데서 알력이 발생하는 것은 당연한데, 이때 원래의 관료 체계를 미숙한 것으로 규정하고 말 수는 없기 때문이다.

이 점은 H2의 이른바 시정전시과 기록에서도 마찬가지로 논의될 수 있을 것 같다. 여기서도 기준이 관품을 논하지 아니하고 단지 인품으로 정한다고 되어 있고, 그 인품으로 문반·잡업·무반의 기능별, 자삼·단삼·비삼·녹삼의 복색별 구분이 채용되고 있다. 관품, 문무반, 복색 등도 결국 문무 기능을 바탕으로 한 충성도, 공로도의 표현이란 점에서 같은 실

12월, ≪고려사≫ 권 78 식화지 1 전시과 덕종 3년 4월, ≪고려사≫ 권 78 식화지 1 전시과 문종 30년

체이다.

아울러 이 시정전시과의 이른바 '미숙성'과 달리 경정전시과는 관직만을 그 기준으로 했기 때문에 '완숙'한 것으로 보는 것도 다소 선험적인 것 같다. 양반관료체제로는 가장 완숙한 것으로 평가받고 있는 조선왕조에서의 과전법도 그 형식에서는 직사, 산관을 모두 포함한 관직, 관계의 두 기준을 가지고 있었고, 그 기준이 관직으로 단일화되는 것은 '직전법' 단계에 가서의 일이다. 그리고 그것은 완숙이 아니고, 왕조적 토지제도의 공식적인 해체를 의미하였다.

또 문종조 경정전시과 이후 양반산직자에게 전시가 지급된 기록도 있어서 경정전시과의 현직주의라는 평가도 재검토가 요구되지만, 본격적인 논의는 후속 연구로 미루기로 한다. 그 관련 기록으로는 앞에서 본 ≪고려도경≫ 창름조의 '내외현임수록관' 3,000여 명의 5배 가까운 '산관동정무록급전자' 1만 4,000여 명이란 인종조의 기록과 의종 효령태자 책봉 은사와 신종 즉위 은사에서 찾아볼 수 있다.

요컨대 고려전기 양반전 설정 기준으로서는 충성도, 공로도, 인품, 관직 등이 고려되고 있었는데, 그 실체는 양반의 고유한 기능인 문무 기능 바로 그것이었다. 그리고 이 사실은 그러한 기능이 전정연립 체계 내부에서 기타 직능과 연관되어 운영되고 있었던 점과 아울러 후기 기록에서도 확인할 수 있다.

　　H3 下敎 一 先王制定 內外田丁 各隨職役 平均分給 以資民生 又支國用 (하략)[114]
　　H4 大司憲 趙浚等 上書曰 (중략) 百官則 視其品 而給之 身沒則收之 府兵則 二十而受 六十而還 凡士大夫受田者 有罪則收之 (중략) 見任在官 而當食役分者耶 (중략) 一 祿科田柴 自侍中 至庶人在官 各隨其品 計田折給 屬之衙門 當職食之 一 口分田 在內諸君 及自一品 以至九品

---

114) ≪고려사≫ 권 78 식화지 1 경리 충렬왕 24년 정월 충선왕 즉위

勿論時散 隨品給之 (하략)115)

H3의 충선왕 즉위 하교에서는, 선왕의 제도로서 내외의 전정이 각각
의 '직역'에 따라 '평균분급'되었다고 적고 있다. H4의 조준 1차 상서문
에서는 '백관에게는 품을 보아 지급하고 죽으면 환수한다' 하여 ≪고려
사≫ 전제 서문 기록을 요약해서 보여주고 있다. 여기서는 아울러 후기
구분전이라 하여 전기 전시과의 제도적 후신으로 여겨지는 조항 가운데
'시산을 논하지 않고 품에 따라 지급한다' 하여 전시과 지급 기준에 '산
직'이 포함됨을 방증해주는 자료도 제공해주고 있다. 전기 양반전과는
직접 제도적으로 연관되지는 않지만, 녹과전시도 품에 따라 절급한다 하
여 그 기준을 보여주고 있어 참고가 된다. 녹과전, 과전법 지급 기준과
관련된 자료도 1차 사료를 덧붙여 두기로 한다.

　　H5 都兵馬使言 近因兵興 倉庫虛竭 百官祿俸不給 無以勸士 請於京
畿八縣 隨品給祿科田 時諸王 及左右嬖寵 廣占腴田 多方沮毁 王頗惑之
右承宣 許珙等 屢言之 王勉從之116)
　　H6 都評議使司上書 請定給科田法 從之 (중략) 自一品 至九品散職
分爲十八科117)

------

115) ≪고려사≫ 권 78 식화지 1 녹과전 신우 14년 7월
116) ≪고려사≫ 권 78 식화지 1 녹과전 원종 12년 2월. 비슷한 사례로, ≪고려사≫
　　 권 78 식화지 1 경리 고종 46년 9월, ≪고려사≫ 권 78 식화지 1 전제 경리
　　 원종 원년 정월, ≪고려사≫ 권 78 식화지 1 전제 녹과전 원종 13년 정월, ≪고
　　 려사≫ 권 78 식화지 1 녹과전 충렬왕 4년 12월, ≪고려사≫ 권 78 식화지
　　 1 녹과전 충렬왕 5년 2월
117) ≪고려사≫ 권 78 식화지 1 녹과전 공양왕 3년 5월. 비슷한 사례로, ≪고려사≫
　　 권 37 열전 신우전 부 신창 원년 9월, ≪고려사≫ 권 45 세가 45 공양왕 2년
　　 춘정월 임오, ≪고려사≫ 권 78 식화지 1 녹과전 공양왕 3년 정월, ≪고려사≫
　　 권 81 병지 1 오군 공양왕 3년 정월, ≪고려사≫ 권 78 식화지 1 답험손실 공양
　　 왕 3년 5월

H5에서는 백관의 녹봉이 지급되지 못하는 상황에서 도병마사의 건의로 경기 8현에 품에 따라 녹과전을 설치하도록 하는 사실이 보이고, H6에서는 1품부터 9품 산직까지를 18과로 나누어 과전을 지급하는 기록이 보인다. 전시과 하의 양반전과 그 성격에서는 차이를 보이지만, 토지 지급의 기준으로 품·과가 확인되어 그 제도적 연관성이 엿보이기도 한다.

이렇게 양반전 상정 기준으로서 형식으로는 품·과가, 내용으로는 문무 기능·충성도·공로도가, 그 사회적 위상으로서는 타인 의사에 대한 지배력을 행사하는 통치 직임이 고려되고 있는 것으로 보인다.

이제 이러한 양반전 설정의 자격을 획득하고 상실하는 경우를 살펴보기로 하자.

양반전 설정 자격의 취득은 양반 자격의 취득과 동시에 이루어지고, 양반 체계 내부에서의 정상적인 승진이나 왕의 즉위, 왕태자의 책봉 등 특별한 경우의 추가 승진, 전공 등에 의하여 그 자격도 추가되어갈 것은 다시 말할 필요도 없다. 또한 그 자격은 죽거나, 그 자손친척에게 연립되는 경우, 당연히 당사자에게서 사라진다. 이 과정은 양반 기능을 매개로 한 전정연립 과정 바로 그것이다. 이 외에 양반전 설정 자격이 상실되거나 회복되는 경우는 직무 정지·범죄·사면 등에서 확인된다.

H7 官吏 臨監自盜 及臨監內受財枉法者 徒杖勿論 收職田 歸鄕[118]
H8 判 諸州縣 長吏 病滿百日 依京官例 罷職 收田[119]
H9 少府少監 韓令臣 嘗爲典解庫判官 以私麤布 潛換官布三十匹 收職田 放還田里[120]
H10 召募良家子弟 善射御者 及郡縣吏 有膂力者 防倭 蔽諸司員吏 告歸田里 久不還者 削職 取其田 給有戰功者[121]

---

118) ≪고려사≫ 권 84 형법지 1 직제
119) ≪고려사≫ 권 75 선거지 3 향직 현종 16년 2월
120) ≪고려사≫ 권 17 세가 17 의종 5년 하4월 무진
121) ≪고려사≫ 권 81 병지 1 오군 신우 3년 2월

H7은 관리가 자기 직무 내에서 도둑질을 하거나 뇌물을 받는 경우 죄의 경중에 관계 없이 직전을 회수하고 귀향시키는 조치가 내려지고 있음을 보여준다. H8에서는 주현 장리도 경관의 예에 따라서 병으로 만 100일 동안 직무를 수행하지 못할 경우 파직하고 전지를 회수하도록 하고 있다. H9에서 한영신의 경우는 전해고 판관으로서 사포와 관포를 몰래 바꿔 자기 직무 내에서 차익을 챙겼으므로, H7의 규정에 준하여 직전을 회수하고 전리로 방환시키는 조치가 내려지고 있다. H10은 고려 말의 자료로 제도상의 변화가 엿보이지만, 여기서도 제사(諸司)의 원리가 전리에 휴가를 내어 가서는 오랫동안 돌아오지 않고 직무를 수행하지 않은 경우 그 직책을 박탈하고 그 토지를 취하여 전공자에게 지급하도록 하고 있다.

H11 大赦 (중략) 加朝臣爵一級 召還金貽永 李綽升 鄭敍 等 皆復職田[122]
H12 中書奏 賊臣 曹元正 石冲餘黨 雖被德音 已免流放 請勿復給職田 以懲亂賊 從之[123]
H13 敎曰 (중략) 一 (중략) 公私雜罪者 還其職田[124]

H11에서는 정함·김존중의 모함으로 의종 모제 대령후 사건에 연루되었던 김이영·이작승·정서 등에게 명종 즉위년 사면령으로 직전을 되돌려주는 조치가 이루어지고 있다. H12에서는 문극겸의 제거 공작에 대응하여 수창궁을 범하고 추밀사 양익경 등을 죽인 조원정 일당은 사면 혜택을 받아 유배에서 벗어났지만, 그 죄질을 감안하여 직전은 되돌려주지 말도록 하고 있다. H13은 충선왕 즉위 교서의 한 항으로, 공사잡죄를

---

122) ≪고려사≫ 권 19 세가 19 명종 즉위 동10월 경술
123) ≪고려사≫ 권 21 세가 21 신종 2년 하6월 임술
124) ≪고려사≫ 권 33 세가 33 충렬왕 24년 춘정월 무신 충선왕 즉위

범한 자는 직전을 되돌려주도록 조치하고 있다.

이렇게 양반전이 자기를 실현하기 위한 사회적 조건으로는, 양반전 설정 기준으로서 품·과라는 형식, 문무 기능·충성도·공로도라는 내용, 통치 직무라는 사회적 위상이 검증되었고, 양반전 연립 자격은 양반 자격의 획득, 정기·특별 승진에 의한 추가 등이 고려되었으며, 질병 등에 의한 직무정지, 범죄 등으로 그 자격이 정지되고 특별 사면에 의해 일정 범위에서 자격의 회복이 이루어지는 사실들을 확인할 수 있었다.

그런데, 전정·사전이 그러했듯이,125) 사전의 한 지목인 양반전도 국가에서 지급되거나, 수조권이 위임되는 그러한 토지가 아니므로, 이 사회적 조건이 갖추어지는 것만으로는 그 자신을 실현시킬 수가 없다. 그 토지를 확보하고 운영하는 일은 양반전 설정 자격자의 주체적 노력에 달려 있었다. 이제 양반전이 자기를 실현하기 위한 또 하나의 조건인 주체적 조건을 검토해보기로 하자. 여기서는 본원적인 혈연의 연립과 후천적인 생산 경영·식화·겸병·탈점 등이 고려된다.

I1 判 鄕職 大丞以上 正職 別將以上 人身死後 田丁遞立 鄕職 左丞以下 元尹以上 正職 散員以下 年滿七十人 令其子孫遞立 無後者 身歿後 遞立126)

I2 門下省奏 舊法 凡犯罪者 不得受永業田 上將軍 李洪叔 曾犯憲章 流配嶺表 其妻子孫 不當給田 制曰 洪叔 昔在通州 丹兵來攻 城垂陷 固守不下 成不朽之功 可賞延于世 以激將來 宜令給田127)

I3 判 六品以下 七品以上 無連立子孫者之妻 給口分田 八結 八品以下 戰亡軍人 通給妻口分田 五結 五品以上戶 夫妻皆死 無男而有未嫁女子者 給口分田 八結 女子嫁後 還官128)

I4 詔曰 俊京 犯闕之罪雖重 然其功亦不細 令妻子完聚 給還其子

---

125) 윤한택, 1995 앞의 책
126) ≪고려사≫ 권 78 식화지 1 전시과 현종 19년 5월
127) ≪고려사≫ 권 78 식화지 1 전시과 정종 7년 정월
128) ≪고려사≫ 권 78 식화지 1 전시과 문종 원년 2월

職田129)

I5 下制曰 今屬兵糧之田 元是 諸宮寺院所屬 及兩班軍閑人之世傳
而爲權臣所取者也 己巳年 辨正都監 推辨不究 或有給非其主 由是 怨者
頗多 其兵粮都監 詳考兩造文案 公正以決130)

I6 敎曰 一 (중략) 其功臣之田 如有孫外人占取者 勿論年限 依孫還給
同宗中 功臣田 若一戶合執者 辨其足丁半丁 均給 功臣子孫 屬南班者
改東班131)

I7 進判三司事 封府院君 上書都堂曰 (중략) 京畿土田 除祖業口分 餘
皆折給 爲祿科田 行之近五十年 邇者 權豪之門 奪占略盡 (중략) 果能釐
革 悅者甚衆 不悅者 權豪數十輩而已 何憚而不果爲哉132)

I1은 전정연립에 관한 현종 연간의 판례인데, 여기서 향직 대승 이상,
정직 별장 이상인 경우 연립 주체가 명기되어 있지 않지만, 향직 좌승
이하 원윤 이상, 정직 산원 이하의 경우 그 연립 주체로서 '자손'으로
지정되어 있다. 각각 전제 서문에서의 문무백관과 부병의 구별에 준한다
고 판시한 것으로 보인다.

I2에서는 상장군 이홍숙의 처자손이 영업전을 지급받고 있다. 이 영
업전의 성격에 대해서는 논란이 있을 수 있지만, 양반의 처자손이 일정

---

129) ≪고려사≫ 권 127 열전 척준경전 인종 8년. 비슷한 사례로, [御明仁殿 下制曰
 (중략) 大義滅親 古亦有之 (중략) 自今以後 文武之臣 惟以是非善惡 褒貶黜陟 不
 復汚以前事 如拓俊京 (중략) 可還其子職田]≪고려사≫ 권 16 세가 16 인종 10
 년 동11월 경진)

130) ≪고려사≫ 권 27 세가 27 원종 14년 동12월 경신

131) ≪고려사≫ 권 33 세가 33 충렬왕 24년 춘정월 무신

132) ≪고려사≫ 권 110 열전 이제현전 충목습위. 비슷한 사7로, [都評議使司言 先王
 設官制祿 一二品 三百六十餘石 隨品差等 以至伍尉隊正 莫不准科數以給 故衣食
 足給 一切奉公 其後 再因兵亂 田野荒廢 貢賦欠乏 倉庫虛竭 宰相之祿 不過三十
 石 於是 罷畿縣 兩班 祖業田外 半丁 置祿科田 隨科折給 近來 諸功臣權勢之家
 冒受賜牌 自稱本田 山川爲標 爭先據執 有違古制 乞依先王制定 京畿八縣土田
 更行經理 御分宮司田 鄕吏津尺驛子雜口分位田 考覈元籍量給 兩班軍閑人口分田
 元宗十二以上公文 考覈折給 其餘 諸賜給田 並皆收奪 均給職田 餘田 公收租
 稅 以充國用 制可]≪고려사≫ 권 78 식화지 1 녹과전 충목왕 원년 8월)

한 토지 연립의 주체로 확인되고 있다.

I3은 후생정책적 의미로 해석되어온 구분전에 관한 기록인데, 여기서도 연립의 대상으로서 자손이 확인된다.

I4는 이자겸 난에 참여했다가 얼마 후 그를 제거하고 득세하던 중 정지상의 상소로 암타도에 유배되었다가 자기 본관지로 옮겨진 후 척준경에게 내려진 조서 내용이다. 그 기간 중에 그 아들에게 직전이 지급되는 것을 확인할 수 있다. 단순한 사면의 의미뿐 아니라 양반전이 그 자식에게 연립되는 자료로 읽힌다.

I5는 강화 천도 시기 몽고와의 전쟁에 필요한 병량을 확보하기 위해 수용했던 토지를 환도를 준비하던 기사년에 변정도감에서 가려서 반환하는 조치가 이루어졌는데, 이것이 잘못되어 원망이 일자, 환도 이후 이 시기에 와서 병량도감에게 다시 심의하여 결정하도록 하는 사정을 전하고 있다. 이들 토지 중에는 양반의 세전 토지로서 권신에게 탈취당했던 것도 포함되어 있다. 이 토지의 성격과 관련 없이 양반이 혈연과 동시에 토지도 연립시키고 있음을 확인할 수 있다.

I6은 양반 중의 한 특수 범주인 공신에게 한정되어 언급되고 있지만, 그 토지가 동종 중의 손에게 연립되도록 되어 있던 점, 일정한 사회적 조건과 관련되어 있는 족정, 반정을 가려서 균급되도록 되어 있는 점, 그런데도 이를 무시하고 동종 가운데 특정 1호가 합집하는 사례가 있었던 점 등을 알려준다.

I7은 이제현이 충목왕 즉위년에 도당에 올린 녹과전 관련 상서문의 일부이다. 비상조치의 성격을 띤 녹과전의 절급이 경기 토전 중 조업, 구분을 제외하고 이루어졌다는 점은 이 토지와 그 소유 주체와의 연립의 강인성을 보여주는 방증으로 읽어볼 수 있을 것 같다.

양반의 토지는, 그 다양한 여러 명목의 성격에 대한 해명은 일단 유보하면, 혈연과 동시에 본원적으로 그 동종, 자손에게 연립되고 있음이 확

인된다. 이 주체적 조건은 문무 기능을 바탕으로 한 양반 자격의 확보라
는 사회적 조건과 결합되어 운영되고 있지만, 한편 그것은 독자적인 조
건으로서 자기 운영 원리를 갖고 있기도 하였다. 그런데 양반의 토지는
이렇게 혈연을 매개로 해서 본원적으로 연립되고 있는 것만은 아니었다.
이 본원적인 연립 토지는 산업 경영·식화·겸병·탈점 등의 후천적인 노
력에 의해서 확대 재생산되기도 하고 축소되기도 하면서, 분해되어가는
모습을 보여주고 있다.

    I8 王在元 哈伯平章 謂康守衡 趙仁規 曰 (중략) 王 遂命宰樞 與三品
    以上 議之 皆曰 上下 皆撤處干 委以賦役 可也 處干 耕人之田 歸租其主
    庸調於官 卽佃戶也 時 權貴多聚民 謂之處干 以通三稅 其弊尤重 守衡曰
    必以點戶奏133)

    I8은 유명한 '처간' 사료인데, 이 기사는 이러한 후천적인 주체적 조
건을 그 합법, 불법의 영역에서 간명하게 보여주고 있기도 하다. 처간은
남의 전지를 경작하여 조를 그 전주에게 귀속시키고, 용·조는 관에다 귀
속시키는데, 바로 전호라 하였다. 또한 이때 권귀가 민을 많이 모아 처간
이라 하고 3세를 포탈하니, 처간을 철폐하여 부역을 매겨야 한다고 논의
하고 있다. 사전 경영 구조의 일단과 전호라는 타인 노동을 매개로 잉여
생산물을 '조'의 형태로 실현시키고 있는 점이 확인된다. 아울러 권귀가
그들에게 사회적으로 부여된 문무 기능을 바탕으로 한 통치 범위를 초월
하여 일반 민을 대거 모은 뒤 이를 처간이란 명목으로 3세를 포탈하는
사실도 확인된다.
    합법의 범위 내에서 경영이 이루어지고 그 소유의 범위가 늘거나 줄
어드는 추가 사례부터 보기로 하자.

---

133) ≪고려사≫ 권 28 세가 28 충렬왕 4년 하6월 을유

I9 制 近來 州縣官 祇以宮院 朝家田 令人耕種 其軍人田 雖膏腴之壤 不用心勸稼 亦不令養戶輸粮 因此 軍人飢寒逃散 自今先以軍人田 各定 佃戶 勸稼輸粮之事 所司委曲奏裁[134]

I10 下制 各處 富强兩班 以貧弱百 姓賖貸未還 劫奪古來丁田 因此失 業益貧 勿使富戶 兼幷侵割 其丁田 各還本主[135]

I11 知御史臺事 左承宣 兪千遇 久執政柄 士大夫皆趨附 (중략) 凡方 慶之族 求仕者 輒抑之 (중략) 後攻珍島 至全羅調兵 千遇 田莊 在長沙縣 方慶戒勿擾[136]

I12 以西北有變 加定各道元帥 分遣抄軍 每烟戶 出軍一名 令時散品 秩 各出軍粮 且減中外兩班田地 以補軍須[137]

I9는 토지 경영상에서 궁원전, 조가전에 비해 군인전이 불리한 입장에 있는 것을 보여주는 예종조의 사례이다. 조가전의 실체에 대해서는 다른 견해가 있지만, 사전 지목이 확실한 궁원전, 군인전과 함께 어느 지목이든 밭갈고 씨뿌리는 전호, 추수 양곡을 운반하는 양호의 존재가 확인되어, 타인 노동을 매개로 한 잉여생산물의 수취라는 사실을 증명해 주고 있다.

I10은 부강 양반이 빈약 백성에게 임대 활동을 통한 이자 취득 사실과 그의 상환 불능을 미끼로 소유 토지인 정전을 겸병하는 모습을 보여준다.

I12에서는 양반전지가 전쟁 등 국가 비상시에 군수 목적으로 수용되고 있는 사실을 볼 수 있다.

한편 양반전은 상호 침탈을 통해서도 확대되거나 축소되고 있었는데,

---

134) 《고려사》 권 79 식화지 2 농상 예종 3년 2월. 비슷한 사례로, 《고려사》 권 78 식화지 1 조세 현종 4년 11월, 《고려사》 권 80 식화지 3 상평의창 현종 14년 윤9월, 《고려사》 권 80 식화지 3 진휼 은면지제 고종 40년 6월, 《고려사》 권 79 식화지 2 과렴 충렬왕 14년 10월

135) 《고려사》 권 79 식화지 2 차대 명종 18년 3월

136) 《고려사》 권 104 열전 김방경전 원종 4년

137) 《고려사》 권 81 병지 1 오군 신우 13년 11월

이러한 사정을 보여주는 추가 사례를 계속해서 보자.

> I13 在官 侵奪私田 一畝 杖六十[138]
>
> I14 制 兩京百寮 樵蘇地 限馬首嶺 樹禁標 違者痛理[139]
>
> I15 下旨 諸王宰樞 及扈從臣僚 諸宮院寺社 望占閑田 國家 亦以務農
> 重穀之意 賜牌 然憑藉賜牌 雖有主付籍之田 並皆奪之 其弊不貲 擇人差
> 遣 窮推辨覈 凡賜牌付田 起陳勿論 苟有本主 皆令還給 且本雖閑田 百
> 姓已曾開墾則 並禁奪占[140]
>
> I16 下旨 今諸院 寺社 忽只 鷹坊 巡馬 及兩班 等 以有職人員 殿前上
> 守 分遣田莊 招集齊民 引誘猾吏 抗拒守令 以至敺攝差人 作惡萬端 下界
> 別銜 不能懲禁 且 東西兩班 及 有官守散官等 依附別常 外方下去 侵害
> 殘民 今後窮推 執送于京[141]
>
> I17 下制 凡州縣 各有京外 兩班 軍人 家田 永業田 乃有姦黠吏民 欲
> 托權要 妄稱閑地 記付其家 有權勢者 又 稱爲我家田 要取公牒 卽遣使
> 喚 通書屬托 其州員僚 不避干請 差人徵取 一田之徵 乃至二三 民不堪
> 苦 赴訴無處 冤忿衝天 灾沴間作 禍源在此 捕此使嗅 枷械申京 記付吏
> 民 窮極推罪[142]
>
> I18 下敎曰 (중략) 一 寺院 及齊醮諸處 所據執 兩班田地 冒受賜牌 以
> 爲農場 今後 有司窮治 各還其主[143]

I13은 관리로서 사전을 침탈하는 죄목에 대한 처벌 규정이다. 양반이
권력을 이용하여 토지를 모으는 것을 보여주는 법제적 증거 자료다.

---

138) ≪고려사≫ 권 84 형법지 1 직제. 비슷한 사례로, [敎曰 近因師旅 民不安業 大
　　小朝官 避難在外 侵奪土田 剝民自利 民生益艱 其令督赴京師](≪고려사≫ 권 40
　　세가 40 공민왕 12년 하4월 병오)

139) ≪고려사≫ 권 8 세가 8 문종 13년 하5월 병진

140) ≪고려사≫ 권 78 식화지 1 경리 충렬왕 11년 3월. 비슷한 사례로, [宰樞議 遣
　　採訪使 于諸道 更定稅法 或曰 今郡縣田野盡闢 宜量田增賦 以瞻國用 宰樞恐 其
　　所占田園入官 事遂寢](≪고려사≫ 권 78 식화지 1 조세 충선왕 2년 11월)

141) ≪고려사≫ 권 85 형법지 2 금령 충렬왕 12년 3월

142) ≪고려사≫ 권 78 식화지 1 전시과 명종 18년 3월

143) ≪고려사≫ 권 84 형법지 1 직제 충렬왕 24년 정월 충선왕 즉위

시지의 확보도 중요한 토지 확대의 수단이었음을 방증하는 자료를 I14가 제공하고 있다. 경정전시과에서 시지 지급 지역 지정이 이루어진 10여년 전의 기록인데, 양경 백료의 초소지(樵蘇地)를 마수령을 경계로 하여 금표를 설정하고 위반자에 대한 처벌 경고까지 덧붙이고 있다.

I15에서는 제왕재추, 호종신료, 제궁원, 사사가 한전을 망점할 뿐아니라, 사패를 빙자하여 탈점까지 자행하고 있음을 보여준다. 양반 등이 이러저러한 방식으로 확대한 전장에다 불법으로 일반 민을 불러모아 축재에 열중하고 있는 모습을 I16이 보여주고 있다.

그런가 하면 I17, 18에서는 양반전이 권세가, 사원 등에 침탈당하고 있는 사실이 확인된다.

이렇게 양반전은 혈연의 연립을 바탕으로 한 본원적인 토지의 연립, 통치 직임이란 사회적 조건에 의해 보장된 범위 내에서의 전호 경영을 통한 잉여생산물의 수취, 식리 활동을 매개로 한 토지의 확대, 사패를 통한 확대, 불법적인 탈점 등의 수단을 통하여, 자기들끼리 혹은 다른 사적 소유자들과 경쟁하면서 분해의 길을 걸어가고 있었다.

5. 맺음말

이상에서 고려 양반 용례에 대한 체계적 검토를 통하여 종래 조선 왕조 양반 개념을 통하여 추론되어 왔던 고려 양반의 범주를 실증적으로 확정하고, 이와 관련하여 고려 양반 제도에 대한 몇 가지 이해를 재검토하였다. 또한 이러한 제도적 연관 하에서 양반전 관련 사료를 실증적으로 분석함으로써 양반의 기본적 물적 토대인 양반전에 대한 이해 체계를 마련하여 보았다. 본문에서 얻어진 결론을 요약하면 다음과 같다.

첫째, 양반은 주체적으로는 일정 범위의 혈연집단 안에서 문무 자격을 연립받고, 이를 문무 직책의 확보를 통해서 사회적으로 확인받아 정치·군사·법률·이념의 제 영역에서 타인 의사에 대한 지배력을 행사하는 국가 운영에 종사하면서, 이에 상응하는 물질적 객체를 매개로 타인의 노동을 사용하여 그 잉여생산물을 지대·이자 등의 형태로 실현하는 특권적인 사적 소유자 중의 하나이다. 고려에서 이들 양반은 농·공·상·장·악 등 기타 기능을 가지고, 자기 의사의 독립성을 바탕으로 자기 노동에 근거하여 자신을 재생산해가는 일반 공민의 존재와 공·사 연립이란 전정연립 체계에 유기적으로 연결되어 있었다. 고려에서 양반이 관료와 신분의 두 가지 의미를 가진 것으로 파악되어왔던 기존의 이해는, 바로 이러한 전정연립이 양반이란 인간의 사회적 존재에 반영된 결과로 보아도 좋을 것 같다.

둘째, 문무반 용례 검토를 총괄해보면, 그 주체, 객체, 사회적 실현체의 제 부면에서 양반 용례와 그 제도적 유사성을 발견할 수 있고, 고려적 질서가 작동하고 있던 시기에는 이 두 용어가 혼용될 수 있음을 보여준다.

셋째, 문무반은 원래 위치가 좌우이고 좌가 우위에 있었음은 말할 필요도 없는데, 충선왕 복위년부터 공민왕대의 어느 시기까지 이 문무반과 좌우의 대응관계가 바뀌어 있었던 것으로 보인다

넷째, 고려 전기 관료의 수를 대략 직사 2~3,000여 명, 산관 1만 4,000여 명으로 추산해 볼 수 있다.

다섯째, 성종 14년 문무산계의 분립 제정 이전에도, 문무 관련 사례가 정치·경제·사회·사상의 제 부면에서 고루고루 등장하고 있다. 잘 알려져 있듯이 고려 초기의 관제는 신라의 것을 근간으로 하고 있었는데, 신라 관제에서도 문무 직사 분장 사실을 확인하는 것은 어렵지 않다.

여섯째, 고려에서 양반이 관료와 신분의 두 가지 의미를 가진 것으로 파악되어왔던 기존의 이해는, 공·사 연립을 그 실체로 하는 전정연립이

양반이란 인간의 사회적 존재에 반영된 결과로 보았다. 그러니까 이 두 가지 의미란 엄밀하게 말하면, 공민과 양면을 이루면서 상호 연립되어 있는 양반을 개체와 총체의 양 측면에서 본 것이다 .

일곱째, 이러한 양반과 공민의 연립체계는 전정연립 체계의 해체와 더불어 고려 후기 이후 무너져가고 있었다. 주체적으로는 친계 편향을 가지는 동성금혼의 일반화에서 보이듯 이미 대립이 기정 사실화되고 있었고, 사회적으로는 양반과 백성, 양인과 천인 사이의 호구 위조 현상의 일반화에서 드러나듯 그 독립·전화의 원리가 혼돈·고착화의 방향으로 바뀌어가고 있었으며, 객체의 관점에서는 대표적으로 전시과의 남공 원리가 사전 확대의 방향으로 전화되어가고 있었던 것이다. 이 점은 또한 사·사전의 개념 전화 추세와도 일치하고 있음을 보여준다. 이에 따라 양반과 표리를 이루고 있던 공민과의 연계 고리가 끊어지면서, 양반은 사족이란 의미로 점차 고착화되어가고, 그 기능에서 상호 연립되고 있었던 사와 농·공·상·장·악이 대립물로 전화하여 화석화되면서 이를 기정 사실화하려는 '사농공상론'이 자리를 잡아간 것으로 보인다.

여덟째, 기록상으로는 사족이란 용어는 명종 5년부터 나타나기 시작하는데, 이들 용어법은 문무 기능을 가지고 국가 운영에 참여하고 있던 당사자인 양반 및 그 가족에 대한 지칭과 그 범주에서 겹치면서도 그 용어와 내용에서 독서 기능을 누대로 이어가는 특정 신분 집단의 지칭으로의 변화를 엿볼 수 있게 한다. 이 점은 인민 생활을 영위하는 기능적 분업이 점차 고착되면서 그들 기능 사이의 전화를 방지하려는 사회적 움직임을 반영하는 '사농공상론'의 등장과 궤를 같이 하는 것으로 보인다. 이러한 사회 변화 분위기 속에서 사족을 바탕으로 한 조선조 양반관료 체제에서의 특수한 신분 표현인 유학이란 용어가 이색의 비음기에서 보이기 시작한다.

아홉째, 양반전은 과·품이란 형식을 통하여 문무 기능의 내용을 담고 통치 권력에 참여하는 위상을 갖는 사회적 조건과, 일정한 범위의 혈연을 매개로 한 본원적인 연립, 이를 바탕으로 한 산업 경영, 식화, 겸병, 탈점 등의 주체적 조건의 결합을 통하여, 타인 노동을 매개로 잉여생산물을 지대의 형태로 실현하는 그러한 토지이다.

열째, 양반전은 따라서 국가에서 주어지거나, 수조권이 위임되는 등의 정태적 구조를 가지고 있는 것이 아니라, 사회적 조건에 규정되면서도 주체적으로 운영되고 있었다. 이 과정은 사회적 조건과 결합하여 그 조건에 기대면서 진행되어 갔지만, 어느 일정 정도를 넘어서면서는 그러한 사회적 조건과 대항하면서 이를 초월하여 무한 궤도를 달리는 것으로 귀결되고 있었다. 사전의 운영 과정이, 그 한 지목으로서의 문무 기능을 매개로 한 양반전에도 그대로 관철되고 있음을 보여준다.

마지막으로, 양반전도 기초 범주로서의 전정의 한 영역을 형성하고 있으므로, 전정연립 체계 내부에서 운영되고 있었음은 말할 필요가 없다. 전정연립이 '가'를 매개로 해서 작동하고 있었으므로, 양반전도 '가문'을 매개로 해서 자신을 관철시키고 있었을 것은 쉽게 추론할 수 있다. 따라서 양반전에 대한 구체적 실태 파악은 고려 전기 사회의 주요 가문을 매개로 하여 진행될 필요가 있다. 필자는 이러한 맥락 하에서 경원 이씨가의 과전 지배 실태에 대한 분석을 시도해 본 바 있다.[144) 이 분석이 당시 양반전의 실체에 더 가깝게 접근하기 위해서는 당시 '가문'의 실체에 대한 논의, '과전'과 '공음전시'의 관계에 대한 논의[145) 등을 더 깊이 천착할 필요가 있음은 물론이다.

---

144) 이 책 제4장 ; 윤한택, 1992 <고려전기 경원 이씨가의 과전 지배>, ≪역사연구≫ 창간호, 여강출판사 개고
145) 이 책 제3장 ; 윤한택, 1998 <고려전기 공음전시와 등과전>, ≪경기사학≫ 2호

제2장
고려전기 양반공음전시와 등과전

1. 머리말

필자는 우리나라 중세의 토지소유에 대하여 오랫동안 관심을 가져왔으며, 그 중 특히 고려 특권계급의 소유토지인 사전[1], 그 특권계급의 전형적인 존재인 양반 및 그 물적 토대로서의 양반전[2]에 대하여 의견을 밝혀왔다.

거기서 필자는 전정의 어의를 실증적으로 검증하고, 전정연립을 매개로 하여 공, 사전의 상호연관을 논증하는 가운데, 전정 개념의 일의적 정의를 끌어낼 수 있었다. 또한 사전의 용례 분석과 양반전과 군인전의 동질성을 논증하면서, 사전의 일의적 정의에 도달하였다. 그 결과를 바탕으로 하면서 양반과 양반전의 용례를 분석함으로써 양반전의 개념을 일의적으로 정의해 보려고 시도하였다. 이 글에서는 앞에서 유보해 두었던 음서와 과거의 상호연관을 논증함으로써 우리나라 중세 토지소유의 봉건적 성격에 대한 최종적인 결론에 일조하고자 한다.

양반, 양반전에 대한 앞 글에서의 실증적 결과가 용인될 수 있다면, 이제 이 양반으로 진입하는 두 가지 중요한 입사로인 음서와 과거의 차이에 따라 그 토지 지배 내용이 다르게 이해되어왔던 지금까지의 이해체계에 대한 근본적인 재검토가 필요하게 된다. 즉 음서 출신은 전체토지(무기영대지, 사적 지배력이 강한 토지), 과거 출신은 납공토지(한정유기지, 사적 지배력이 약한 토지)를 지배하는 것으로 이해하여온 기존의 이

---

1) 윤한택, 1995 ≪고려전기 사전연구≫, 고려대학교 민족문화연구소
2) 윤한택, 1997 <고려전기의 양반과 양반전>, ≪역사연구≫ 제5호, 풀빛출판사

해체계가 가지는 역사적, 논리적 부정합성에 대한 문제가 제기되는 것이다. 이러한 이해체계의 정합성을 획득하기 위하여 음서제와 과거제에 대한 체계적이고 종합적인 기존의 연구 성과를 응용하면서 논지를 전개해 가기로 한다.

2. 음서와 양반공음전시

음서의 입사로로서의 특성과 양반공음전시와의 관련을 살펴보기 위하여 먼저 해당 규정들을 ≪고려사≫에서 적출해 보자.

먼저, 일반 규정부터 보기로 하자.

> A1 雖名卿大夫未 必不由科目進 而 科目之外 又有遺逸之薦 門蔭之
> 敍 成衆愛馬之選補 南班雜路之陞轉 (중략) 自權臣私置政房 政以賄成
> 銓法大壞 而 科目取士 亦從而汎濫[3]
> A2 又 有功蔭田柴 亦 隨科 以給傳子孫[4]
> A3 諸以蔭出身者 皆限年十八以上[5]
> A4 賜開國功臣 及 向義歸順城主 等 勳田 自五十結 至二十結 有差[6]

A1은 음서가 고려 왕조 양반의 여러 입사로 중 하나였음을 직접 보여주는 선거지 서문의 기록이다. 비록 공경대부라도 반드시 과거를 통하여 진출하였는데, 과거 외에 또 천거, 문음이 있다고 말하고 있다. 이 밖에도 성중애마의 선발, 남반잡로의 승진 경로도 있음을 부기하였는데, 권신이 정방을 사적으로 설치하고 나서부터는 뇌물이 성행하고 인사제도

---

3) ≪고려사≫ 권 73 선거지 1 서문
4) ≪고려사≫ 권 78 식화지 1 전제 서문
5) ≪고려사≫ 권 75 선거지 3 범음서
6) ≪고려사≫ 권 78 식화지 1 공음전시 경종 2년 3월

가 크게 붕괴되어 과거도 역시 따라서 혼란스럽게 되었다고 한다.

A2는 전제 서문의 공음전시에 관한 서술 부분이다. 이것을 종래 "또 공음전시가 있는데, 역시 과에 따라서 지급하고, 자손에게 전한다"로 읽어, 바로 일반 전시과 외에 5품 이상에게 추가로 지급하여, 자손에게 세습하는 것으로 해석하고, 이른바 납공토지와 다른 전체토지라는 구분을 만들어낸 문제의 구절이다. 이 부분은 "또 공음전시가 있는데, 역시 (해당 관료의) 과에 따라 자손에게 지급하여 전수시킨다"로 읽는 것이 자연스러우며, 그러면 당연히 5품 이상 고위관리의 자손에게 그 부친의 과에 따라 주어지는 초입사로인 음서 상당 토지가 되는 것이다. 이는 과거 입사자에게 초직전으로서 등과전이 주어지는 것에 정확하게 대응한다. 이 규정이 서문에서 별도로 거론되고 있는 이유는, 등과전이 동등한 자격으로 전시과 규정 속에 해소될 수 있는 것인데 반하여, 공음전은 부친의 과에 따라 부여되는 직급과 전시 지급액수가 다를 수밖에 없었기 때문이다.

A3은 음서 출신자의 하한 연령이 18세임을 못 박은 규정이다.

A4는 선초에 《고려사》 편찬자가 훈전을 공음전시 항목에 분류하여, 공음전시가 일반 전시과와 별도로 특별한 공신들 자신에게 추가로 지급되는 것처럼 보이게 혼란을 준 기록이다. 이 훈전 지급은 경종 원년(976) 11월에 시정전시과를 공포하고 나서 불과 4개월밖에 지나지 않은 이듬해 3월에 이루어졌다. 말하자면 추가의 성격보다 보완의 성격을 갖는 것으로 보는 것이 더 순조롭다. 그 지급 대상을 비교하면, 시정전시과는 '직산관 각품'이고 훈전은 '개국공신 및 향의귀순 성주 등'이다. 전자는 중앙관직(정직) 범주에 소속된 자이고 후자는 지방관직(향직) 범주에 소속된 자로 보는 것이 어떨까? 이 토지지급이 이루어지고 약 20년 후인 성종 14년(995) 관료들의 직계인 문산계, 무산계가 분리·제정되고 자삼 이상에게 정직이 내려지고 있는 점을 고려하면, 이 두 직계가 각각 '시정전시', '훈전'으로 연결되는 것으로 보아 크게 무리가 없어 보인다. 훈

전 지급 대상자 중 '개국공신'도 향의귀순 성주 등과 한 부류로 묶여 있는 것으로 보아, 중앙 관직에 편입된 1, 2급 공신을 제외하고 지방에 남아있던 3급 공신 정도였을 것으로 추측된다.

이 기본 규정을 총괄하면, 공음전시는 18세 이상 성인이 되는 5품 이상 양반 자손에게 가문을 잇도록 하기 위하여 주어지는 초입사직 즉 음서에 상응하는 초입사전이 된다. 그리고 이것은 훈전, 공신전 등 유공자 자신에게 주어지는 토지와는 전혀 다른 계열의 것으로 볼 수 있다.

이제 이 원칙이 마련되는 과정을 연대순으로 추적해 보기로 하자.

> A5 教 兩班職事五品以上 子孫若弟姪 許一人入仕[7]
> A6 錄太祖功臣子孫 無官者[8]
> A7 判 功蔭田 直子犯罪 移給其孫[9]

A5는 음서란 5품 이상 양반 현직자의 자손이나 동생, 조카의 초입사로임을 최초로 보여주는 현종 5년(1014) 12월의 교서이다. 승음자의 범위는 자손, 동생, 조카에까지 미치고 있음을 알 수 있다.

같은 시점의 기록인 A6에서는 태조공신의 자손을 초입사시키고 있는데, 이것도 이 교시에 준한 동일한 음서의 범주에 해당한다. 이들에게는 녹용된 직책에 상응한 토지가 주어졌을 것이고, 그것은 공음전시와 같은 성격을 가진 것으로 보아 무리가 없다. 또한 이 동일 시점에 문무양반잡색원리에게 전시를 가급하였다는 기록이 '전시과'와 같이 포함되어 있어,[10] 그 뜻이 분명하지 않았는데, 이 가급하였다는 전시가 바로 이때의 음서 초입사자에 지급된 공음전시였다고 해석하면 훨씬 순조로워진다.

---

7) 《고려사》 권 75 선거지 3 범음서 현종 5년 12월
8) 《고려사》 권 75 선거지 3 범서공신자손 현종 5년 12월
9) 《고려사》 권 78 식화지 1 공음전시 현종 12년 10월
10) 文武兩班雜色員吏 加給田柴 (《고려사》 권 78 식화지 1 전시과 현종 5년 12월)

A7은 현종 음서 교서가 내려진 7년 이후인 현종 12년(1021) 시점에서 공음전시와 관련하여 발생한 문제에 대해 유권해석을 내린 판례이다. 즉 직계 아들이 범죄를 범했을 경우 그 손자에게 이전·지급하도록 판시하고 있다. 이 기록은 문종 3년(1049) 양반공음전시법이 정비되기 이전에 그 시행 사실을 알려줌과 동시에 이것이 초입사직으로서의 음서와 초입사전으로서의 공음전의 직접적인 연계를 시사하는 근거로도 된다.

이상을 총괄하면, 음서 교서가 처음 내려진 것은 현종 5년(1014)인데, 승음 자격자는 5품 이상 양반 현직자의 자손이나 동생, 조카의 초입사자이며, 이들에게는 탁음자의 품계에 상응하는 공음전이 지급되었고, 그 공음전은 직계 아들이 범죄를 범했을 경우 손자에게 계승하도록 하고 있다.

이 현종 5년의 음서 교서는 실제 행정명령을 통해 시행되고 있고, 그 예외적 준용사례도 확인된다.

> A8 制曰 內史侍郞平章事 劉徵弼 積閥襲慶 以文翰 輔佐累朝 其功可錄 授其子綽工部書令史[11]
> A9 制曰 卒 中樞院使 林維幹 忠貞輔弼 績效實多 宜行異數 可授其子 良槩八品職[12]
> A10 門下侍郞平章事 皇甫穎 上言 臣無嗣 乞以外孫 金祿崇 爲後 從之 官祿崇九品[13]

A8은 현종 음서 교서가 시행되는 구제적인 제칙(행정명령)의 사례이다. 부친인 정 2품 내사시랑평장사 유징필의 아들 작에게 공부서령사가 수여되고 있다. 그 이유를 '문벌을 쌓고 경사를 세습하였으며, 문필로 여러 조정을 보좌한 공로' 때문이라 하였다.

---

11) ≪고려사≫ 권 6 세가 6 정종 6년 춘3월 임오
12) ≪고려사≫ 권 7 세가 7 문종 원년 춘정월 정해
13) ≪고려사≫ 권 7 세가 7 문종 원년 춘3월 신묘

A9은 제칙 예외 사례로, 문종 원년(1047)에 중추원사 임유간의 아들 양개에게 8품직을 수여하고 있다. 그런데 이 사례는 현종 음서 교서 단서 조항인 현직 규정의 예외로서 사망한 자의 자손에게 특별히 미치고 있는 점이 주목되는데, 그 이유는 충직하게 보필하여 그 성과가 아주 많았으므로 특별 규정을 시행한다고 명시하고 있다.

A10은 제칙 준용 사례인데, 자손, 동생, 조카란 승음자의 범위가 청원에 따라 외손인 양자에게도 미치고 있다. 즉 문종 원년(1047)에 문하시랑평장사 황보영이 후사가 없어서 외손 김록숭을 양자로 삼아 9품직을 수여해 줄 것을 청원하여 허락받고 있다.

시행 과정에서 탁음자의 자격이 사망자에게까지 미치고 있으며, 수음자의 범위가 외손 양자에게 미치고 있음이 확인된다.

이런 과정을 거쳐 양반공음전시법이 공포되기에 이른다.

> A11 定 兩班功蔭田柴法 一品 門下侍郎平章事以上 田二十五結 柴十五結 二品 叅政以上 田二十二結 柴十二結 三品 田二十結 柴十結 四品 田十七結 柴八結 五品 田十五結 柴五結 傳之子孫 散官減五結 樂工賤口放良貝吏 皆不得與受 功蔭田者之子孫 謀危社稷 謀叛大逆 延坐 及雜犯公私罪 除名外 雖其子有罪 其孫無罪 則 給功蔭田柴 三分之一[14]

즉 문종 3년(1049) 5월 드디어 현종 5년(1014)에 초입사로서의 음서에 대한 교시가 처음 내려진 이후 시행 과정에서의 판례와 행정명령을 거쳐 양반공음전시가 법률로 정착되기에 이르렀음을 A11이 보여준다. 즉 1품 문하시랑평장사 이상은 전 25결, 시 15결, 2품 참정 이상은 전 22결, 시 12결, 3품은 전 20결, 시 10결, 4품은 전 17결, 시 8결, 5품은 전 15결, 시 5결을 자손에게 전수시킨다고 하였다. 물론 이 자손에게는 해당 전시액에 상당하는 초입사직이 수여되었을 것이고, 그 토지 전수의

---

14) ≪고려사≫ 권 78 식화지 1 공음전시 문종 3년 5월

실체는 합법적 상속 바로 그것이었음은 말할 필요가 없다.

그런데 이 법률은 이어 여러 가지 단서 조항을 달고 있다.

첫째로, 현직자가 아닌 문산계만을 가진 산관에게는 5결을 감소시키고 있다. 즉 현직자 우대 조항이다.

둘째, 악공·천구 즉 천인으로서 속량하여 양인이 되고, 이어 양반이 된 자, 원리에게는 부여·전수할 수 없도록 하였다. 즉 원천 천인신분 제한 규정이다.

셋째, 공음전을 전수받은 자손이 국가를 전복하거나 왕실에 반역할 것을 도모한 탁음자의 연좌제에 걸리고, 탁음자가 공법·사법 여러 범죄를 지어 제명된 경우를 제외하고 그 승음자인 아들이 비록 죄를 지었다고 하더라도 그 손자가 죄가 없으면 공음전시의 1/3을 지급하도록 하였다. 즉 원천 국가유공자에 대한 우대 규정이다. 이는 현종 12년(1021) 판례의 뜻을 잇고 거의 한 세대의 경과에 따라 변화된 현실적 조건을 반영한 결과로 해석된다.

이로써 당시 문무 관련 사회 운영자인 양반으로의 관문 중 개인의 능력에 바탕을 둔 과거와는 별도로 가문의 혈통에 기반을 둔 음서에 의한 재생산 안전장치가 완결되었다.

이 법률은 이후의 시행과정에서 기본적인 준거가 되지만, 한편 보완·개정되기도 하고 보다 구체화되어 나타나기도 한다. 먼저, 세 번째 단서 조항인 원천 국가유공자 우대 규정을 보기로 하자.

A12 制 裴玄慶等 六功臣 佐我太祖 肇開大業 功德勒于鍾鼎 其後嗣 至于曾玄 男女僧尼 無官者 授初職 有官者 增級[15]

A13 吏部奏 配享功臣 侍中 崔肅 曾孫 懋 請依丙申年 祫禮赦文 以蔭 加戶部令史同正 從之[16]

---

15) ≪고려사≫ 권 75 선거지 3 범서공신자손 문종 6년 10월
16) ≪고려사≫ 권 8 세가 8 문종 11년 춘3월 병신

A14 以鞍工 宋由 乃三韓功臣 太傅 蘇格達 玄孫 特免其役 許入仕[17]

A15 錄文昌侯 崔致遠 五代孫 善之 爲都染署史[18]

A16 判 三韓功臣 承蔭者 其功臣職牒 雖或遺失 的是功臣子孫 許初入仕[19]

A17 進內史侍郎同內史門下平章事 庾仲卿 工部尙書 逸之子也 制 降等授蔭職 式目都監使 侍中 李子淵等 十一人 駁曰 仲卿舅 平章李襲 奸兄 少卿蒙女 生仲卿母 仲卿不宜齒朝列 元鼎等 四人議曰 此乃李襲之罪 非仲卿父子所犯 且 功臣黔弻之裔 不宜塞仕途 請依前制 降授蔭職 王從元鼎等議[20]

A18 詔 太祖苗裔 在軍籍者 免 無職者 許入仕[21]

A19 詔 太祖代 及 三韓功臣 內外孫無職者 戶許一人 入仕 顯廟功臣 河拱辰 將軍 宋國華 及 庚戌年 如契丹 見留 使副 許其子孫一人 入仕[22]

A20 賜祖宗苗裔無職者 爵一級[23]

A21 詔 太祖內玄孫之孫 外玄孫之子 及 太祖同胞昆弟玄孫之子 及 外玄孫 後代正統君王玄孫之子 及 外玄孫 各戶爵一人[24]

A22 詔 太祖內玄孫 之孫外玄孫之子 許初入仕一人 屬南班者 改屬東班[25]

A23 詔 祖代六功臣 三韓前後功臣 代代配享功臣 西京 興化 龜 宣 慈州 仇比江 潘嶺等 固守員將子孫 各許初入仕一人[26]

A24 詔 太廟 十陵 諸孫 無官者 許初職[27]

A25 詔 配享功臣 內外孫 無官者 許初職[28]

A26 爵太祖功臣子孫[29]

---

17) ≪고려사≫ 권 8 세가 8 문종 25년 하6월 경신

18) ≪고려사≫ 권 9 세가 9 문종 28년 추9월 병신

19) ≪고려사≫ 권75 선거지 3 범서공신자손 문종 37년 윤6월

20) ≪고려사≫ 권95 열전 김원정전 문종조

21) ≪고려사≫ 권75 선거지 3 범서조종묘예 숙종 즉위

22) ≪고려사≫ 권75 선거지 3 범서공신자손 숙종 즉위

23) ≪고려사≫ 권75 선거지 3 범서조종묘예 숙종 3년 10월

24) ≪고려사≫ 권75 선거지 3 범서조종묘예 숙종 5년 2월

25) ≪고려사≫ 권75 선거지 3 범서조종묘예 예종 3년 2월

26) ≪고려사≫ 권75 선거지 3 범서공신자손 예종 3년 2월

27) ≪고려사≫ 권75 선거지 3 범서조종묘예 예종 3년 4월

28) ≪고려사≫ 권75 선거지 3 범서공신자손 예종 3년 4월

A27 判 功臣子孫 付簿點職[30]

A28 太祖之裔 未得祿仕者 令有司選補[31]

A29 親祼太廟 赦殊死以下 陞百官爵一級 其執事正郎以上官 各許一子蔭職[32]

A30 詔 太祖苗裔 許初職[33]

A31 歷代功臣之後 皆許初職[34]

A32 詔 太祖內外苗裔 敍用[35]

A33 三韓壁上功臣子孫 許初職[36]

A34 朔 御儀鳳樓 詔曰 (중략) 登極日侍衛 宰樞以下及軍卒 加爵號分職 子孫 加蔭職 其餘 不應受職者 各賜物 有差 文武兩班 各許散職一級田柴[37]

A35 詔 太祖苗裔 太祖同產兄弟 正統君王子孫 並許入仕[38]

A36 詔曰 祖代六功臣 三韓功臣 子孫 並許入仕[39]

A37 詔 太祖苗裔 挾十一女 一戶一名 許初入仕 已爲員者 政抄 別錄 敍用 充軍者 許免[40]

A38 詔 祖代六功臣 三韓功臣 內玄孫之玄孫之孫 外玄孫之玄孫之子 挾七女 未蒙戶 一名 許初入仕 三韓後壁上功臣 內玄孫之玄孫之玄孫之子 外玄孫之玄孫之玄孫 挾六女 未蒙戶 一名 許初入仕 代代配享功臣 內玄孫之玄孫 外玄孫之曾孫 挾五女 未蒙戶 一名 初入仕[41]

A39 都兵馬宰樞所奏 功臣 柳璥 金仁俊 朴希實 李延紹 金承俊 朴松庇 林衍 李公柱 等 奮擧忠義 再造王家 匡正三韓 帶礪難忘 雖超授爵秩

---

29) 《고려사》 권75 선거지 3 범서공신자손 예종 6년

30) 《고려사》 권75 선거지 3 범서공신자손 인종 8년 12월

31) 《고려사》 권75 선거지 3 범서조종묘예 의종 16년

32) 《고려사》 권 18 세가 18 의종 17년 하4월 을해

33) 《고려사》 권 75 선거지 3 범서조종묘예 의종 21년 9월

34) 《고려사》 권 75 선거지 3 범서공신자손 의종 21년 9월

35) 《고려서》 권 75 선거지 3 범서조종묘예 의종 23년 4월

36) 《고려사》 권 75 선거지 3 범서공신자손 의종 23년 4월

37) 《고려사》 권 21 세가 21 신종 즉위 동11월 경자삭

38) 《고려사》 권 75 선거지 3 범서조종묘예 신종 즉위

39) 《고려사》 권 75 선거지 3 범서공신자손 신종 즉위

40) 《고려사》 권 75 선거지 3 범서조종묘예 고종 40년 6월

41) 《고려사》 권 75 선거지 3 범서공신자손 고종 40년 6월

不足以酬荅 依三韓壁上功臣例 柳璥 仁俊 宜爵其子六品 給田一百結 奴
婢各十五口 希實 延紹 承俊 松庇 林衍 公柱 爵其子七品 給田五十結 奴
婢各五口 無子者 爵其甥姪女壻中一人 圖畫壁上 各陞鄕貫之號 其同力
輔佐 車松佑以下 十九人 亦皆陞秩 許一子九品職 若崔忠獻 罪盈惡稔
崔怡 專權擅命 宜削去圖畫 罷廟庭配享 從之42)

A40 誅顗 歸政王室 (중략) 賜推誠衛社功臣號 (중략) 後因宰樞奏 爵其
子六品 給田一百結 奴婢各十五口 陞其鄕 儒州監務 爲文化縣43)

A41 敎 聖祖苗裔 雖挾二十女 一戶例許一名入仕 已爲員者 政抄別錄
若在南班 改東班 勿差國仙 在軍行者 除軍籍 聖祖親兄弟之孫 一戶例許
一名入仕44)

A42 聖祖代六功臣 三韓壁上功臣 歷代壁上功臣 配享功臣 戰沒功臣
亦許其孫戶 各一名入仕45)

A43 淸州副使 金承祐之子 以世累 仕路不通 然 以女壻 贊成事 康守
謝 輔佐有功 許通五品46)

A44 宥二罪以下 又下旨曰 先祖苗裔 許初入仕 (중략) 時王年六十一
術者有換甲厄年之說 故推恩肆宥47)

A45 敎曰 太祖苗裔 無名者 例以一戶一名 許初入仕 太祖同胎兄弟
賞延于世 內外五世玄孫之曾孫 各許一戶一名初入仕 正統君王內外孫
亦如之48)

A46 敎曰 祖代功臣之內外五世玄孫之子 代代配享功臣內外五世玄孫
之曾孫 太祖代衛社戰亡 金樂 金哲 申崇謙 及 能使丹兵還退 徐熙 河拱
辰 盧戩 楊規 等 內外孫與玄孫中 一名 許初入仕 顯宗南幸時有功者 及
始終隨從功臣 與 西京 興化 龜 宣 慈州 仇比江 盤嶺 成功戰亡者 交戰
將校 典軍人 等 內外孫與玄孫中 一名 例許初職 甲申 丁亥年 東蕃元帥
尹瓘 吳延寵 爲國亡身 庚益 懷節寵方 崔甫 及 出衆成功 對戰亡身 兩班
軍人 及 行諜未還記事 儒一 內外玄孫中 例許一名初職 乙卯年西事成功
及 戰亡 兩班員將 庚戌年昌化軍衛社 景純 李雄 等 內外孫中一名 許初

---

42) 《고려사》 권 24 세가 24 고종 45년 추7월 을해
43) 《고려사》 권 105 열전 유경전 고종조
44) 《고려사》 권 75 선거지 3 범서조종묘예 충렬왕 8년 5월
45) 《고려사》 권 75 선거지 3 범서공신자손 충렬왕 8년 5월
46) 《고려사》 권 30 세가 30 충렬왕 17년 하9월 병오
47) 《고려사》 권 31 세가 31 충렬왕 22년 춘정월 갑신
48) 《고려사》 권 75 선거지 3 범서조종묘예 충선왕 즉위

職 平章事 崔思專 於先代救難 使王孫縣遠 其內外玄孫錄用 丙申年衛社
吳卓 尹先 甫麟 寵珍 李作 李儒 始終衛社亡身 金繽 辛忠 內外孫與玄孫
許初職 壬寅年衛社亡身 平章事 韓安仁 郞中 李中若 內外孫與玄孫 賞職
侍郞 庚應圭 告奏北朝 七日不食 專對有功 又 當闕內救火時 能奉遷景靈
殿五室神御 郞中 黃文裳 於乙卯年西事 爲宣諭使 亡身 郞中 崔均 於甲
午年 爲宣諭使 亡身 內外孫一名 許初職 是年 權有之郊 先入賊軍 沒陣
而亡 別將 崔淑 散員 守磯 白仁壽 裴龍甫 校尉 趙叔甫 錢義忠 辛卯年龜
州宣諭使 朴文成 金仲溫 金慶孫 癸巳年南路捉賊 李子晟 宣諭使 鄭義
朴錄全 甲午年 西京兵馬使 閔曦 丁酉年南路逆賊處置使 金慶孫 皆於內
外孫中 許初職錄用 凡功臣子孫 以賤技 落在工商匠樂者 推明許通 屬南
班者 改東班49)

A47 忠宣王復位 敎曰 祖王苗裔無名者 雖挾二十二女 例以一戶一名
許初職 已入仕者 別錄敍用 屬南班者 改東班 勿差國仙 亦免充軍 祖王
親兄弟 內玄孫之玄孫之孫 外玄孫之玄孫之子 及 歷代先王 內玄孫之玄
孫之子 外玄孫之玄孫 例以一戶一名 許初職50)

A48 敎曰 祖王代六功臣 壁上功臣 顯王南幸時侍奉功臣 等 內外玄孫
之玄孫 歷代配享功臣 內外玄孫之曾孫 例以戶一名 許初職 祖王代衛社
功臣 金樂 金哲 申崇謙 及 成王代功臣 徐熙 顯王代功臣 河拱辰 盧戩
楊規 等 內外玄孫之玄孫 例以一戶一名 許初職 仁王代功臣 崔思全 奮
策救難 其功重大 其內外玄孫之孫 別錄敍用 父王代 己巳年及四年 隨從
臣僚 功勞旣着 宜加錄用 延及子孫51)

A49 敎 祖王苗裔 雖挾三女 許初入仕 屬南班者 改屬東班 勿差國仙
仍免軍役52)

A50 敎 歷代功臣 蔭職 並依舊制 其甲戌年以來 有戰功人 及 戰亡人
子孫 各加敍用53)

A51 敎 太祖以來歷代功臣 錄其子孫 優加奬用54)

A52 敎 陣亡軍吏子孫 屢命擢用 有司視爲文具 予甚痛焉 各具姓名以聞55)

49) ≪고려사≫ 권 75 선거지 3 범서공신자손 충선왕 즉위: 崔思專은 崔思全의 誤
50) ≪고려사≫ 권 75 선거지 3 범서조종묘예 충선왕 복위
51) ≪고려사≫ 권 75 선거지 3 범서공신자손 충선왕 복위
52) ≪고려사≫ 권 75 선거지 3 범서조종묘예 충숙왕 12년
53) ≪고려사≫ 권 75 선거지 3 범서공신자손 충숙왕 12년
54) ≪고려사≫ 권 75 선거지 3 범서공신자손 공민왕 5년 6월
55) ≪고려사≫ 권 75 선거지 3 범서공신자손 공민왕 12년 5월

A53 教 兵興以來 戰亡將士 官其子孫[56]

A54 教 兵興以來 戰沒軍士 令都評議司 追錄子孫[57]

A55 王詣孝思觀 以誅禑昌 告于太祖 祝文曰 (중략) 九人 (중략) 其錄
券 依開國功臣 裴玄慶例 稱中興功臣 父母妻封爵 子孫蔭職 直子超三等
無直子 甥姪女壻 超二等 子孫政案 皆稱中興功臣某之幾世孫 宥及永世
丘史七名 眞拜 把領十名 許初入仕[58]

이 법률이 시행된 지 3년 정도가 경과하면서, 그 세 번째 단서 조항이
었던 원천 국가유공자 우대 규정에서 누락된 부류가 나타나자 이를 보완
할 필요가 생겨 A12의 행정명령이 내려지고 있다. 즉 왕조 개창 과정에
서 태조를 보좌한 배현경 등 6공신의 증손·현손 자녀로서 비구·비구니
가 되어 관직이 없는 자에게는 초입사직을 수여하고, 관직이 있는 자는
등급을 증가시키도록 하고 있는 것이다. 그런데 이 조치는 이때 처음 이
루어진 것이 아니고, 현종 5년 음서교서가 처음으로 내려지던 때인 A6
의 관례를 따른 것이다. 여기서는 태조좌명공신의 경우 승음자가 증손(3
대)·현손(4대) 자녀에 이르고 있는데, 이는 세대의 경과를 반영한 자연스
런 조치로 이해된다.

승음자가 증손(3대)에 이르는 것이 배향공신에도 해당되고 있음을
A13이 보여주고 있다. 즉 최승로의 아들 최숙은 현종 18년(1027) 목종묘
정에 배향되었는데, 문종 10년(1056) 문묘배향 특별 명령의 선례에 따라
그 증손 무에게 음서로 호부령사동정을 수여하고 있는 것이다.

문종 25년(1071)인 A14에서 삼한공신 소격달의 현손 송유가 안공(鞍
工)의 역에 복무하고 있는데, 특별히 그 역을 면제하고 초입사를 허락하
도록 하고 있다.

A15에서 보듯 문종 28년(1074)에는 문창후 최치원의 5대손인 선지를

---

56) ≪고려사≫ 권 75 선거지 3 범서공신자손 공민왕 20년 3월

57) ≪고려사≫ 권 75 선거지 3 범서공신자손 신우 원년 2월

58) ≪고려사≫ 권 45 세가 45 공양왕 원년 동12월 계해

도염서사에 입사시키고 있다. 자연적인 시대의 경과를 반영한 조치일 것이다.

문종 37년(1083)에는 승음자가 탁음자의 자격을 증명하는 과정에서 발생한 문제 중의 하나를 해결하기 위한 A16의 판례가 내려지고 있다. 즉 삼한공신 자손으로서 그 선조의 공신직첩을 분실한 자라 하더라도 그 것이 명백하다면 초입사를 허락하도록 하라고 판시하고 있는 것이다.

A17은 근친상간의 죄를 저지른 자에게는 강등하여 음서하는 행정명령이 내려지고 있음을 보여주는 문종조의 기록이다. 즉 유규의 아들인 유중경의 어머니는 그의 장인 이공이 그 형 이몽의 딸을 간통하여 낳았다. 결국 유중경의 부인과 어머니는 배 다른 형제가 되는 셈이다. 이에 대해서 이자연 등은 아예 입사시켜서는 안된다는 의견을 내었고, 원정 등은 이것이 이공의 죄이지 중경 부자의 죄가 아니며, 또 공신인 유금필의 후예이므로 이전의 행정명령에 따라 강등하여 음서하자고 주장하였는데, 왕은 이 주장을 받아들이고 있다.

숙종 즉위년(1095) 태조 후손으로서 군직에 있는 자는 면제하고, 관직이 없는 자는 입사시키는 조서도 동시에 내려가고 있다(A18). 또한 태조 당대 및 삼한공신 내외손으로서 관직이 없는 자에게 가호 당 한 사람을 입사시키도록 하고, 현종조 공신 하공진, 장군 송국화 및 경술년(1010) 거란에 억류된 사신과 부사의 자손 중 한 사람을 입사시키도록 하였다(A19).

같은 취지의 교서가 숙종 3년(1098)에도 내려지고 있다. 즉 왕실 조종 후손으로서 관직이 없는 자에게 1급의 작위를 하사하였는데, 바로 원천 국가유공자 후손 음서 그것이다(A20).

같은 시점에 원천 국가유공자 후손 음서 조서도 반포되고 있다. 즉 태조 내외현손의 손자, 외현손의 아들, 태조 형제 현손의 아들 및 외현손, 후대 정통 군왕의 현손의 아들 및 외현손의 각 가호 당 1인을 입사시

키고 있다. 이전에 단지 후예라고 하였던 것을 그 범위를 구체화하였는
데, 태조의 경우 친가로는 내외현손의 손자(6대), 외가로는 외현손의 아
들(5대)까지, 태조 형제와 후대 정통 군왕의 경우 친가는 현손의 아들(5
대), 외가는 외현손(4대)까지로 규정하였다(A21).

예종 3년(1108)에는 음서 대상 품계가 다시 숙종 즉위년(1095) 조서
이전 현종 5년(1014) 교서로 원상 복구되고 있는데, 이 복구 조치와 동시
에 원천 국가유공자 후손 음서도 조서로 재확인되고 있다. 즉 태조 현손
의 손(6대), 외현손의 자(5대)의 가호에서 한 사람을 초입사시키고, 남반
에 소속된 자는 동반으로 변경하여 소속시키고 있다. 그 범위는 숙종 5
년의 조서와 같다. 또한 태조 때 6공신, 삼한전후공신, 대대 배향공신,
서경·흥화·귀주·의주·자주·구비강·반령 등을 고수한 양반 자손 각 1인
에게 초입사를 허용하는 조서가 내려지고 있다(A22, 23).

이어 2개월 후에는 태묘 10릉 여러 손으로서 관직이 없는 자에게 초
직을 허락하는 조서를 내리고, 동시에 배향공신 내·외손으로서 관직이
없는 자에게 초직을 허락하는 조서도 내리고 있다. 예종 6년(1111)에도
태조공신자손을 입사시키는 조치가 내려지고 있다(A24, 25, 26).

원천 국가유공자 우대 조치는 인종 8년(1130)의 A27 판례에서도 그
시행이 확인된다. 이 해에 공신 자손을 양반 장부에 등재하고 관직을 낙
점하고 있다. 이른바 음서 초입사이다.

의종 16년(1162)에도 태조의 후예 중 입사하지 못한 자에게 유사가
선발하여 보직을 주도록 명령하고 있다(A28).

의종 17년(1163)에는 태묘에 직접 제사 지내고, 그 집사자 중 정랑 이
상의 아들 하나에게 음서직을 내리고 있다. 이 경우는 태묘 제사에 집사
로서 참여한 공로에 대한 대가의 성격이어서 이전 원천 국가유공자 우대
규정과 약간 성격을 달리하고 있다(A29).

의종 21년(1167)에도 A30의 조서를 내려 태조 후예에게 초입사직을

주고, 역대 공신 후손도 모두 초입사시키고 있다(A31).

의종 23년(1169) 태조 내·외 후손들을 서용하는 조서가 내려지고 있고(A32), 삼한벽상공신 자손에게도 초입사직이 주어지고 있다(A33).

신종 즉위년(1196) 조서에서 등극일에 시위한 재추이하 자손에게 음서를 부여하고 있다. 또한 태조 후예와 태조형제·정통군왕 자손, 태조대 6공신, 삼한공신 자손 등에게 초입사 조치가 내려지고 있다(A34, 35, 36).

동일 시기에, 태조 후손은 11대손까지 1가호에 1명을 초입사시키도록 조서가 내려지고 있다. 또한 태조대 6공신, 삼한공신의 경우 친가는 현손의 현손의 손(10대), 외가는 현손의 현손의 자(9대), 7대손으로서 아직 혜택을 입지 못한 가호에 1명을 초입사시키고, 삼한후벽상공신의 경우 친가 현손의 현손의 현손의 자(13대), 외가 현손의 현손의 현손(12대)[59], 6대손으로서 아직 혜택을 입지 못한 가호에 1명을 초입사시키며, 대대 배향공신의 경우 친가 현손의 현손(8대), 외가 현손의 증손(7대), 5대손 으로서 아직 혜택을 입지 못한 가호에 1명을 초입사시키도록 하고 있다 (A37, 38).

이것을 숙종 5년(1100) 즉위 교서, 예종 3년(1108) 교서와 비교하면, 태조의 경우 친가 6대, 외가 5대로 되어 있어, 약 150년(5세대)이 경과한 것을 반영하여 5대가 더 늘어난 것으로 이해할 수 있다. 또한 태조 6공신, 삼한공신, 삼한후벽상공신, 대대 배향공신의 경우 예종 3년 교서에서는 단지 자손 각 1인에게 초입사를 허용하도록 한 반면에 이 시점에서는 태조대 6공신, 삼한공신의 경우 친가 10대, 외가 9대손, 7대손 미수혜호, 삼한후벽상공신의 경우 친가 9대, 외가 8대손, 6대손 미수혜호, 대대 배향공신의 경우 친가 8대, 외가 7대, 5대손 미수혜호라 하여 시대의 경과

---

59) 앞 뒤 문맥으로 보아, 삼한후벽상공신의 경우는 이전 삼한공신보다 1대가 짧고, 대대배향공신보다 1대 긴 것이 정상일 것이므로, 친가의 경우 현손의 현손의 자(9대), 외가의 경우 현손의 현손(8대)으로 교정하는 것이 옳을 것으로 생각된다.

를 반영한 세대를 명기하고 있다.

고종 45년(1258) 왕가재조 공신에게도 삼한벽상공신의 선례에 따라 음서 조치가 동일하게 내려지고 있다. 즉, 유경, 김인준, 박희실, 이연소, 김승준, 박송비, 임연, 이공주 중 유경, 인준에게는 그 아들에게 6품을 주며, 희실, 연소, 승준, 송비, 임연, 공주의 아들 하나에게는 7품을 주되, 아들이 없는 경우 생질·여서 중 하나에게 승계하도록 하였다. 또 보좌한 차송우 등 19인 아들 하나에게 9품직을 허락하도록 하고 있다. 같은 사실은 유경 열전에서도 확인된다(A39, 40). 이들도 원천 국가유공자에 준하는 대우가 이루어지고 있는 것이다.

또한 태조후예는 비록 20대를 거쳤더라도 선례에 따라 호당 1명씩 입사시키도록 하고, 그 친형제 자손도 선례대로 호당 1명씩 입사시키도록 하였다(A41).

아울러 태조 6공신, 삼한벽상공신, 역대 벽상공신, 배향공신, 전몰공신의 후손도 호당 1명씩 입사시키도록 하고 있다(A42).

A43은 사위를 탁음자로 하는 특이한 경우이다. 즉 청주부사 김승우의 아들은 그 부친의 하자로 입사하지 못하였지만, 그 사위인 찬성사 강수사가 보좌공신이어서 충렬왕 17년(1291)에 5품으로 입사하고 있는 것이다. 이것도 원천 국가유공자에 준하는 것으로 간주된다.

충렬왕 22년(1296) 왕이 환갑되는 해에 액이 있다는 설이 있어서 은사를 내리면서 선조의 후예를 초입사시키는 조치가 내려지고 있다(A44).

같은 교서에서 태조 후예로서 관직이 없는 자에게 선례에 따라 호당 1명씩 초입사를 허락하고, 태조 한배 형제 내외 5세현손의 증손(12대) 1호에 1명씩 초입사를 허락하며, 정통군왕 내외손에게도 또한 이와 같이 하였다(A45).

또한 태조대 공신의 내외 5세현손의 아들(10대), 대대 배향공신의 내외 5세현손의 증손(12대), 태조대 위사전망 김락, 김철, 신숭겸, 거란병

퇴각 공로 서희, 하공진, 노진, 양규 등의 내외손(2대)과 현손(3대) 중 1명에게 초입사를 허락하였다. 현종 남행 때 유공자 및 시종·수종공신과 서경·홍화·귀주·선주·자주·구비강·반령의 유공전망자, 교전장교, 전군 인 등의 내외손과 현손 중 1명에게 선례대로 초직을 허락하였다. 갑신· 정해년 동번원수 윤관, 오연총, 위국망신 유익, 회절총방 최보, 출중성공 대전망신 양반·군인, 행첩미환기사 유일의 내외현손 중 선례대로 1명에 게 초직을 허락하였다. 을묘년 서사 성공 및 전망 양반원장, 경술년 창화 군 위사 경순, 이웅 등의 내외손 중 1명에 초직을 허락하였다. 평장사 최사전은 선대에 난리를 구제하여 왕손이 길이 이어지도록 하였으므로, 그 내외현손을 녹용하였다. 병신년 위사 오탁, 윤선, 보린, 총진, 이작, 이유, 시종위사망신 김진, 신충의 내외손과 현손에 초직을 허락하였다. 임인년 위사망신 평장사 한안인, 낭중 이중약의 내외손과 현손에게 직책 을 포상하였다. 시랑 유응규는 북조에 고주사로 가서 7일 동안 식사를 하지 아니하고 온전하게 대응한 공로와 또 궐내 화재 때 경령전 5실 신 주를 받들어 옮긴 공로, 낭중 황문상은 을묘년 서사 때 선유사로서 망신, 낭중 최균은 갑오년에 선유사로서 망신, 내외손 1명에게 초직을 허락하 였다. 이해에 전망한 별장 최숙, 산원 수기, 백인수, 배용보, 교위 조숙 보, 전의충, 신묘년 귀주 선유사 박문성, 김중온, 김경손, 계사년 남로 착 적 이자성, 선유사 정의, 박녹전, 갑오년 서경병마사 민희, 정유년 남로 역적처치사 김경손, 모두 내외손 중에서 초직에 녹용하도록 허락하였다 (A46).

또한 태조 후예 무관자는 비록 22대를 거쳤더라도 선례대로 1호에 1명 초직을 허락하도록 하였다. 태조왕 친형제 내현손의 현손의 현손(12 대), 외현손의 현손의 자(9대) 및 역대 선왕 내현손의 현손의 자(9대), 외 현손의 현손(8대)도 선례대로 1호 당 1명에게 초직을 허락하게 하였다 (A47).

아울러 태조대 6공신, 벽상공신, 현왕 남행시 시봉공신 등의 내외현손의 현손(8대), 역대 배향공신의 내외현손의 증손(7대)에게 상례대로 호당 1명씩 초직을 허락하게 하였다. 태조대 위사공신 김락, 김철, 신숭겸 및 성왕대 공신 서희, 인왕대 공신 최사전의 내외현손의 손(7대)을 특별히 기록하여 녹용하게 하였고, 충렬왕대 기사년 및 4년 수종신료의 자손을 녹용하도록 하였다(A48).

충숙왕 12년(1325) 교시에서도 태조 후에 3대를 거치더라도 초입사를 허락하도록 하고, 역대 공신은 구제에 따라 음직을 주고, 갑술년 이래 전공자 전망인 자손을 각각 서용하도록 하고 있다(A49, 50).

공민왕 5년(1356)에도 태조 이래 역대공신 자손을 녹용하도록 하고 있고, 12년(1363)에는 전사한 군리 자손을 서용하도록 누차 명령하였지만, 시행하지 않자 왕이 직접 챙기고 있는 기사가 보이는데, 적체 현상으로 인해 제도의 시행이 순조롭지 못함을 단적으로 보여주는 사건으로 볼 수 있겠다(A51, 52).

공민왕 20년(1371)에는 홍건적 침입 이래 전사자의 자손에게 관직을 주는 교시가 내려지고 있고, 신우 원년(1375)에도 같은 교시가 내려지고 있다(A53, 54). 이것도 원천 국가유공자에 준하는 사례이다.

A55에서도 원천 국가유공자에 준하는 조치가 내려지고 있음이 확인된다. 즉 공양왕 원년(1389)에는 우·창을 주살하고 그 유공자를 개국공신례에 따라 중흥공신이라 칭하고, 자손에게 음직을 주며, 직자는 3등급을 우대하며, 직자가 없는 자는 생질·여서에게 2등급을 우대하도록 하고 있다.

다음으로 문종 3년 공음전시법의 두 번째 단서 조항인 원천 천인신분 제한 규정의 이후 시행 경과를 보기로 하자.

A56 判 收養同宗支子 許承蔭 收養遺棄小兒 良賤難辨者 東西南班

並限五品[60]

　A57 判 工商樂人之子 雖有功 只賜物 禁仕路[61]

　A58 後拜太僕卿 俊昌母 睿宗宮人出也 宮人本賤隷 舊例 宮人子孫
限七品 唯登科者 至五品 俊昌 至是 拜三品[62]

　A56은 대리 승음자에 대한 인종 5년(1127)의 판례이다. 수양은 동일
문중의 경우 장남 이외에까지 넓혀 음서를 허락하고, 그 문호는 타 문중
뿐만 아니라 심지어는 출신불명자에게까지 확대하고 있는데, 다만 기아
를 수양하여 양천 신분이 분명하지 않은 경우는 동반·서반·남반 아울러
5품직을 상한으로 하도록 하고 있다.[63] 이것은 문종 3년 양반공음전시
법의 두 번째 단서 조항인 원천 천인신분 제한 규정을 준수한 것이다.

　인종 18년(1140)에는 원천 천인신분 제한 규정이 판례 A57로 재확인
되고 있다. 공인·상인·악인의 자식은 비록 공로가 있더라도 물건을 하
사할 뿐 입사하지 못하게 하고 있는 것이다. 문종 3년의 원천 천인신분
제한 규정이 이 시기에도 유효함을 보여주고 있다.

　원천 천인신분 제한 규정이 무너져가는 상황을 A58이 보여주고 있다.
이준창의 어머니는 예종의 궁인 소출로 3품직인 태복경에 제수되고 있
다. 궁인은 원래 천예로서 선례에 따르면, 궁인 자손은 7품을 한직으로
하고, 오직 등과한 자만 5품에 이를 수 있었다는 것이다.

　마지막으로 문종 3년 공음전시법의 첫 번째 단서 조항인 현직자 우대

---

60) ≪고려사≫ 권 75 선거지 3 범음서 인종 5년 2월

61) ≪고려사≫ 권 75 선거지 3 범한직 인종 18년 6월

62) ≪고려사≫ 권 100 열전 이준창전 명종시

63) 여기서 限五品을 '5품직을 상한으로 한다'로 읽었는데, '5품직을 제한한다'로 읽
　을 수도 있을 것이다. 그 취지인 원천 천인신분 제한 규정이 대대로 관철되도록
　하려면 후자로 읽어야 하겠지만, 그 당대에 한하여 공로를 특별히 우대하는 특전
　이 주어진 운영의 묘를 살린 것으로 보아 전자로 읽었다. 13년 뒤인 인종 18년
　공상악인 자식에게 공로가 있더라도 물건을 하사할 뿐 입사하지 못하게 한 규정
　과 함께 생각해도 좋을 듯하다.

관련 조항의 시행 경과를 살펴보자. 여기서는 또한 승음 범위 안에서의
대리승음자 규정도 포함된다.

  A59 判 無子人 功蔭田 傳給 女壻 親姪 養子 義子[64]
  A60 詔 職事四品以上 及 致仕員 戶爵一子[65]
  A61 詔 兩京 文武顯職四品 及 給舍中丞 諸曹郞中 致仕見存者 許一
子蔭職[66]
  A62 詔 兩京 文武班 五品以上 各許一子蔭官 無直子者 許收養子及孫[67]
  A63 判 致仕見任宰臣 直子 軍器注簿同正 收養子及內外孫甥姪 良醞
令同正 前代宰臣直子 良醞令同正 內外孫 令史同正 樞密院 直子 良醞
令同正 收養子及內外孫甥姪 良醞丞同正 左右僕射 六尙書以下 文武正
三品 直子 良醞令同正 收養子及內外孫甥姪 主事同正 從三品 直子 良
醞令同正 收養子及內外孫甥姪 令史同正 正從四品 直子 良醞丞同正 正
從五品 直子 主事同正[68]
  A64 判 前代宰臣 直子 良醞丞同正 內孫 令中同正 外孫 史同正[69]
  A65 詔 宰樞及文武三品致仕見存者 各許一子蔭官 無直子 許 姪姨
女婿 收養子 內外孫 一名 承蔭 先代宰樞 內外無名之孫 一名 許初職 文
武四品 給舍中丞 諸曹郞中 中郞將以上 各許一子蔭職[70]
  A66 文武致顯三品以上 許蔭一子 無子者 甥姪婿 若 過房付籍者 許一
名初職 先代宰臣密直 內外孫無名者 亦戶許一名初職 文武職事四品 中
事 典書 侍丞 諸曹正郞以上 勿論解官試攝 許蔭一子 外敍員 用前所任朝
官 降等許蔭[71]
  A67 敎曰 宰樞及文武三品以上 致仕見存者 各許一子蔭官 無子 則
甥姪 女婿 內外孫 及 收養子 許一名初職 先代宰樞內外孫無名者 許文
武初職 四品 及 給舍中丞 諸曹郞中 中郞將 解官者 勿論試攝 各授一子

64) ≪고려사≫ 권 78 식화지 1 공음전시 문종 27년 정월
65) ≪고려사≫ 권 75 선거지 3 범음서 숙종 즉위
66) ≪고려사≫ 권 75 선거지 3 범음서 숙종 5년 2월
67) ≪고려사≫ 권 75 선거지 3 범음서 예종 3년 2월
68) ≪고려서≫ 권 75 선거지 3 범음서 인종 12넌 6월
69) ≪고려사≫ 권 75 선거지 3 범음서 인종 13년 윤2월
70) ≪고려사≫ 권 75 선거지 3 범음서 고종 40년 6월
71) ≪고려사≫ 권 75 선거지 3 범음서 충렬왕 8년 5월

蔭官 凡實行後 爲外官者 亦降等許蔭[72]

　　A68 教曰 宰臣 直子 許一名初授七品 顯官 致仕 三品 各許一子職事
無子者 甥姪 女婿 一名許蒙 文武四五品 顯官 解官 各許一子蔭職[73]

　　A69 拜右副代言 掌銓選 王欲官其子護軍 辭曰 名器至重 賢勞猶滯
敢私臣子耶[74]

　　A59는 공음전의 전급 대상인 아들이 없을 경우 대리 승음자를 보여
주는 문종 27년(1073)의 기록이다. 자, 여서, 친질, 양자, 의자에게까지
미치고 있음을 볼 수 있다. 양반 특권 계승의 우선 순위도 동시에 보여
주고 있다.

　　숙종 즉위년(1095)에는 음서 대상 품계가 현종 5년(1014) 이래 시행되
던 5품 이상에서 4품 이상으로 상향 조정되는 조서가 내려지고 있다. 즉
현직 4품 이상 및 전직자의 가호 당 아들 하나를 입사시키도록 하였다.
이것은 양반 수의 증가와 이에 상응하는 전시 배정액의 하향 조정이란
말하자면 '품 인플레이션' 현상을 보여주는 전시과의 시정·개정·경정
추세와 궤를 같이 하는 것으로 볼 수 있다(A60).

　　숙종 5년(1100)에는 즉위 조서에서의 음서 대상 품계 상향 조정 조서
가 양경(兩京)으로 확대되고 있다. 즉 양경의 문무 현직 4품 및 급사중승
제조낭중 전직자로서 생존자의 아들 하나에게 음직을 수여하도록 하였
다(A61).

　　예종 3년(1108)에는 음서 대상 품계가 다시 숙종 즉위년(1095) 조서
이전 현종 5년(1014) 교서로 원상 복구되고 있는데, 이는 현실적인 '품
인플레이션' 추세에도 불구하고 당시 사회 운영자인 양반층의 기득권을
유지하고자 하는 여망이 반영된 것으로 보인다. 양경 문무반 5품 이상

---

72) ≪고려사≫ 권 75 선거지 3 범음서 충선왕 즉위
73) ≪고려사≫ 권 75 선거지 3 범음서 충선왕 복위
74) ≪고려사≫ 권 106 열전 윤해전 부 윤택 충숙 7년

각각의 아들 하나에게 음서를 허락하고, 직계 아들이 없는 경우는 수양자 및 손에게 허용하도록 조서를 내리고 있는 것이다. 대리 승음자 규정은 현종 5년(1014) 교서에서 비롯하여 행정명령 등 시행 과정을 거쳐서 문종 23년(1073)에 정리된 규정의 뜻을 잇는 것이다(A62).

인종 12년(1134)에는 탁음자와 승음자 해당 직책에 대한 구체적인 판례 A63이 내려지고 있다. 전직·현직 재신의 직자에게는 군기주부동정, 수양자 및 내·외손, 생질은 양온령동정, 작고한 재신의 직자에게는 양온령동정, 내외손은 영사동정, 추밀원 직자는 양온령동정, 수양자 및 내·외손, 생질은 양온승동정, 좌우복야 6상서 이하 문무 정3품 직자는 양온령동정, 수양자 및 내·외손, 생질은 주사동정, 종3품 직자는 양온령동정, 수양자 및 내·외손, 생질은 영사동정, 정·종4품 직자는 양온승동정, 정·종5품 직자는 주사동정이 부여되고 있다. 특징을 살펴보면 다음과 같다. 첫째, 품계는 재신, 추밀원, 좌우복야·6상서 이하 문무 정3품, 종3품, 정·종4품, 정·종5품 등 6단계로 나누고 있다. 둘째, 재신만 전직·현직·사망자 모두 대상이 되는데, 전·현직의 차별은 없고, 사망자의 경우 전·현직자보다 세 단계 낮추어 종3품에 준하게 하고 있다. 셋째, 수양자, 내·외손, 생질의 차별은 없고, 이들은 직자보다 한 단계 낮춰 등용한다. 여기서 물론 재신에 한정된 것이지만 현직자 우대 규정이 무너진 것은 '품 인플레이션' 현상에 따라 늘어난 산직자의 사회적 압력이 강화된 것의 반영으로 보인다. 이 추세는 이후도 지속되고 있음을 주목할 필요가 있다.

이 판례는 이듬해 13년(1135)에 일부 개정된다. 즉, 사망한 재신의 처우를 직자와 외손은 다시 한 단계 더 떨어뜨려 정·종4품에 준하게 하고, 내손은 그대로 종3품에 준하게 하고 있다(A64).

고종 40년(1253)인 A65에 이르러 인종 12년(1134) 판례의 변화된 모습을 살필 수 있다. 재추 및 문무 3품의 전직자·현직자 각각의 아들 하나에게 음직을 주고, 직자가 없을 경우 생질, 여서, 수양자, 내외손 중

1명에게 승음시킨다. 작고한 재신은 내·외손 중에서 1명에게 초입사를 허용한다. 문무 4품, 급사중승, 제조낭중, 중랑장 이상의 아들 하나씩에게 음직을 주고 있다. 탁음자의 자격이 4품으로 1등급 높아졌다. 이는 물론 일시적 현상일 수도 있겠지만, 양반층의 지속적인 저항에도 불구하고 이른바 '품 인플레이션' 현상이 은연 중에 반영된 것으로도 볼 수 있겠다. 또 인종 12년 판례에 따라 전·현직자의 차별이 사라진 것이 재확인되는 점도 눈에 띈다.

충렬왕 8년(1282) 연이은 가뭄 등 국가 변고 때문에 음서 특전이 내려지고 있다. 즉 문무 치사·현직 3품 이상의 아들 하나에게 음직을 주고, 아들이 없는 경우 생질·서나 양자 하나에게 초입사하도록 하였다. 또 선대 재신·추밀의 내·외손 하나를 초입사시키고 있으며, 문무 직사4품, 중사·전서·시승·제조정랑 이상은 해관, 시직, 섭직을 막론하고 아들 하나에 음직을 허락하고 있다. 외직에 임명된 자는 이전에 거친 중앙 관직을 감안하여 등급을 내려서 음직을 허락하고 있다. 문무 4품의 경우 현직, 해직, 시직, 섭직의 구분을 두지 않는 점이 눈에 띈다. 반면 이 시기에 처음으로 중앙관직을 거친 자가 외직으로 나갔을 경우 강등하여 대우를 받고 있음이 확인된다(A66).

A67은 충선왕 즉위년(1298) 교서이다. 재추 및 문무 3품 이상의 치사·현존자 각각의 아들 하나에게 음관을 주고, 아들이 없으면 생질·여서·내외손·수양자 1명에게 초직을 주며, 4품 및 급사중승·제조낭중·중랑장은 해직자, 시직, 섭직을 막론하고 각각 아들 하나에게 음관을 주고 있다. 또한 무릇 실직을 거친 후 외관으로 나간 자에게도 등급을 낮추어 음직을 허락하고 있다.

충선왕 복위년(1308)에도 음서 교서가 내려지고 있다. 재신의 직자 하나에게 초직으로 7품을 제수하고, 현관·치사 3품의 각 아들 하나에게 직사를 허락하며, 아들이 없는 경우 생질·여서 1명이 혜택을 입도록 허락하였다. 문무 4·5품의 현관·해관 각각 아들 하나에게 음직을 허락하였다(A68).

충숙왕 7년(1320)에는 음서 대상자의 적체 현상이 심각한 상태임을 추측하게 하는 기사이다. 윤택은 우부대언이 되어 인사를 관장하였는데, 왕이 그 아들에게 호군직을 주려고 하자, 현신과 유공자가 정체되어 있다는 이유로 사양하고 있는 것이다(A69).

문종 3년 공음전시법의 이후 시행과 관련하여 덧붙여 살펴볼 것은 그 18세를 하한으로 하고 있던 승음 시기의 변화에 관련된 문란상이다.

> A70 中樞使 兵部尙書 金元晃 卒 諡毅敬 官其一子[75]
> A71 淸州人 父 珍 中書侍郞平章事 (중략) 年十五 蔭補校尉[76]
> A72 然聽權豪干請 不察賢否 銓注多舛 又官其髫齓子弟 分遣僕從 廣植田園 時議惜之[77]

A70은 중추사 병부상서 김원황이 죽자 그 아들 하나에게 관직을 주는 문종 16년(1062)의 기록인데, 여기서 음서가 부여되는 시점이 탁음자의 사망시기로 되어 있음을 볼 수 있다. 이 사례는 생존시 음서 하한 연령인 18세에 해당하는 승계자가 없었기 때문에 발생한 특수한 것으로 볼 수 있을 듯하다.

그런데, 의종 22년(1168) 15세 되던 해에 경대승이 아버지 중서시랑 평장사 진의 음서로 교위보직을 받고 있는 것을 A71이 말하고 있다. 이 시기에 음서의 하한 연령인 18세가 무너지고 있음을 보여주는 것이다.

더구나 명종조에는 음서의 하한 연령이 7, 8세까지 내려가고 있었다. 그 19년(1189) 문극겸의 열전에는 그가 권력자와 호부층의 청탁을 받고

---

75) ≪고려사≫ 권 8 세가 8 문종 16년 추7월 경신
76) ≪고려사≫ 권 100 열전 경대승전 의종 22년
77) ≪고려사≫ 권 99 열전 문극겸전 명종 19년

현명함을 따지지 아니하고 인사를 다수 어그러뜨렸으며, 그의 7, 8세 되는 자제에 벼슬을 주고, 종자를 나누어 파견하여 장원을 널리 경영하였다고 지적하고 있다(A72).

음서의 운영과 관련하여 그 종류, 음직 제수 시기, 음서 기회, 가문 계승, 음직 제수 대상 관품 등 여러 가지 문제가 아직 논의되고 있는 상황이다.[78] 그렇지만, 음서가 고려 시대 주요 입사로로서 지속적으로 기능하고 있었고, 또 공음전시가 그에 상응하는 입사전으로서 탁음자로부터 승음자에게로 전급되고 있었다는 것은 이상의 사실을 일별하는 것으로도 충분히 알 수 있다.

이제 음서 운영과 관련한 이러한 제반 문제에 덧붙여 음서와 양반공음전시와의 관계에 대한 이해체계를 해당 규정과 구체적 사례를 통해서 다시 한 번 음미해 보기로 하자.

사실 음서와 양반공음전시가 제도적 맥락을 같이 하는 것으로 이해되어 왔고, 대표적으로 고급관료의 '계층' 그 자체에 대한 사회적, 경제적 우대를 의미하는 것으로 해석되어 왔다.[79] 그런데 이 두 제도의 상호 관련에 대해서는 명시적인 언급이 이루어지지 않았다. 음서제는 그것대로 따로 연구되고, 양반공음전시과도 따라 연구되면서 주로 지급 대상 '품'에 대한 논의에 한정되어 왔다. 이제 이 연구를 승음 초입사직과 이 직에 상응하는 지급토지로서의 양반공음전시라는 전망 하에서 사료를 재검토해 보려는 것이다.

이를 위해 먼저, 문종조 양반공음전시 규정과 인종조 초음직 판례를 표로 보이고, ≪고려사≫, 금석문, 문집 등의 사례를 표로 정리하여 비교하는 수순을 밟기로 하겠다.

---

78) 박용운, 1986 <고려시대의 음서제에 관한 몇 가지 문제>, ≪고려사의 제문제≫, ≪고려시대 음서제와 과거제 연구≫ 재록
79) 강진철, 1980 ≪고려토지제도사연구≫, 양반공음전시과항

표1. 문종 3년 5월 양반공음전시 규정

품	관직	전/시(합)	산관(-5)	손
1	문하시랑평장사 이상	25/15(40)	35	13
2	참정 이상	22/12(34)	29	11
3		20/10(30)	25	10
4		17/8(25)	20	8
5		15/5(20)	15	7

(전시단위는 결 / 산관 감 5결 / 기자유죄 기손무죄 1/3)

표2. 인종 12년 6월 판 초음직(괄호는 동왕 13년 윤2월 판)

탁음자	직자	전/시	수양자	내손	외손	생질
치사·현임 재신	군기주부동정	30/5	양온령동정			
전대 재신	양온령동정	30/5	영사동정			
	(양온승동정)	25		(영사동정)	(사동정)	
추밀원 좌우복야 6상서 이하	양온령동정	30/5	영온승동정			
문무 정3품	양온령동정	30/5	주사동정			
종3품	양온령동정	30/5	영사동정			
정종4품	양온승동정	25/				
정종5품	주사동종	25/				
	영사동정	22/				
	사동정	20/				

(전/시는 문종 30년 경정전시과이고 단위는 결임)

표3. 개인 사례별 초음직(전/시 단위는 결)[80]

	승음자				탁음자			
번호	성명	관직	품계	전/시	관계	성명	관직	품계
1	왕이보	예부주사		25/	부	왕좌섬	장작소감	종4
2	유작	공부서령사		20/	부	유징필	내사시랑평장사	정2

---

80) 박용운, 1990 《전게서》 56쪽의 표 8 개인 사례별 초음직과 최종관직을 바탕으로 재작성. 보충이나 수정 부분은 따로 주로 표시함.

3	강증	양온사		20/	조	강인우	사, 국사	
4	허재	리		20~25/	외고조	김긍렴	삼한공신	
5	이자의	경시서승		30/5	부?	이의	문하시중	종[181]
6	이자충	상서호부주사		25/	부?	이정	문하시중	종1
7	이자효	양온령		30/5	부?	이정	문하시중	종[182]
8	임양개		8품[83]	30/5	부	임유간	졸중추원사	종2
9	김녹숭		9품[84]	25/	외조	황보영	문하시랑평장사	정2[85]
10	최제안자		8품	30/5	부	최제안	고시중	종1
11	최무	호부령사동정		22/	증조	최숙	시중	종1
12	최선지	도염서사		20/	5대조	최치원	문창후[86]	
13	이공수	양온령		30/5	부	이예	평장사	정2
14	박경산	양온령동정		30/5	부	박인량	참지정사	종2
15	김의원	군기주부동정		30/5	부	김양감	문하시중	종1
16	이자덕	경시서승		30/5	부?	이의지	중추원사	종2
17	이식	호부서령사		20/	조	이정	문하시중	종1
18	최재	장예승동정[87]		25/	부?	최저	형부상서	정3
19	김영석	양온승동정		25/	조	김상기	문하시랑평장사	정2
20	최시윤	경령전관관?	잡권무		부?	최홍사	문하시랑평장사	정2
21	지녹연자	내알자[88]		30/5	증조	지녹연	우복야	정2
22	최유청	군기주부동정		30/5	부	최석	평장사판이부사	정2
23	이자겸	합문지후		40/10	조?	이자연	문하시중	종1
24	최誠	양온승동정		25/	부?	최계방	상서우복야	정2
25	최홍재	합문지후		40/10				
26	이자량	좌우위녹사참군사		30/5	외척			
27	유인저	위위주부		35/8	부?	유홍	시중	종1
28	최부항	호부주사동정		25/	부?	최자성	중서시랑평장사	정2
29	양원준	양온서사동정		20/	부외고조	최영휴	삼한공신중태위	정1
30	장문위	리		20~25/	고조			
31	최정	서리		20~25/	외고조	김칠	삼한공신대상	
32	임경화	군기주부동정		30/5	부	임간	평장사판병부사	정2
33	임경식	군기주부동정		30/5	부	임간	문하시랑평장사	정2
34	박璹	공부령사		22/	조	박양단	형부상서중추원사	정3

35	?장필	산원?동정		40/10	부?		상서좌복야	정2
36	문극겸	산정도감판관	갑과권무		백부	문공인	문하시랑평장사	정2
37	임민비	예부주사		25/				
38	양문수	양온서승동정		25/	부	양원준	중서시랑평장사	정2
39	안거정	장사랑양온령동정		30/5	부?	안직숭	공부상서삼사사	정3
40	최윤인	상서호부령사동정		22/	생구	이자덕	공부상서	정3
41	정사문	장사랑양온승동정		25/	부?	정항	예부상서	정3
42	이문저	양온령동정?		30/5	조부	민선?	추봉상서좌복야	정2
43	최성대?	호부주사동정?		25/	부	최부항	비서소감	종4
44	김지우	양온령동정		30/5	조	김경용	중서령낙랑공	종1
45	김열보	양온승동정		25/	부?	김단	성서우복야	정2
46	이광진	양온승		25/	부?	이언림	상서우복야	정2
47	송유인	산원		40/10	부		위사망신	
48	서공	경령전판관	잡권무		고조?	서희	내사령	종1
49	유자량	수궁서승		25/	부	유필	문하시랑평장사	정2
50	경대승	교위		35/8	부?	경진	중서시랑평장사	정2
51	최충헌	양온령동정		30/5	부?	원호	상장군	정3
52	임거	양온령동정		30/5	부?	임경식	대부소경	종4
53	임우	호부주사동정		25/	부?	임경식	대부소경	종4
54	오윤장	양온령동정?		30/5	외조	김자여	감찰어사, 위사공	
55	오윤혁	호부서령사동정		20/	조	?		
56	정영도	양온령		30/5	조	정문	좌복야참지정사	정2
57	노탁유	양온승동정		25/	부?	노영순	참지정사좌복야	정2
58	박인식	장예령동정[89]		30/5	부?	박육화	지문하성사	종2
59	유응규	양온승동정		25/	부?	유필	문하시랑평장사	정2
60	오수정	승지동정[90]		22/	7대조			
61	오화정	승지동정		22/	7대조			
62	오가정	승지동정		22/	7대조			
63	오휴정	승지동정		22/	7대조			
64	김취려	정위		35/8	부	김부	금오위대장군	종3
65	유광식	양온서령동정		30/5	증조?	유인수	좌복야	정2
66	김주정	부성위		30/5				
67	임익순자	산원		40/10	부?	임익순	판예빈성사	정3
68	최문본	산정도감판관	갑과권무		부?	최온	중서시랑평장사	정2

69	김방경	산원겸식목록사		40/10	부?	김孝印	병부상서한림학사	정3
70	허공	복두점록사	을과권무		부?	허遂	추밀원부사	정3
71	최항	양온령동정		30/5	부?		지문하성사	종2
72	유경자		6품	45/12	부	유경	위사공신	
73	김인준자		6품	45/12	부	김인준	위사공신	
74	박희실자		7품	35/8	부	박희실	위사공신	
75	이연소자		7품	35/8	부	이연소	위사공신	
76	김승준자		7품	35/8	부	김승준	위사공신	
77	박송비자		7품	35/8	부	박송비	위사공신	
78	임연자		7품	35/8	부	임연	위사공신	
79	이공주자		7품	35/8	부	이공주	위사공신	
80	차송우자		9품	25/	부	차송우	동력보좌	
81	김혼	산정도감판관	갑과권무		부?	김방경	첨의중찬	종1
82	나유	경선점록사	을과권무		부?	나得璜	형부상서	정3
83	김병	동면도감판관	갑과권무		부?	金佺	문하시랑평장사	정2
84	조변	낭장겸감찰사		60/21	부?91)	조충	동중서문하평장사	정2
85	김윤	노부판관	병과권무		부?	김병	첨의참리	종2
86	김승용	천화사진전직	잡권무		부?	김선	부지밀직사사	종2
87	奇子敖	산원		40/10	증조?	기允肅	문하시랑평장사	정2
88	조연수	농서목감직	병과권무		부?	조인규	판문하성사	종1
89	원선지	서면도감판관	갑과권무		부?	원卿	동지밀직	종2
90	조위	창희궁권무	권무		부92)	조인규	첨의중찬	종1
91	원충	동면도감판관	갑과권무		부?	원부	중찬	종1
92	鄭적?	서대비원녹사	병과권무?		부?	정瑎	첨의찬성사	정2
93	권념	함경전녹사	권무		부	권準	찬성사	정2
94	유준	부위						
95	유보발	홍왕도감판관	갑과권무		부?	柳仁奇	문화군	
96	윤해	주릉직	잡권무		부?	윤諿	소부윤	종3
97	이달존	별장		45/12	부?	이제현	첨의평리	종2
98	이정	팔관보판관						
99	한공의	남부록사	권무		부?	한渥	상당부원군	
100	원호	호군		75/30	부	원충	찬성	정2
101	이색	별장		45/12	부	이곡	찬성사	정2
102	심덕부	사은직장동정		40/10	부?	심龍	이조정랑	정5

103	한수	진전직	권무		부?	한공의	중대광청성군	
104	이강	복두점록사	을과권무		부?	이름	도첨의시중	종1
105	이인임	전객시승		45/12	조?	이조년	성산군	
106	김사형	앵계관직	권무		조?	金永煦	우정승	종1
107	김구덕	산원						
108	이발	별장						
109	황희	보안궁록사						
110	안순	행랑도감판관	을과권무		부?	安景恭	흥령부원군	
111	허주	중랑장		70/27	부?	허貴龍	산기상시판도판서	정3

이렇게 보면, 문종조 양반공음전시 규정과 인종판 초음직 판례가 꼭 일치하는 것은 아니며, 개인 사례별 초음직 자료가 이를 정합적으로 증명해주고 있지도 못함을 알 수 있다. 그러나 두 기록의 시기 상의 차이, 이와 관련한 제도 운영 상의 변화를 고려하면서 개별 사례까지 아울러 검토해보면, 그 상호 연관성을 설정할 수 있는 개연성이 훨씬 커진다.

확정적인 견해에 도달하기까지는 시야를 더 넓히고 더 엄밀한 고증이 있어야겠지만, 이런 정도의 검증 결과만 가지고도 초음직전 = 공음전시 라는 가설을 입증하는 상당한 근거가 될 수 있을 것으로 생각된다.

---

81) ≪한국금석전문≫ 중세상 208 이정묘지
82) ≪한국금석전문≫ 중세상 208 이정묘지
83) 양온령(정8품)에 준함
84) 양온승(정9품)에 준함
85) 세가 문종 원년 춘3월 신묘
86) 세가 문종 28년 추9월 병신
87) ≪한국금석전문≫ 중세상 289 최재묘지 : ≪고려사≫ 백관지 사온서 선종시 명칭
88) 종8품이나 양온령(정8품)에 준함
89) ≪한국금석전문≫ 중세하 414 박인석묘지
90) ≪고려사≫ 백관지 통례문 승지
91) 처부, 김방경
92) 生 九歲 以 父任 權務昌禧宮(≪고려사≫ 권5 열전 조인규전 부 조위)

3. 과거와 등과전

　　고려 시대의 주 입사로는 말할 필요도 없이 과거이다. 그리하여 과거
에 급제하면 등과전이 배정되고, 일정한 절차를 따라 초직이 주어지며,
이에 상응하는 토지가 지급되게 마련이다. 그런데 시간이 경과하면서 관
료제도의 운용, 변천에 따라 급제 후 관직을 제수받기까지의 대기 기간
이 점차 길어지는 경향을 보인다. 이 때문에 초입사전으로서의 등과전
규정이 재차 확인되는 과정을 밟는 것으로 보이며, 고려 시기 내내 제도
로서 그 기능을 이어간 것으로 보인다. 이를 추론해보기 위하여 과거 관
련 규정과 해당 토지 규정을 아울러 살펴보기로 하자.

　　B1 雖名卿大夫 未必不由科目進 (중략) 自權臣私置政房 政以賄成 銓
法大壞 而 科目取士 亦從而汎濫[93]
　　B2 始置科擧[94]
　　B3 未及此年科等者 一切 給田 十五結[95]
　　B4 不及此限者 皆給田 十七結 以爲常式[96]
　　B5 判 凡州縣 闕榜 至三十年 或 四五十年 登製述明經科者 給田 十
七結 百年後 登者 給田 二十結 奴婢 各一口[97]
　　B6 判 國制 製述 明經 明法 明書 筭業 出身 初年 給田 甲科 二十結
其餘 十七結 何論業 出身 義理通曉者 第二年 給田 其他 手品雜事 出身
者 亦於四年後 給田 唯醫卜地理業 未有定法 亦依明法書筭例 給田[98]
　　B7 判 諸業擧人 十一月始 明經 爲先選取 進士則 明年二月晝夜平均
時 選取 諸生 行卷家狀 及 試官差定諸事 都省 及 樞密院 國子監 敬奬

---

93) ≪고려사≫ 권 73 선거지 1 서문
94) ≪고려사≫ 권 2 세가 2 광종 9년 하5월
95) ≪고려사≫ 권 78 식화지 1 전시과 경종 원년 11월
96) ≪고려사≫ 권 78 식화지 1 전시과 목종 원년 12월
97) ≪고려사≫ 권 74 선거지 2 범숭장지전 문종 30년 12월
98) ≪고려사≫ 권 74 선거지 2 범숭장지전 문종 30년 12월

施行 諸業初擧 及 一度停擧者 依式問覈 連次赴擧者 只考家狀痕瑕 赴
試 遭父母喪者 屬部坊里典 及 本鄕其人事審官處 問覈 二十七朔已滿則
考其家狀痕瑕 赴擧 凡姓名記錄 進士則 限十二月二十日家狀行卷終 明
經以下則 限十一月終 限外雜暇已滿者 及 因公出使 限內不及上京者 試
日爲限 修送貢院99)

 B8 制 文武官 父母在三百里外者 三年一定省 給暇三十日 無父母者
五年一掃墳 給暇 十五日 並不計程途 五品以上 奏聞 六品以下 有司給
暇 登第者 定省掃墳日限 亦依此例100)

B1은 주 입사로로서의 과거를 선언적으로 이야기하고 있는 선거지
서문의 기록이다. 비록 저명한 공경대부라도 반드시 과목을 거쳐서 진출
하였는데, 권신이 사사로이 정방을 설치한 뒤로 회뢰가 성행하고 인사정
책이 붕괴되어서 과목으로 관리를 선발하는 것도 따라서 문란해졌다고
한다.

광종 9년(958)에 처음으로 과거를 설치하였음을 B2가 말해주고 있다.
이 시점에서 그들에게 어떤 경제적 대우가 주어졌는지는 명확하지 않다.

그런데, B3에서 보듯이 경종 원년(976) 시정전시과에서는 자격을 갖
추고서도 이 해까지 아직 직책을 받지 못한 자에게는 일률적으로 전지
15결을 지급하도록 하고 있다. 그 주 대상자가 바로 등과자였을 것이다.
이 규정은 B4의 목종 원년(998) 개정전시과에서 17결 급전으로 정식화
되고 있는데, 이는 신분적 토지소유의 운영 원리인 전정연립 단위 족정
이 반영된 것으로 보아도 좋을 것 같다.

등과전 규정과 관련하여 B4, B5에서 보듯 문종 30년(1076)에는 의복
지리업 출신자에 대한 토지 지급을 명법·서산 출신자의 그것에 준하도
록 하는 판례가 내려지고 있다. 그런데 이전 국가의 제도에 따르면, 제
술·명경·서산업 출신에게는 그 해에 갑과는 토지 20결, 그 나머지는 17

---

 99) ≪고려사≫ 권 73 선거지 1 과목 1 예종 11년 11월
100) ≪고려사≫ 권 84 형법지 1 관리급가 정종 11년 2월

결을 지급하게 하고, 하론 출신으로서 의리통효자에게는 그 다음 해에
토지를 주며, 기타 수품잡사 출신자도 역시 4년 후에 토지를 지급하도록
되어 있었다. 이 시점은 지급 액수인 17결을 기준으로 보면, 목종 원년
(998) 개정전시과 때일 개연성이 크다. 또 동일 시점에서 제술·명경과
주현 출신을 촉진시키기 위한 특전도 판시되고 있다. 즉 주현 출신자는
기타에도 포함되지 않는 과외로 취급되어 토지 지급이 이루어지지 않고
있었던 듯, 30년, 4~50년만에 등과한 주현 출신자에게 비로소 토지 17
결을 지급하도록 하고, 100년만에 등과한 경우라야 토지 20결을 주도록
하고 있는 것이다.

한편 과거에 응시하는 시기, 절차 등에 관해서는 B6 사료가 저간의
사정을 알려주고 있다. 예종 11년(1116)에 과거 일시, 행권·가장 확인,
시험관 임명, 등록부 작성 절차·시한 등이 판시되고 있는 것이다. 즉 11
월에 명경업을 우선적으로 선발하고, 진사는 다음 해 2월 낮밤이 같을
때 선발한다. 행권·가장과 시험관 임명 등 사항은 도성 및 추밀원, 국자
감이 왕에게 보고하여 시행한다. 최초 응시자 1회 자격 정지자는 공식
절차에 따라 조사하고, 연속 응시자는 가장의 하자만을 참고하여 응시하
게 한다. 부모상을 당한 자는 부·방·리전 및 본향의 기인·사심관에 위촉
하여 조사하고, 27개월이 경과하면 그 가장의 하자를 참고하여 응시하게
한다. 무릇 성명 기록의 경우, 진사는 12월 21일까지 가장·행권을 마감
하고, 명경 이하는 11월말까지 마감한다. 마감 기한이 지나도록 잡다한
휴가가 있는 자 및 공무로 출장을 나가 마감 기한 내에 상경할 수 없는
자는 시험일까지 작성하여 공원(貢院)에 제출하도록 하였다.

또한 등과자는 비록 현직에 취임하지 않고 있다고 하더라도 토지를
지급받은 데 그치지 않고, 관료 세계의 일원으로서 관리되고 있음을 B8
사료에서 알 수 있다. 즉 정종 11년(1045)에 행정명령으로 정리된 귀성
휴가 규정이 내려지고 있다. 즉 문무관리 중 부모가 300리 밖에 계신

경우 3년에 한 번 귀성하도록 하여 휴가 30일을 지급하도록 하고, 부모
가 돌아가신 경우 5년에 한 번 성묘하도록 하여 휴가 15일을 지급하도
록 하는데, 여기에 왕래기간은 별도로 계상하도록 하며, 5품 이상은 왕
에게 보고하고 6품 이하는 해당 관청에서 처리하도록 하였다. 아울러 등
제자의 귀성, 성묘 기한도 이것에 준하도록 하고 있는 것이다.

　　이후 이런 제반 규정이 시행되면서 구체화되어 가는데, 특히 응시자
격과 관련된 사항이 대다수를 점한다.

　　　　B9 改定科擧法101)
　　　　B10 判 諸州縣 千丁以上 歲貢 三人 五百丁以上 二人 以下 一人 令
界首官試102)
　　　　B11 判 南班及流外人吏將校等子 不付工匠案者 依父祖有痕咎人例
入仕103)
　　　　B12 判 五逆 五賤 不忠 不孝 鄕 部曲 樂工 雜類 子孫 勿許赴擧104)
　　　　B13 各州縣 副戶長以上孫 副戶正以上子 欲赴製述明經業者 (중략)
若醫業 須要廣習 勿限戶正以上之子 雖庶人 非係樂工雜類 並令試解105)
　　　　B14 明年 爲式目都監使 與內史侍郎 王寵之等奏 及第 李申錫 不錄
氏族 不宜登朝 門下侍郎 金元冲 判御史臺事 金廷俊奏 氏族不錄 乃其
祖父之失 (중략) 制曰 冲等所奏 固是常典 然立賢無方 不宜執泥 其依元
冲等奏106)
　　　　B15 內史門下奏 氏族不付者 勿令赴擧107)
　　　　B16 式目都監奏 製述業 康師厚 十擧不中 例當脫麻 然是堂引 上貴
曾孫堂引 是 驅史之官 (중략) 今師厚 不宜脫麻 從之108)

101) ≪고려사≫ 권 3 세가 3 목종 7년 춘3월
102) ≪고려사≫ 권 73 선거지 1 과목 1 현종 15년 12월
103) ≪고려사≫ 권 75 선거지 3 범한직 정종 6년 4월
104) ≪고려사≫ 권 73 선거지 1 과목 1 정종 11년 4월
105) ≪고려사≫ 권 73 선거지 1 과목 1 문종 2년 10월
106) ≪고려사≫ 권 95 열전 최충전 문종 5년
107) ≪고려사≫ 권 73 선거지 1 과목 1 문종 9년 10월
108) ≪고려사≫ 권 75 선거지 3 범한직 문종 12년 5월

B17 判 嫁大功親 所産 禁仕路[109]

B18 判 僧人之子 仕路禁錮 至孫 方許通[110]

B19 有司奏 按令典 工商家 執技事上 專其業 不得入仕與士齒 軍器注簿 崔忠幸 良醞令同正 梁愃 並工人外孫 別將 羅禮 隊正 禮順 亦皆工人嫡孫 (중략) 制曰 除淸要理民職外 一如前制[111]

B20 尋轉右拾遺 臺諫駁奏 文 外祖 系出處仁部曲 不宜諫官 乃改授殿中內給事知制誥[112]

B21 判 同父異母姊妹 犯嫁所産 仕路禁錮[113]

B22 判 嫁小功親 所産 依大功親例 禁仕路[114]

B23 判 嫁大小功親 所産 並許通[115]

B24 御史臺奏 四門進士 李齊老 盲僧 法宗之子 不合應擧 王曰 (중략) 可令赴擧[116]

B25 判 大小功親犯嫁者 禁錮[117]

B26 妻 文宗婢妾之女也 以故 雖至達官 不得入臺省[118]

B27 判 電吏 杖首 所由 門僕 注膳 幕士 驅史 大丈 等 子孫 依軍人子孫許通諸業選路例 赴擧 其登製述明經兩大業者 限五品 醫 卜 地理 律 筭業者 限七品 若堅貞節操 有名聞者 所業特異者 擢大業 甲乙科則 許授淸要理民職 丙科同進士則 三品職 醫 卜 地理 律 筭業則 四品職 其非登科入仕者 亦限七品 至玄孫許通[119]

B28 判 武學齋生 赴擧者少 (중략) 武學漸盛 將與文學人 角立不和 (중략) 並停罷[120]

B29 判 嫁大小功親 所産 曾限七品 今後 仕路一禁[121]

---

109) ≪고려사≫ 권 75 선거지 3 범한직 문종 12년 5월
110) ≪고려사≫ 권 75 선거지 3 범한직 문종 16년
111) ≪고려사≫ 권 75 선거지 3 범한직 문종 27년 정월
112) ≪고려사≫ 권 95 열전 정문전 선종 즉위
113) ≪고려사≫ 권 75 선거지 3 범한직 선종 2년 4월
114) ≪고려사≫ 권 75 선거지 3 범한직 숙종 원년 2월
115) ≪고려사≫ 권 75 선거지 3 범한직 숙종 6년 10월
116) ≪고려사≫ 권 11 세가 11 숙종 7년 춘3월 기묘
117) ≪고려사≫ 권 75 선거지 3 범한직 예종 11년 8월
118) ≪고려사≫ 권 95 열전 김한충전 예종조
119) ≪고려사≫ 권 75 선거지 3 범한직 인종 3년 정월
120) ≪고려사≫ 권 74 선거지 2 학교 국학 인종 11년 정월

B30 判 大小功親內 只禁四寸以上犯嫁 五六寸親黨 不曾禁嫁 緣此
多相昏嫁 遂成風俗 未易卒禁 已前犯產人 許通仕路 今後 一皆禁錮[122]
B31 峯城郡人 仁宗時 登第 調廣州掌書記[123]
B32 甫州人 少沈訥 以門蔭 補禮部主事 毅宗朝 擢第 出守溟州 浚渠
漑田 以廉勤稱[124]

B9에서 보듯 과거법은 목종 7년(1004)에 개정되는데, 이는 광종 때
시행 초기의 미비된 규정을 다듬은 것으로 보인다.

이 개정 이후에도 시행 과정에서 지속적으로 새로운 문제가 제기되고
있다. 현종 15년(1024)의 판례 B10은 주현 크기가 그 대상이었음을 보여
주고 있다. 즉 여러 주현의 경우 1,000정 이상은 1년에 3인, 500정 이상
은 2인, 이하는 1인을 계수관이 선발해서 중앙으로 올리도록 하고 있다.

정종 6년(1040)의 판례 B11은 응시자격이 문제가 되어 내려진 경우이
다. 즉 남반 및 문무관료 정식 직계 외의 서리, 장교 등의 아들의 응시자
격이 문제가 되자, 이들이 공장 등록부에 올라 있지 않은 경우, 응시하도
록 허락하고 있다. 역대 양반이라도 부·조에게 하자가 있어서 정식 관료
체계에서 일시 배제된 경우가 있을 수 있었는데, 이것이 그 준거가 되고
있다. 정종 11년(1045)에는 응시자격 제한자의 범주에 대한 판례 B12가
내려지고 있다. 5가지 국가적 반역자, 5가지 원천 천인, 불충자, 불효자,
향·부곡, 악공·잡류의 자손은 과거시험을 보지 못하게 제한하였다.

문종 2년(1048)에는 지방인의 과거 응시자격이 각 분야에 따라 다름
을 보여주는 B13의 판례가 내려지고 있다. 즉 각 주현의 경우 부호장
이하 부호정 이상의 아들로 제술·명경업에 응시하고자 하는 자에게 허
용하고, 호정 미만 서인에게까지 악공·잡류에 걸려있지 않으면, 의업에

---

121) ≪고려사≫ 권 75 선거지 3 범한직 인종 12년 12월
122) ≪고려사≫ 권 75 선거지 3 범한직 의종 원년 12월
123) ≪고려사≫ 권 99 열전 염신약전 인종조
124) ≪고려사≫ 권 99 열전 임민비전 의종조

응시하도록 허용하도록 하고 있는 것이다.

문종 5년(1051)의 기사 B14는 과거 합격자를 초입사시킬 때 족보에 근거하여 신분을 확인하는 것이 법제였음을 보여준다. 즉, 최충이 식목도감사가 되어서 급제한 이신석이 씨족에 등재되지 않은 것을 이유로 입사가 부당함을 논하자, 문하시랑 김원충 등이 그 조상의 과실이지 자신의 과실이 아님을 변호하며, 법전이 그렇지만 현인을 등용하기 위하여 그것에 구애되지 않도록 하는 내용의 행정명령을 내리고 있다. 그러나 이런 편법이 악용되었던 듯 다시 문종 9년(1055)에는 내사문하성의 건의에 따라 금지시키고 있음을 B15의 사료가 보여주고 있다.

문종 12년(1058)에는 증조의 신분 상 하자 때문에 과거 합격자에서 배제되는 결정이 내려지고 있음을 B16이 보여주고 있다. 즉 제술업 강사 후는 10번 응시하여 합격하지 못하였으므로, 선례에 따르면 마땅히 입학시켜야 하지만, 그 증조인 상귀가 당인이었는데, 이는 구사의 관리로 잡직에 해당되므로 금지시키고 있는 것이다. 같은 시점에 동성혼 자손에게도 입사를 금지시키는 판례 B17도 내려지고 있다. 즉 대공친 끼리의 혼인 소생자의 입사를 금지시키고 있는 것이다.

B18에서 보듯 문종 16년(1062)에는 승려의 아들에게 입사를 금지시키고, 손자에 이르러 허통시키도록 판시하고 있다. 또한 문종27년(1073)에는 공상가문(工商家門)에게 입사는 허용하되 청요이민직(淸要理民職)은 제외시키도록 법전을 행정명령으로 재확인하고 있음이 B19에 보인다. 즉 군기부주 최충행, 양온령동정 양혼은 공인(工人) 외손이고, 별장 나예, 대정 예순 역시 공인 적손이어서 입사를 제한하자는 건의에 대하여 법전을 준수하도록 하고 있는 것이다.

사료 B20의 선종 즉위년(1083)에는 부곡출신에게 간관직을 제한하는 신분상 제약이 확인된다. 즉 정문은 그 외조부의 가계가 처인부곡 출신이어서 우습유가 승진했음에도 불구하고 전중내급사 지제고로 전보되고

있는 것이다. 부곡 출신도 공상가문처럼 입사는 제한받고 있지 않음도
알 수 있다.

선종 2년(1085)에는 배다른 형제끼리 혼인하여 낳은 자식에게 입사를
금지시키도록 판시하고 있음을 B21에서 볼 수 있다. 또 숙종 원년(1096)
에는 소공친 간 결혼 소생자에게도 대공친의 선례(문종 12년, 1058)에
따라 사로를 금지시키도록 하는 B22의 판례가 내려지고 있다. 숙종 6년
(1101)에는 대소공친 간 결혼 소생자에게 일시 허통하였다가(B23) 예종
11년(1116)에는 다시 이를 금지시키고 있다(B25).

승려의 아들 입사는 문종 16년(1062) 판례에 따라 금지되어 있었는데,
숙종 7년(1102)에 사문진사 이제로는 맹승 법종의 아들이라는 이유로 어
사대가 반대함에도 불구하고 특별히 허가되는 예외 조치가 내려지고 있
음을 B24가 보여주고 있다.

예종조에 김한충은 그의 처가 문종 비첩의 딸이어서 대성에 임명되지
못하고 있음을 B26의 사료가 보여준다.

B27에서 보듯 인종 3년(1125)에는 잡직 자손의 승진 제한 판례가 내
려지고 있다. 전리, 장수, 소유, 문복, 주선, 막사, 구사, 장부 등 자손은
군인 자손의 선례에 따라 과거 응시는 허용하되, 제술·명경 양대업에 합
격한 자는 5품을 상한으로 하고, 의·복·지리·율산업은 7품을 상한으로
하며, 정조로 소문난 자, 특출하여 대업 갑을과에 들어가면 청요이민직
을 주고, 병과·동진사에 들면 3품직, 의·복·지리·율·산업이면 4품직, 과
거 아닌 다른 경로로 입사한 자 역시 7품을 상한으로 하며, 현손에 가서
야 제한을 해제하도록 하고 있다.

인종 11년(1133)에는 무학(武學)이 점차 성행하여 문학인(文學人)과
서로 불화하므로 응시를 제한하고 있음이 B28에서 확인되는데, 이후 진
행되는 무신정변과의 연관이 주목된다.

B29, 30에서 동성혼 관련 판례가 지속적으로 시행되고 있음이 확인된

다. 즉 대소공친 혼인 소산에게는 예종 11년(1116)에 입사를 금지시켰다
가 어느 땐가 7품직까지 허용하였던 듯한데, 인종 12년(1134)에는 다시
입사 자체를 금지시키도록 판시하고 있다. 의종 원년(1147)에는 대소공
친 혼인 소생자 입사 금지 범위를 4촌 이상에서 그 전체로 확대하도록
판시하고 있다. 즉 이때까지는 단지 4촌 이상 혼인만을 금지하고 5, 6촌
까지는 금지하지 않아서, 그 혼인이 풍속처럼 되었는데, 이를 갑자기 금
지하기는 어려우므로 이전 혼인 소생자는 입사하도록 하고 앞으로는 일
체 금하도록 하고 있다.

　B31, 32에서는 급제자가 지역으로 배치되고 있는 사례가 구체적으로
보인다. 인종조에 염신약은 과거에 합격하여 광주장서기가 되고 있고,
의종조에 임민비는 음서로 예부주사가 되었다가 급제하여 명주수로 나
가고 있는 것이다.

　무신정변 이후 과거제도가 문란해졌다는 것을 선거지 서문이 선언적
으로 언급한 바 있는데, 이는 구체적 사료를 통해서도 확인된다.

　　B33 賜白龍變等及第 庚癸以來 儒風不振 舉子纔三百餘人[125]
　　B34 庚癸之亂 文臣家 賴俊全活者 甚多 時人謂 有陰德 後必昌 孫 湜
瀓 溫 皆登第 有文名[126]
　　B35 中書門下郎舍議奏 舊制 文吏散官外補者 皆有年限 非有功不得
超遷 令有一二年 而超受者 有三十餘年而不調者 政濫人怨 請限及第登
科者 閑五年 自胥吏爲員者 閑八年以上 許得施行[127]
　　B36 後拜太僕卿 俊昌母 睿宗宮人出也 宮人本賤隷 舊例 宮人子孫
限七品 唯登科者 至五品 俊昌 至是 拜三品[128]
　　B37 父 舉首 直史館 若松 與 其兄 若椿 俱幼 舉首曰 若椿 當以文藝
立身 可勤學 若松 武才著名 若椿果登第 仕至兵部侍郎 若松出身禁衛[129]

---

125) ≪고려사≫ 권 19 세가 19 명종 5년 동10월 병술
126) ≪고려사≫ 권 100 열전 진준전 명종 9년
127) ≪고려사≫ 권 75 선거지 3 전주 범선법 명종 11년 정월
128) ≪고려사≫ 권 100 열전 이준창전 명종시

B38 本陰城縣吏 力學通經 登第 掌東都書記 有淸德[130]

B39 以妻派聯國庶 不得拜臺省政曹學士典誥 (중략) 子 世貞 亦不得 赴擧[131]

B40 定戎鎭吏 (중략) 擢魁科 補南京司錄[132]

B41 李淳牧 陜州吏 (중략) 登第 調錦城管記[133]

B42 登第 入頭陁山 龜洞 躬耕 養母 居十餘年[134]

B43 國制 吏有子三 許一子從仕 守安例補重房書吏 元宗朝 登第 爲 都兵馬錄事[135]

B44 闊里吉思 欲革本國奴婢之法 王上表 略曰 (중략) 小邦之法 於其 八世戶籍 不干賤類 然後 乃得筮仕[136]

B45 敎 本國鄕吏 非由科擧 不得免役從仕 近者 逋亡附勢 濫受京職 又令子弟 不告所在官司 投勢免役 內多濫職 外損戶口 今後 外吏及其子 弟 毋得擅離本役 其受京職者 限七品 罷職從鄕[137]

B46 後 以禮部侍郎 爲慶尙道賑濟使 還奏曰 (중략) 守令 必用登科士 流 今 監務 縣令 皆出胥徒[138]

B47 尹就掌試 所取皆勢家乳臭之童 時人欺之 爲粉紅榜 以其兒童 好 著粉紅衣也[139]

B48 大司憲 趙浚等 上書曰 (중략) 自是以來 閑人 功蔭 投化 入鎭 加 給 補給 登科 別賜之名 代有增益[140]

B33에서 보듯이, 명종 5년(1175)에는 경인·계사 이래 유풍이 위축되

---

129) ≪고려사≫ 권 101 열전 차약송전 명종시
130) ≪고려사≫ 권 103 열전 채정전 신종조?
131) ≪고려사≫ 권 102 열전 손변전 고종 38년
132) ≪고려사≫ 권 102 열전 조문발전 고종조
133) ≪고려사≫ 권 102 열전 이순목전 고종조
134) ≪고려사≫ 권 106 열전 이승휴전 고종조
135) ≪고려사≫ 권 106 열전 엄수안전 원종조
136) ≪고려사≫ 권 85 형법지 2 노비 충렬왕 26년 10월
137) ≪고려사≫ 권 75 선거지 3 향직 충숙왕 12년
138) ≪고려사≫ 권 114 열전 전이도전 공민왕대
139) ≪고려사≫ 권 74 선거지 2 범국자시시원 신우 11년 3월
140) ≪고려사≫ 권 78 식화지 1 녹과전 신우 14년 7월

어 응시자가 겨우 300여명에 불과하다고 당시의 상황을 전하고 있다.

그러한 상황에서도 무신란 때 문신들에게 적선을 베푼 진준의 손자식, 화, 온 셋이 명종 9년(1179)에 급제한 사실이 B34에서 보여, 과거 제도 운영이 여의치 않은 가운데에서도 그 제도를 존중하는 사회적 분위기가 암묵적으로 감지된다.

명종 11년(1181)에는 급제등과자의 발령대기 기간을 5년으로 재정비하는 조치가 건의되어 시행되는 것을 B35에서 확인할 수 있다. 즉 예전 제도에 문·이(文·吏) 산관으로 외직에 나간 자는 모두 연한이 있어서, 공로가 있어야 승진전보되었는데, 지금은 1, 2년만에 승진하는 자가 있고, 30여년이 되어도 제자리인 자가 있어서 행정이 난잡하게 되어 사람들이 원망하므로, 급제등과자는 5년 동안 대기하고 서리에서 양반이 되는 것은 8년 이상 대기하도록 건의하여 시행하고 있다.

과거 제도 운영의 문란상을 발령대기, 승진 기간의 들쑥날쑥함을 통하여 보여주고 있는데, 이는 근원적으로 관직 정원의 수요에 비한 공급 과잉이란 이른바 '품 인플레이션' 현상에서 기인하는 것으로 볼 수 있다. 이 점은 음서와 공음전시를 검토하면서 이미 지적되었고, 관료 세계 운영 일반과 관련하여 발생하는 문제이므로 과거와 음서의 차이가 있을 수 없음은 당연하다.

명종 때인 B36에서 천인의 자손이 3품까지 승진하는 사례가 나타나고 있다. 즉 이준창의 모친은 예종 궁인 소출인데, 궁인은 본래 천인이어서, 선례에 의하면 궁인 자손은 7품을 상한으로 하고, 오직 등과자만 5품에 이를 수 있었는데, 이때 이준창이 3품인 태복경에 임명되기에 이르렀다고 한다.

무신집권기에서도 동일 가문의 형제가 문무이로로 달리 출신하는 사례를 B37에서 확인할 수 있다. 명종 때 차약송 형제가 한 집안에서 각기 문무로로 달리 입사하고 있는 것이다. 즉 그의 아버지 거수는 직사관이었는데, 약송이 그 형 약춘과 함께 어렸을 때 그의 아버지가 약춘은 문예로 입신하는 것이 마땅하니 열심히 공부하라고 하고, 약송은 무력의 재주가 뛰어나다고 하였다고 하는데, 과연 약춘은 등제하여 병부시랑에 이르고, 약송은 금위로 출신하였다고 한다.

고려 후기 '품 인플레이션' 현상이 일반화하면서 과거제도 운영의 문란상의 하나로 이속들의 출신과 관련한 문제도 하나의 큰 이슈로 등장한다. 신종조인 B38에서 보듯 여전히 이 시점에서 채정은 본래 음성현리로서 경전에 능통하여 급제하고 동도서기가 된 사례가 보인다.

응시, 승진 자격 제한이 문란해지는 가운데에서도 이는 계속 재확인되고 있는 상황도 나타나고 있다. B39인 고종조에 손변은 그 처의 계파가 왕족의 서자여서 대성·정조·학사·전고에 임명될 수 없었고, 그 아들 세정 역시 과거 응시를 제한당하고 있다.

이속 출신과 관련하여 고종조인 B40에서도 조문발은 정용진의 이속이었는데, 갑과에 등제하여 남경사록에 임명되고 있고, B41에서도 이순목은 합주 이속으로 등제하여 금성관기에 임명되고 있다.

B42는 고종조 《제왕운기》를 쓴 이승휴의 경우 급제한 뒤 두타산 구동에 들어가 직접 농사지어 모친을 봉양하면서 10여년을 거처하였다고 하여, 발령 대기 기간 중의 생활의 일단을 보여주고 있다.

이 사료는, 급제하여 등과전을 받았다면 직접 농사지을 일이 없을 것으로 해석하여 이 시점에서 과거 운영과 관련하여 등과전 지급에서도 애로가 생긴 것으로 읽을 수 있겠다. 그러나 양반전의 성격은 양반 품계에 상응하는 특권(공전에 부과되는 의무의 면제)의 부여이고, 해당 토지의 마련은 매매·상속 등을 통해 이루어지는 것이다. 그러므로 그보다는 전자에 상응하는 등과전 규정은 그대로 시행되는 가운데 후자에 해당하는 토지 마련의 애로 때문에 이런 상황이 발생한 것으로 보는 것이 합리적이다.

이속 출신 원칙은 원종조인 B43 엄수안의 사례에서도 확인되고 있다. 국가의 제도에 이속에게 아들이 셋 있을 때 그 중 하나에게 입사를 허락하고 있는 것을 구체적으로 보여주고 있다. 그는 선례에 따라 중방서리에 임명되었다가 등제하여 도병마록사가 되고 있는 것이다.

천류의 응시제한과 관련하여 충렬왕 26년(1300) 사료 B44에는 활리길사가 본국 노비법을 혁파하려 하자, 왕이 올릴 건의문 중에 우리나라의 법은 8세 호적에서 천류에 관계가 없어야 입사할 수 있도록 하였다고 말하고 있다. 이는 원칙적인 선언의 의미를 갖는 것으로 읽는 것이 옳을 것 같다.

B45에서 보듯 충숙왕 12년(1325)에는 향리들의 양반화가 원칙을 잃어버렸으므로 이를 규제하는 교시를 내리고 있다. 즉 원래 우리나라 향리는 과거를 통하지 않고는 입사할 수 없었는데, 근래에 부세를 포탈하고 중앙의 관직을 멋대로 받으며, 또 자제에게 소재관사에 보고하지 않고 권세자에 투탁하여 역을 면하니, 안으로 관직이 남발되고 밖으로 호구가 축소되고 있다고 하였다. 앞으로 외방 향리 및 그 자제는 본역을 제멋대로 이탈하지 않도록 하고, 중앙관직을 받은 자는 7품을 상한으로 하여 파직시켜 향리로 되돌아가도록 하고 있다.

B46는 과거 위상 하락의 일단을 보여주고 있다. 공민왕대 전이도가 경상도진제사로 나갔다가 돌아와 보고하는 가운데, 수령은 반드시 등과사류를 임용해야 하는데, 지금 감무·현령은 모두 서리 무리에서 나오고 있다고 말하고 있다.

신우대의 분홍방 기록인 B47은 과거의 문란상을 단적으로 보여주고 있다. 즉 윤취는 과거를 관장하여 선발한 자가 모두 권세가의 젖비린내나는 아동이어서 당시 사람들이 비아냥대기를 분홍방이라 하였다고 하는데, 이는 그 아동들이 분홍옷을 즐겨 입었기 때문이라고 말하고 있다. B48의 조준 상서문에도 과거를 비롯한 인사행정의 문란상이 토지제도와 연관하여 일반적으로 언급되고 있다.

이상에서 보듯이 과거를 통한 초입사자에게 부여되는 초입사전이 등과전이라는 사실은 규정 상으로는 명백하다. 또한 과거 제도가 시행되는 고려 전체 시기를 통하여 시정전시과, 개정전시과 규정을 거쳐 문종 30년 등과전 판례에서 확인되듯, 그 제도 시행의 문란상과는 별개로 그 기능을 수행하고 있었을 것으로 보는 것이 순조로울 듯하다.

표4 문종 30년 12월판

과목			초년	2년	4년후
제술·명경·명법·서· 산업의·복·지리업 출신	갑과		전 20결		
	其餘		전 17결		
하론업 출신	의리통효자			급전	
기타 수품잡사 출신					급전
주현 제술·명경	30, 4~50년후 등과		전 17결		
	100년 후 등과		전 20결 노비 각 1구		

이제 이 점을 보다 더 명확하게 하기 위하여 문종 30년 등과전 판례를 염두에 두고서, 제술과 급제자의 초직과 등과전의 상관관계를 찾아들어가 보기로 하자.[141]

≪고려사≫ 권 73 선거지 1 과목 1 선장조에 의하면, 제술업·명경업 급제자만도 7,000명 이상이고, 잡업 급제자까지 합치면 그 수는 훨씬 많다. 이 중 확인되는 제술과 급제자는 1,445명이고, 그 중에서 초사직을 확인할 수 있는 것은 200여명이다.

이를 크게 보면, 경직일 때 직한림원, 직사관, 예문검열, 예문수찬, 춘추수찬, 비서교서랑, 국자직학, 국자학유 등 권무 또는 9품, 8품의 문한,

---

141) 이하의 서술은 박용운, 1994 ≪전게서≫ 5. 고려시대의 과거 - 제술과의 운영에 의거하였다.

학관직을 받는 경우와, 제시, 제서, 제사도감각색 및 기타 관서의 권무 내지 9품, 8품의 일반직을 받는 경우, 지방의 각급 행정단위인 경, 도호부, 목, 주, 부, 군, 현, 진의 사록, 서기, 판관(통판) 및 현위, 진부장 등을 받는 경우 세 종류였다.

이 중 외직보다는 경직을 받는 경우가 유리하였는데, 이러한 초사직 보임에서의 이, 불리는 급제성적에도 일부 기인하지만, 보다 근본적으로는 가문, 문벌의 정도에 의존하였다. 초직으로 7품 또는 6품직을 제수받는 예도 혹간 눈에 띄는데, 이는 물론 가문 등에 따른 특별 경우였다.

과거제가 실시된 초기에는 급제자의 대부분이 급제 후 곧바로 등용되었던 것 같다. 그러나 문종조 이후에는 경우에 따라서 1~5년 대기하였다가 초직을 받는 경우가 많아지는데, 이같은 초사직 진출에서의 지, 속도 급제 성적과 함께 가문의 정도에 말미암은 바가 큰 듯하다. 무신정권기에 들어와 대기 기간은 더욱 길어져 10년 이상을 기다리는 경우도 많았던 것 같으며, 심지어는 아예 초직을 받지 못하는 예까지 있었다. 그러다가 충렬왕 이후 대기 기간은 고려 전기와 유사하게 다시 1~5년간 정도로 조정된 것으로 보인다.

6,000여명의 제술업 등과자 중 초직이 확인되는 200여명의 분석을 통해서 얻어지는 결론은 대략 이와 같았다. 그런데 절대 다수 등과자의 초직 행방은 알려져 있지 않다. 이는 물론 기록의 영성함에도 기인하겠지만, 급제 후 대기 상태로 일생을 마치는 경우가 많아져 갔기 때문일 것으로 추측된다. 이래서 대기 기간이 길어지기 시작하는 문종 30년에 양반전시과의 경정, 관제 개혁과 더불어 급제자의 등과전 판례가 시달되었던 것으로 보인다. 그리고 이 판례는 규정으로 되어 이후 실제로 기능하였을 것이다. 관료 세계의 수요와 공급이 불일치하는 '품 인플레이션' 현상이 일반화되어 간 것이 발령 대기 기간의 연장과도 밀접하게 연관되었을 것은 당연하다. 그리고 오히려 이 때문에 명목상의 초입사인 등과

와 이에 상응하는 초입사전으로서의 등과전 규정은 실제로 그에 해당하는 토지를 개별적으로 확보하는 것과는 상관없이 끊임없이 재확인될 필요가 있었을 것이다.

이러한 맥락에서 살피면 이 등과전이 바로 초입사자인 급제자의 초입사직전으로 기능하고 있었다고 간주할 만한 충분한 근거로 등장한다. 이러한 등과전 규정은 이전부터 존재하고 있었고, 그 기원은 경종 원년 시정전시과에서의 '미급차년과등자(未及此年科等者)' 전 15결, 목종 개정전시과 '불급차한자(不及此限者)' 전 17결이었다고 생각된다.

4. 맺음말

위에서의 논증처럼 양반공음전시와 등과전이 각각 양반 입사로의 양대 관문인 음서와 과거의 초입사전으로 기능하였다면, 이 둘은 모두 양반과전이 되는 셈이다. 그러므로 양반과전과 별도로 양반공음전시가 존재하는 것처럼 이해해온 기존의 견해도 수정·보완되지 않으면 안된다. 양반전은 다름 아닌 양반과전이며, 양반공음전시와 등과전은 음서와 과거의 초입사전 바로 그것이었다. 그리고 '입사'라는 절차는 바로 공·사연계를 내용으로 하는 전정연립이 관철되는 사회적 계약관계의 체결과정 그 자체에 불과한 것이다.

이러한 사실은 음서와 과거가 전혀 이질적인 제도가 아니고, 상호 보완하는 동질적인 제도라는 기존의 연구 성과에 의해서도 한층 더 보강될 수 있다.

음서와 과거의 상호연관에 대한 이해는 이미 체계적인 연구 성과로 정리되어 있다.142) 여기서는 그 결론을 요약하여 우리 입론을 뒷받침하

---

142) 박용운, 1994 ≪전게서≫ 9. 고려시대의 음서제와 과거제에 대한 비교 검토

는 근거로 제공하고자 한다.

첫째, 음서와 과거 출신자의 신분상의 문제이다. 음서는 귀족이라 칭할 수 있는 극히 제한된 신분층을 대상으로 시행된 제도였던 데 비해 과거는 보다 넓은 신분층을 그 대상으로 하고 있었다. 이 점이 양자간의 가장 큰 차이의 하나이지만, 그러나 한편 보면 보다 넓은 신분층을 대상으로 했다는 과거에 있어서도 제술과의 경우 지배신분층인 중간층까지에게만 개방되고 국가 성원의 대다수였을 양민 이하층에는 응시가 허용되지 않았다는 사실도 유의해야 한다. 음서는 더 말할 나위도 없지만 과거도 신분제의 바탕 위에 설치된 제도였던 것이다. 음서제와 과거제를 이해함에 있어 그 대상의 차이가 컸다는 사실과 함께 모두가 이처럼 신분제의 원리 위에 있었다는 점도 주목하지 않으면 안된다.

둘째, 음서와 과거에 대한 사회의식 상의 문제이다. 과거가 음서보다 높이 평가되었으나 현실적인 문제 때문에 음서도 과거에 못지 않는 입사 수단으로 이용되고 있었다.

셋째, 음서와 과거 출신자의 초직과 승진 상의 문제이다. 음서 출신자는 문한, 학관직에 취임할 수 없었던 데 비해 과거 급제자에게는 그 같은 제약이 없었고, 또 제수받는 초직의 직위에 있어서도 전반적으로 보면 전자보다 후자의 것이 높아 관료생활에서 과거 급제자가 여러 모로 유리하였다. 거기에다가 재관 중에 급제하게 되면 급제 전의 직위보다 대체적으로 1, 2 품계 높은 관직을 수여받는 게 관례였던 듯하여 이런 점에서도 급제자는 유리한 입장에 있었다. 한편 음서 출신자들이 처음으로 받는 직위는 과거 급제자들의 것보다 좀 낮았으나 대신에 관도로 일찍 진출함으로써 오히려 승진 과정은 빨랐다. 또한 문한, 학관직에서는 배제되었지만, 정치와 행정의 핵심이 되는 대간과 상서 6부, 재추 등을 비롯하여 어떤 직위에도 취임이 가능하였고 또 한품서용의 제약 같은 것도 없었다. 말하자면, 음서와 과거 출신자들은 관료생활을 해나가는 데 있어서 각각 유리한 점과 불리한 점을 아울러 가지고 있었고, 이렇게 볼 때 입사수단으로서의 위상은 비슷하였다.

넷째, 음서제와 과거제의 운영 상의 관계 문제이다. 선택적인 길이긴 하지만 과거 급제에는 관료생활을 하여 나가는 데 여러 모로 유리한 점이 많았던 만큼 귀족 관료들도 거기에 적극 적용하면서 제도 자체를 자기네에게 유리하도록 운영하였다. 그리하여 다수의 음서 출신자들이 다시 과거에 응시, 급제하였다. 하지만 이것이 두 제도의 우열을 가늠하는 기준이 되는 것은 아니며, 음서와 과거는 제 각각의 기능을 가진 독자적인 제도였음은 변함이 없다.

총괄하면, 음서제는 귀족적 사회에 잘 어울리는 제도였고, 과거제는 능력 본위의 원칙에 입각한 제도로서 이 방면에 일정한 기능을 하였으나 한편 귀족제 사회의 원리와 궤를 같이 하는 면 역시 많이 가지고 있었다는 것이다.

이상과 같은 총괄적 결론은 이들 양반들의 토지지배 관계와 관련하여 양반공음전시와 양반과전이 가지는 그 성격 상의 동질성을 논증하는 유리한 근거로 된다. 또 직관적으로 살피더라도, 음서로 입사한 사람과 과거로 입사한 사람의 토지 지배의 성격이 다르다면, 그들의 승진 과정에서 빚어지는 토지 분급의 번잡함은 이루 말할 수 없을 것이다. 더구나 동일 직책에서 동일한 업무를 수행하는 사람의 토지 지배의 성격이 다르다면, 그 형평성에서도 문제가 발생하지 않을 수 없게 된다. 바로 이러한 점들이 본문에서 논증한 공음전시와 등과전 결과와 아울러 양반전의 이해체계를 재검토하여 새롭게 구축하는 근거로 제시되는 것이다.

제3장
문벌귀족의 양반전 지배

- 경원이씨가의 사례
(고려전기 경원이씨가의 과전 지배)

1. 머리말

고려왕조는 왕이 그 최정점에 서서 통치권을 행사하는 사회이다. 그리고 왕은 고립된 개인으로서 존재하는 것이 아니라, 자기의 세계를 갖는 일정집단인 가문 가운데 가장 강력한 집단인 왕실의 대표자로서 나타나고 있다. 왕실 아래로는 대, 소, 유력, 한단 등의 제반 가문들이 그물망처럼 얽혀 사회 전체를 이루고 있다. 따라서 왕조는 가문의 결합체라고 바꾸어 불러도 좋다. 비유컨대, 왕조가 하나의 거대한 유기체라면, 가문은 그 세포형태에 해당한다고 할 수 있겠다.

그러므로 고려 왕조의 운영원리를 밝히려면, 가문의 해부에서 출발할 수밖에 없다. 고려사회의 성격을 논의해온 많은 연구자들이 가문 연구의 성과를 그 중요한 논거로 제시하고 있는 것은 이러한 사정을 반영하는 것이다.[1]

가문의 구성요소는 두 가지이다. 유기체적 자연으로서의 인간이 그 하나이고, 비유기체적 자연으로서의 대지가 다른 하나이다.

가문의 제1의 구성요소인 인간은 다시 종족 자체를 보존하는 관계와 제2의 구성요소인 대지와의 교호과정을 통해서 맺어지는 관계의 총체로 나타난다. 전자는 이른바 '출자', '세계'라 불리는 혈연관계이고, 후자는 '업', '역', '직'으로 표현되는 분업관계이다. 개인의 열전이나 묘지명은

---

1) 변태섭, 1971 《고려정치사연구》, 일조각
   이수건, 1984 《한국중세사회사연구》, 일조각
   박용운, 1990 《고려시대 음서제와 과거제 연구》, 일지사
   김광철, 1991 《고려후기 세족층 연구》 동아대학교 출판부

크게 이 두 가지를 내용으로 작성되고 있다. 가문 연구라 하면 으레 이들 자료를 바탕으로 먼저 개인의 연보를 정리하고, 세계도를 만드는 것에서 출발한다. 그 위에 인류학적, 민속학적 가설을 바탕으로 혈연조직을 검토하기도 하고,[2] 정치학이나 사회학 이론을 원용하여 통치조직에 대한 이해체계를 모색해 보기도 하였다.[3]

제2의 가문 구성요소인 대지도 또한 자신의 형질을 그대로 보존하는 관계와 제1의 구성요소인 인간과의 신진대사 과정을 통하여 모습을 바꾸어가는 관계로 나누어진다. 전자는 이른바 '본관', '향관'이라 불리는 지리, 기후 조건을 바탕으로 한 지연 관계이고, 후자는 '전', '답'으로 대표되는 생산수단으로서의 관계이다. 이 방면에 대한 연구에서는 주로 지리지를 바탕으로 영역의 획정과 재편 등의 과정과 시기를 추정하고, 각 영역의 내부 구조, 영역 간의 관계를 추론해 내기도 하였다.[4]

인간과 대지의 결합체로서의 가문에 대한 연구는 결국 '세계'와 '본관'을 씨줄과 날줄로 하여, 그 위에 혈연 조직이라든가 중앙과 지방의 통치 조직, 나아가 신분 편제를 해명하는 방식으로 진행되었다. 그리하여 고려의 유력 가문은 음서제를 통하여 통치 조직에 특권적으로 참여하고, 누대에 걸쳐 고위 관직을 독점하였으며, 이에 상응하는 경제적 토대인 공음전시와 폐쇄적 통혼권을 바탕으로 문벌귀족을 형성하고, 국가를 독점적으로 운영해갔던 것으로 결론지어지고 있다.

그런데 이러한 이해 체계는 여러 가지로 보충되어야 할 부분을 남기

---

2) '양측적 친속' 가설을 바탕으로 한 노명호, 1989 <고려시대의 친족조직>, ≪국사관논총≫ 3 등 일련의 연구가 대표적인 것이다.
3) '가산관료제'설을 바탕으로 한 제반 연구 계열이다. 박용운, 1977 <고려 가산관료제설과 귀족제설에 대한 검토>, ≪사총≫ 21·22합집(1980 ≪고려시대 대간제도 연구≫, 일지사에 재수록)
4) 하현강, 1977 ≪고려지방제도의 연구≫, 한국연구원을 이 분야의 전문연구서로 꼽을 수 있겠다.

고 있는 것이 사실이다. 우선 기초 자료인 세계, 본관과 관련하여 총량
지표로서의 호구, 전결수가 시기별, 지역별로 추정될 필요가 있다. 완벽
한 통계는 어렵지만, 그 추세에 대한 꾸준한 추적이 이루어져야만 가문
의 실체가 더 구체적으로 해명될 수 있다. 또한 본관 연구와 관련하여
향촌 사회 조직, 지방 통치 조직, 신분 편제 등이 거론되었지만,5) 이것이
가문 연구의 일환으로써 유기적으로 연관되고 있지 못하다.

지금까지의 연구 성과는 사실 세계와 관력의 검토를 통하여 얻어진
결론이 주축을 이루고 있다고 해도 좋을 것 같다. 그런데 관력의 검토와
관련하여 과거제, 음서제가 집중적으로 논의되면서, 그에 상응하는 경제
적 토대의 문제는 기껏 공음전시의 문제만 거론되고 말았다. 양반전시가
당대에 한정되는 반면, 공음전시는 세습적으로 상속되고 있기 때문이라
는 것이다. 그러나 전시과의 중심은 역시 양반전시이고, 그것이 관직을
매개로 하여 수급되므로, 이에 대한 검토는 필수적으로 요청된다.

한편 이른바 토지제도사, 농업사 연구 영역에서는 전시과에 대한 연
구가 적지 않게 이루어져 왔다.6) 이에 따라 많은 쟁점이 제기되었는데,
특히 토지소유형태(국유, 사유, 충층적소유), 분급내용(수조권, 면조권),
토지이용방식(휴한, 연작), 전품, 양전제 등이 논의되었다. 부분적으로는
일정한 성과가 있었지만, 사료의 제약과 연구자들의 시각 차이가 복합되
어 매우 혼란된 외양을 보이며 논의가 정체되고 있다.

---

5) 이에 해당되는 것으로 향도, 직촌, 부곡제 연구 가운데 대표적인 연구성과는 다음
   과 같다.
   채웅석, 1989 <고려시대 향도의 사회적 성격과 변화>, ≪국사관논총≫ 3
   이수건, 1984 ≪한국중세사회사연구≫, 일조각
   박종기, 1990 ≪고려시대부곡제연구≫, 서울대학교출판부
6) 전시과를 직접 연구 대상으로 한 전문연구서는 다음과 같다.
   기전외, 1972 ≪조선중세사회사의 연구≫, 법정대학교출판국
   강진철, 1980 ≪고려토지제도사연구≫, 고려대학교출판부
   빈중승, 1986 ≪고대 조선의 경제와 사회≫, 법정대학출판국

이렇게 보면 과거제, 음서제 등 통치 조직의 연구 영역에서는 경제적 토대가 공백으로 존재하는 한편, 토지제도, 농업경영 등 경제적 토대의 연구는 여타의 영역, 특히 통치 조직과 유기적 연관이 단절된 채로 진행된 사실을 발견하게 된다. 이제 우리가 내디뎌야 할 다음 발걸음은 명백해졌다. 통치 조직과 경제적 토대를 결합하는 일이다. 그것은 구체적으로 가문의 토지지배관계(가령지)에 대한 탐색이 될 것이다.

이 작업은 사례 연구의 형태로 진행될 작정인데, 우선 이 글에서는 고려의 대표적 문벌 귀족 가문인 경원 이씨의 사례를 검토해보기로 한다.

2. 본관과 세계

1) 본관7)

경원 이씨의 지연적 근거지인 경원군(인주)8)의 연혁을 ≪고려사≫ 지리지를 중심으로 하고, ≪삼국사기≫ 지리지, ≪세종실록≫ 지리지를 참조하면서 살펴보자.

---

7) <부표 1> 참조
8) 그 읍치는 1933년 현재 부천군 문학면 군청리(또는 관교리)에 있었다(인천부청, 1933 ≪인천부사≫ 16쪽 주). 현재의 인천직할시 남구 관교동이다. 인천도호부 청사는 문학산의 북쪽 자락 한 구릉 위 문학초등학교 안에 있는데, 인천직할시 유형문화재 제1호로 지정되어 있다. 원래는 15, 6동의 건물이었다고 전해지나, 지금은 1677년 중수된 객사 일부와 19세기 초에 축조된 것으로 보이는 동헌만이 남아 있다. 이들 건물도 1950년 문학국민학교를 세우면서 이전 개축하여 당시 배치 형태를 알 수 없고, 그 내부는 낡은 풍금, 학교 포스터 등으로 채워져 있다.
청사 오른쪽 구릉에는 인천향교가 있다. 15세기 중반 중수된 것으로 전해지는데, 현재의 주요 건물은 조선조 후기의 것이다. 대성전, 동무, 서무, 명륜당, 동재, 서재 등으로 이루어져 있다. 입구 하마비 왼편에는 부사, 관찰사, 현감 등 총 17개의 송덕비가 세워져 있는데, 연대는 모두 동치, 광서 등 19세기이며, 박제순, 민태호 등의 낯익은 이름도 보인다. ≪인천부사≫에 의하면, 이 중 5개는 당시 인천도호부청사 문밖 오른쪽에 있었던 것으로 되어 있다.

① 율진군(果州)[9] 영현 시기 (~현종 9년)

이곳은 원래 고구려 매소홀현이었고 미추홀이라고도 한다. 백제 비류의 일시 거주지로도 널리 알려져 있다. 신라 경덕왕 16년 9주 개편 때 소성현으로 개명하면서 율진군이 그 영현으로 되었다. 고려 현종 9년에 이르러 수주로 이속, 편입되었다.

한편 이 시기 주군인 율진군은 원래 고구려의 율목현이었고, 동사힐이라고도 불렀다. 신라 경덕왕 때 율진군으로 개명하여 소성현을 비롯 곡양현, 공암현 등 3현의 영현으로 되었다. 고려 초에 과주로 개명되었으며, 성종 10년에 부안이란 별호가 부여되었다. 현종 9년에는 광주목의 속군으로 편입되었다.

현종 9년에 과주의 주목으로 되는 광주목은 이 시기 동안 몇 차례의 변화를 거친다. 먼저 태조 23년 광주로 개칭된 이래 성종 2년 12목의 하나로 되었다. 성종 10년에는 회안이란 별호가 주어졌다. 성종 14년에 봉국군 절도사가 설치되었고, 관내도에 소속되었다. 현종 3년 안무사로 개편되었다가 마침내 그 9년에 8목의 하나인 광주목관이 되었다.

② 수주 임내 시기 (현종 9년 ~ 숙종 연간)

현종 9년 고려 지방제도의 일차적 완성과 더불어 소성현은 수주로 이속, 편입되었다. 그러다가 숙종 연간에 이르러서는 이자연의 장녀인 인예태후(문종 비) 이씨의 내향으로서 경원군으로 승격되었다.

한편 이 시기 주군인 수주는 원래 고구려 주부토군이었다. 신라 경덕왕 때, 장제군으로 개명하고, 수성현, 김포현, 동성현, 분진형 등 4현의 영현으로 되었다. 고려 초에 수주로 개칭하였다. 성종 14년에 단련사를 두었다가 목종 8년에 혁파하였다. 현종 9년 지방제도의 정비와 함께 지수주사로 되고, 과주가 광주목의 속현으로 편입되면서, 위의 4현 외에

---

9) 《삼국사기》 지리지에는 菓州로 되어 있다.

과주로부터 그 속현 3개를 이속받아 7개의 속현을 지니게 되었다. 숙종 연간에 소성현이 경원군으로 승격하여 이탈하였다.

③ 지사군 시기 (숙종 연간 ~)

숙종 연간에 승격되었던 경원군은 인종 연간에 다시 순덕왕후(예종 비) 이씨의 내향으로 지인주사로 승격되었다. 아마 이 즈음에 당성군, 재양현을 수주로부터 이속받아 각각 속군과 속현으로 삼은 듯하다. 그 뒤 공양왕 2년에 잠시 경원부로 승격되었다가, 조선 왕조에 들어가 다시 인주로 복구되고, 조선 태종 13년 인천군으로 정비되어, 이포부곡 1개를 소속시키고 있었다.

한편 이 시기 초에 속군으로 편입되었던 당성군은 명종 2년에 감무가 설치된 이후, 충렬왕 16년에 홍다구의 내향으로 지익주사로 승격되었다. 얼마 후 또 강령도호부로 승격되었다가, 충선왕 즉위년 익주목으로 승격, 다시 그 2년에 남양부로 강등되었다. 조선 왕조에 그대로 계승되었다가, 태종 13년에 남양도호부로 되고, 숙종 연간부터 인주의 속현이었던 재양현을 그 속현으로 편입하였다.

다음으로는 군현세를 살펴보도록 하겠다. 연혁이 시간적 추세라면 군현세는 공간적 배치라 할 수 있다. 이것은 생활공간으로서의 영역과 당시 주산업인 농업생산의 양대 요소인 호구와 전결을 축으로 하여 구성된다.

10세기에서 14세기에 걸치는 고려 왕조의 국세와 군현세에 관한 자료로서 남아있는 것은 거의 없다. 따라서 우리는 이 기간에 가장 근접하는 시기의 자료를 활용할 수밖에 없다. 15세기 초반의 《세종실록》 지리지 자료가 주로 이용되는 것은 이러한 사정 때문이다. 그러나 여전히 많은 고충이 따른다.

호수는 이포부곡 4호를 포함하여 357호이고, 부속도서에는 수군, 목자, 염부가 거주하고 있는데, 자연도 30여호, 삼목도 30여호, 용류도 20

여호, 사탄도 5, 6호씩 있다. 인구수는 1,412구이고, 군정으로 시위군이 1정, 선군이 172정이다.

그런데 호구수에 대해서는 경기 호구조 세주에 다음과 같은 단서가 붙어 있다.

> 본조의 인구법은 명확하지 않다. 호적에 기록된 것은 겨우 10분의 1, 2에 불과하다. 국가가 매번 시정하려 하였으나, 민심을 잃을까 두려워하여 그대로 답습하여 오늘에 이르렀다. 따라서 각 도, 각 관의 인구수가 이 정도밖에 되지 않는다. 다른 도도 모두 그러하다.[10]

위의 단서를 액면 그대로 받아들여 호구수를 다시 계산해 보면,[11]

---

10) ≪세종실록≫ 지리지 경기 호구조 세주
11) 수리상 추론의 신뢰도를 높이기 위해서는 호적법에 대한 계통적 검토가 요청된다. 독립된 연구가 있어야겠지만, 우선 거칠게나마 몇 가지 사실을 확인해 두기로 한다. ≪고려사≫ 편호 규정이나, ≪신라장적≫ 호구 기록을 보면, 편호는 '인정다과'에 따른 상상호~하하호 9등호제에 의해 이루어지고 있다. 기록 자체를 부정하는 논의를 제외하고, 지금까지의 제반 연구 성과를 정리해 보자. 공연은 1~9개의 개별 세대로 구성되어 있는 자연호이자 편호(복합호)이며, 바로 이 개별 세대 수에 따라 9등으로 나뉘어 파악되었다. 계연은 기준호, 표준호, 지표호이며, 그 크기는 공연 중상등호, 즉 6개의 개별 세대로 구성되어 있는 호이다. 결국 당시 호는 후대의 용어로 표현하면, 주호와 협호로 이루어져 있었고, 통치 체계는 주호를 통하여 관철되는 것이 자연스러웠다. 기준호인 중상연인 공연 = 계연을 단서로 해서 보면, 6개의 개별 세대가 하나의 호주 아래 편적될 것이기 때문에, 표면에 떠오르는 숫자는 6분의 1, 즉 10분의 1.7에 해당하는 셈이 된다. 이러한 법제는 애초 제도가 마련되던 당시 사회 구조 하에는 자연스럽고 명백한 것이었다. 시행 과정에서 여러 가지 사정이 발생하여, 이 시기에 이르러 불명한 것으로 인식되게 되었을 것이다. 그 사정으로 자연적인 증감 외에도, 유망, 겸병 등 사회적 요인이 크게 작용했을 것은 의심의 여지가 없다.
공연이 개별 세대의 복합체라 하여, 이를 순수한 혈연공동체라고만 볼 수는 없다. 노비호 등이 끼어 있었음은 말할 필요도 없다. 또한 혈연공동체라 하여, 생활, 생산수단 등에 대한 개별 세대의 분할 소유가 부정되는 것도 아니다. 가문 혹은 토성집단은 이러한 공연의 일정한 결집체일 텐데, 바로 이를 법제화한 세포 단위가 계연이며, 그 구성 요소로서의 개별 세대는 세포핵에 비견될 수 있을 것이다.

1,785호 7,060구~3,570호 14,120구이고, 그 평균치를 잡으면 2,380호 9,413구로 된다. 호당 평균은 4구꼴이다.

간전결수는 총 2,601결인데, 이 중 수전이 7분의 3인 약 1,115결이고, 나머지 1,486결은 한전이다. 토양의 비옥도는 '비척상반(肥瘠相半)'한 상태이고, 기온은 바다에 가까워 빨리 따뜻해진다. 재배작물로는 수수, 조, 콩, 보리, 벼, 팥, 메밀, 참깨, 뽕, 삼 등이 있다. 어량이 19소, 염소(鹽所)가 6곳 있다. 대지제란 저수지가 있는데 전 110결에 관개할 수 있다.

이상이 15세기 초반의 인천군세의 대략이다. 호구, 전결만을 대략 보면, 호 약 2,500, 호당 전 약 1결, 인구 약 4구 정도로 추산된다. 이 사실로부터 10세기부터 14세기에 걸치는 고려 시기의 소성현, 경원군, 인주 등 군현세를 어떤 방법으로 유추해갈 것인가가 다음 과제이다.

우선 지리적 영역 자체의 변동은 거의 없었던 것으로 보아도 좋겠다. 각 주, 부, 군, 현의 명호와 읍격, 영속관계는 변천을 거듭했지만, 원래 구역 그 자체의 분할이나 분해 작용은 극히 드물었기 때문이다.[12] 인접 영역 사이의 변천 과정은 이미 앞에서 연혁을 살피면서 3시기로 나누어 보았다. 물론 이 변화 과정은 군현세의 소장과 밀접한 관련을 가지고 있겠다. 이에 대한 논의는 잠시 뒤로 미루고, 먼저 경원군 자체의 호구, 전결수를 추정해 보기로 하자

호구와 전결은 농업 생산의 2대 기본요소이다. 따라서 이 두 요소 사이에는 밀접한 상관관계가 있다. 그런데 이에 대해서는 합의된 견해가 없다. 우리의 논의를 한 발 더 진전시키기 위해서 다소 당면 주제의 범위를 벗어나지만, 줄거리만을 잡아서 하나의 이해체계를 마련해 보자.

농업 생산 과정은 그 생산요소와 관련하여 살피면, 대체로 밭갈이, 씨

참고로 이 제도적 원칙에 근거하여 이 시기 인천 호구수를 계산하면 호 357×6 = 2,142호, 구 1,412×6 = 8,472가 된다.

12) 이수건, 앞 책 15쪽

뿌리기, 김매기, 거두기로 이루어진다. 이에 따라 참여하는 생산요소를 보면, 농지 자체, 밭갈이용 소, 파종용 종자, 이들을 다루는 농부가 있다. 따라서 '소출 = 토지편 + 우력 + 종자 + 인력'이란 등식이 성립한다. 각각의 단위는 소출 = <결>, 토지 = <경>, 우력 = <일경>, 종자 = <석락>(두락), 인력 = <인>(호, 구)이다. 여러 가지 복잡한 논의가 있어 왔지만, 제도가 원래 마련되던 시기에 이들은 각각 1단위씩 결합되는 게 원칙이었을 것이다. 결국, 1<결> = 1<경> + 1<일경> + 1<석락> + 1<인>이 되는 셈이다.[13] 이 점을 좀 더 밝혀 보겠다.

계산의 편의를 위해 영어 문자를 도입해서 이를 나타내 보자. 소출

---

[13] 이 시기 경과 석락의 관계를 밝힐 수 있는 자료는 없다. 따라서 이 가정은 제도의 출발이 단순했을 것이란 막연한 가정에 근거한 것이다. 이와 관계되는 타 시기의 대표적인 자료를 보면 다음과 같다.

우선 유형원의 《반계수록》 권 1 전제 상을 보면, 토지 분급의 원칙을 보이는 가운데, 세주로 '지금 110무가 1경이 된다. 벼 40두를 파종할 수 있는 땅이다'라 하고 있다. 100무 = 1경 = 40두락지인데, 이때 20두락지 = 1석락지이므로, 결국 1경 = 2석락지로 되고 있다.

이런 맥락에서 《삼국사기》 권2 문무왕 법민조의 성부산 하 무진주 상수 안길의 소목전 기록을 다시 보자. "산 아래 전 30무가 있었는데, 3석을 낙종한다. 이 땅이 풍년이 들면 다른 땅도 역시 풍년이 들고, (이 땅이 풍년이) 들지 않으면, (다른 땅도) 들지 않는다고 한다." 이 기록을 액면 그대로 믿는 논자는 없다. 우리는 위 사실과 관련하여, 전 30무가 300무의 잘못일 가능성이 크다고 생각한다. 이렇게 되면 300무 = 3석락, 따라서 100무 = 1경 = 1석락으로 되는 것이다. 이 상수 소목전은 이 경우 3경 = 3결(이 시기 경 = 결이므로)이 되는데, 이 규모는 《고려사》 식화지 권 32 공해전시조의 장전 규모에도 상당한다.

한편, 제도의 계통적 흐름과 관련하여 결과 일경의 관계를 살피는 것은 다소 시사하는 바가 있다. 씨뿌리기에 비해 밭갈이는 그 기술적 변화가 상대적으로 안정적이기 때문이다. 일경의 크기에 대하여는 《신증동국여지승람》 권 1 경도 상에 "전부는 결로써 무를 대신한다. 소가 나흘 갈아서, 4두의 조를 수납한다"라 하고, 그 세주에 "한 마리 소 힘으로 나흘 가는 땅을 1결이라 한다"라 기록하고 있고, 위의 《반계수록》 인용 해당 부분에 이어서 "이 1경은 한전으로 하면, 대개 한 마리 소 4일경이다"라고 적고 있다. 이것은 같은 내용으로서 결국 6등전 1결 약 12,000평 = 4일경, 따라서 1일경 = 약 3,000평이란 제도의 원형을 유추할 수 있다.

= W, 불변생산요소(토지 + 소 + 종자) = C, 가변생산요소(인력) = V, 잉여분 = S라 하면, W = C + V + S이다. 여기서 생산요소의 비율 C/V가 우리가 살피려는 전결/호구 비율이다. 이 비율을 변형하면, C/V = (W/V) × (C/W) = (W/V) × (1/<W/C>)로 된다. 여기서 W/V는 인력 단위당 소출, 즉 단위당 노동생산성이고, W/C는 토지(로 대표되는) 단위당 소출, 즉 단위당 토지생산성이다. 따라서 생산요소 비율(전결/호구)은 단위당 노동생산성과 단위당 토지생산성의 역수의 곱으로 이루어진다. 위에서 도입한 단위로 표시하면, (경, 일경, 석락 / 인) = (결/인) × (1/<결/경, 일경, 석락>)이 된다.

먼저 단위당 토지생산성을 보자. 이는 3가지 단위로 나타낼 수 있다. <결/경>, <결/일경>, <결/석락>이 그것이다. 풀어 보면, 각각 단위 면적당, 우력당, 파종량당 소출이다. 이른바 전품을 구성하는 요소들이다. 고려 전후기에 전품등제 방식이 달랐다는 것은 잘 알려진 사실이다. 그런데 변화된 사실에 대한 확인과 논의가 이루어졌지만, 그 내용이나 의미 등에 대해서는 일치된 견해가 없다.

전기에는 결 = 경이었으므로, 결/경이 전품의 등급을 나타내줄 수는 없다. 여러 가지 규정을 종합하면, 단위 파종량당 소출이 전품의 기준으로 되고 있었다. 먼저 파종 빈도에 따라, 매년 파종하는 땅(불역전)이 상품, 1년씩 걸러 파종하는 땅(일역전)이 중품, 2년씩 걸러 파종하는 땅(재역전)이 하품의 3품으로 나뉘었다.[14] 다음으로 단위 파종량당(1석락) 소출 비에 따라, 수전 상품의 경우 소출 미 20석 : 16석 : 12석에 해당하는 비율로, 즉 5 : 4 : 3의 비율로 상등, 중등, 하등 3등이 나뉘었다(중품의 경우 18 : 14 : 10, 하품의 경우 15 : 11 : 7. 한전은 각각 수전의 절반).[15]

---

14) ≪고려사≫ 권 78 식화 1 전제 경리 문종 8년 3월판

15) ≪고려사≫ 권 78 식화 1 전제 조세 성종 11년판에 의거 계산. 수정치는 강질철, 앞의 책 392, 394쪽을 따랐고, 상품제 추계는 김용섭, 1981 <고려전기의 전품제>, ≪한우근박사정년기념사학논총≫을 참고하였다. 여기서는 상품의 경우 21

말하자면 3품 3등 전품제인 셈인다. 파종빈도에 따른 3품제를 주로 하고, 단위 파종량 당 소출에 따른 3등제를 종으로 하여 운영되고 있었던 것이다.[16] 이리하여 이 시기 단위당 토지생산성은 7/20 < 결/석락 < 20/20의 범위 내에 있었던 것으로 된다.

고려 중후기에는 전품등제 방식의 변화를 엿볼 수 있다. 단일 양전척으로부터 3지척으로의 양전척의 변화가 이를 뚜렷이 보여준다. 물론 '동적이세'로부터 '이적동세'로의 수취 기준의 변화도 이와 표리를 이루는 변화이다.[17] 논자마다 이해의 차이가 있지만, 전품제 변화의 추세는 '휴

석, 17석, 13석으로 계산했는데, 필자는 20석, 16석, 12석으로 수정하였다. <표 1>에서 보듯이 상품상등 : 중품하등 : 하품하등 = 20석 : 10석 : 7석 = 3 : 2 : 1로 근사치 계산이 이루어졌을 것이라고 생각하기 때문이다.

16) 윤한택, 1993 <고려전기 3품3등 전품제>, ≪태동고전연구≫ 10 ; 1995, ≪고려전기 사전연구≫ 개고, 재록

17) 호구, 전결 부분에 대한 ≪세종실록≫ 지리지와 ≪신라장적≫의 기록 양식의 차이도 이 변화와 관련되어 있다. 전자는 '호 얼마, 구 얼마, 간전 얼마(수전 얼마)'로 되어 있다. 후자는 '합 공연 얼마, 계연 얼마, 합인 얼마, 합답 얼마, 연수유답 얼마, 합전 얼마'로 되어 있다. 표현의 차이는 전자가 국세, 후자가 촌세 조사라는 데서 오는 것도 있다. 그러나 시기의 변화를 나타내주는 결정적인 차이는, 전자가 호구, 간전을 분리해서 파악하고 있는데 비해, 후자는 인, 답, 전을 연의 구성요소로 총괄해서 파악하고 있다는 점이다. 호구, 전결 표현의 원형인 후자를 도식화하면, 결국, '연 = 인 + 전'으로 된다. 바로 이러한 총체성 때문에 고려에서 '인'을 '인정', '전'을 '전정'으로 '정'을 덧붙여 동일 범주의 개별 요소로 인식하고 있던 것이다.

그러니까 국세, 군·현세, 촌세, 개별 세대의 실력은 원칙적으로 노동력과 토지의 결합체로서의 농가의 규모, 수만으로 충분히 나타낼 수 있다. 그런데 곧 이어 새로운 사정이 전면에 드러난다. 노동력과 토지의 결합체로서의 농가가 가만히 있어주지 않는 것이다. 생산력의 발전과 더불어 농가는 쪼개지게 되고, 그 구성 요소인 노동력과 토지는 나뉘어져 각자 제 갈 길을 가게 되는 것이다. 전자로의 기록 양식의 변화는 바로 이러한 사정의 정확한 반영이다.

그런데 노동력과 토지의 분리는 생산력 발전의 결과이지만, 원래 한몸이었기 때문에 분리된 채로 제 기능을 행사할 수 없게 되고, 따라서 거꾸로 생산력 발전을 가로막는 경향을 낳게 된다. 말하자면 이것이 이 당시 사회 발전의 동력인 모순의 원인인데, 그 표출 형태로서 농민은 끊임없이 유리, 저항하고, 통치자는 사활을 걸

한으로부터 연작으로'의 변화가 대세였다는 것이다. 당연히 전기 전품등제의 주기준이었던 파종 빈도에 따른 3품제가 무의미해질 수밖에 없었다. 이제 제도상으로는 모든 토지는 연작화 = '불역화' = '상품화' 하였다. 전품 기준으로 '단위 파종량'당 소출, 즉 3등제만 남게 되었다.

그런데 이 3등제도 그대로 계승되지는 않았다. 연작화의 추세와 더불어 상등화로의 이행도 꾸준히 고려되었을 것은 뻔한 이치이다. 자연히 '단위파종량'당 소출은 상등전 미 20석 기준으로 고정되는 추세를 보였다. 그러나 현실에서의 실제 전품의 차이는 엄연히 존재하고 있었다. 이를 보완하기 위한 장치를 마련할 필요가 생기게 되었다. 단위 파종량과 소출이 고정된 상태에서 전품의 차이를 나타내줄 수 있는 유일한 기준은 '단위 파종 면적'일 수밖에 없다. 이리하여 3지척이 고안된 것이다.

이제 단위 파종량(1석락)과 단위 파종 면적(1석락지)의 분화가 발생하였다. 기준은 상등전 = 1석락지였고, 차등 비율은 전기에서의 소출비 5 : 4 : 3의 역비(1 : 5/4 : 5/3)가 대체적 근거로 되었다. 즉, 단위 파종 면적비는 상등전 = 1석락지 : 중등전 = 5/4석락지 : 하등전 = 5/3석락지(12 : 15 : 20)로 되었다. 이에 따라 양전척 단위비도 상등척 = 20지 : 중등척 = 25지 : 하등척 = 30지(4 : 5 : 6)로 되었다. 그러니까 이 시기 단위당 토지생산성은 3/5 < 결/석락지 < 1의 범위에 있었다.

말하자면 이 제도는 양전 상에서는 파종 단위로부터 순수 면적 단위로, 전품제 상에서는 파종 빈도, 단위 파종량 당 소출 기준으로부터 순수 비옥도 기준으로 이행하는 과도기의 것이다. 이 이행은 선초 공법 제정과 더불어 마무리되었다. 이때 정비된 결당 면적은 1등전 = 약 3,000평에서 6등전 = 약 12,000평이었다. 따라서 이 시기 단위 당 토지생산성은 1/4 < 결/경 < 1의 범위에 있은 셈이다.

위에서 설명한 전품등제 방식의 변화를 알기 쉽게 정리하면, <표1>,

고 이들을 토지에 다시 인위적으로 묶어두기 위해 고심해왔던 것이다.

<표2>, <표3>과 같다.

〈표1〉 3품3등 전품등제 (단위 : 석)

파종빈도 \ 단위소출	불역전(상품)		일역전(중품)		재역전(하품)	
	수전	한전	수전	한전	수전	한전
상품	20	10	18	9	15	7.5
중품	16	8	14	7	11	5.5
하품	12	6	10	5	7	3.5

* 단위 파종량(석락) = 단위 파종면적(경) = 단위 소출(결)

〈표2〉 3등 전품제[18]

전품 \ 구분	상등	중등	하등
단위 소출 (석)	20	16	12
단위 소출 (결)	1	1	1
단위 파종량 (석락)	1	1	1
단위 파종면적(석락지)	1	5/4	5/3
단위 파종면적비(개평치)	12(3.5)	15(3.9)	20(4.5)
단위 소출 (석)	20	20	20
단위 소출 (결)	1	1	1
단위 절대면적 (무)	25.43	39.90	57.62
단위 절대면적(평방주척)	152,568	239,414	345,744
단위 절대면적비(개평치)	16(4)	25(5)	36(6)
양전척 (비)	20지(4)	25지(5)	30지(6)

* 단위 파종량(석락) = 단위 소출(결) ≠ 단위 파종면적(경). 단위 파종면적 = 1석락
지 = 약1/4단위 절대면적 = 약1/4경 = 약25무

---

18) ≪용비어천가≫ 73장 주의 기록과 필자의 제도상의 계통적 추론을 대비해 보았
   다. 단위 파종면적비에서 추론과 기록 상에 일정한 괴리가 있으므로, 이 점은 앞
   으로 더 추구해야 할 문제로 남긴다. 이것은 파종량과 파종면적의 분리 과정을 더
   엄밀히 추구함으로써 극복할 수 있을 것으로 기대된다.

<표3> 전분 6등제[19]

구분 ＼ 전품	1등	2등	3등	4등	5등	6등
절대면적(평)	3,117.36	3,655.29	4,446.38	5.660.72	7.793.40	12,469.44
단위소출(결)	1	1	1	1	1	1
단위소출(석)	20	20	20	20	20	20

　이렇게 토지생산성의 단위는 결/석락, 결/석락지, 결/경으로 바뀌어 왔
지만 그 단위당 생산성은 1/4~4/3의 범위 내에 움직인다는 사실은 찾아
낼 수 있다. 단위당 토지생산성은 같은 시기의 지역에 따라 차이가 있을
수도 있고, 시기의 추이에 따라 변화할 수도 있다. 변화의 추세는 외형적
으로는 점차 상승하지만, 일정한 한계가 있다.

　노동생산성은 기준호, 표준농가, 지표농가 논의에서 단편적 자료를
통하여 추론이 이루어져 왔다. '1정 단호가족(개별세대, 대개 3~5인) 당
1결이 지표로 되고 있는 점은 많은 논자가 확인해주고 있다.[20] 생산력의
수준을 결정하는 요소는 크게 5가지로 이루어져 있다. 노동자들의 평균

---

19) 김용섭, 1982 ≪조선후기농업사연구1≫, 일조각, 119쪽
20) 김재진, 1958 <전결제연구>, ≪경북대논문집≫ 2
　안병직, 1978 <한국에 있어서 봉건적 토지소유의 성격>, ≪경제사학≫ 2
　한편 심곡민철, 1939 <선초의 토지제도 일반>, ≪사학잡지≫ 50-5, 6에서는 선
　초의 강원도 사례를 바탕으로 호당 10결을 규준적 토지지배로 상정하고 있다. 또
　한 김용섭, 1975 <고려시기의 양전제>, ≪동방학지≫ 16에서는 ≪고려사≫ 권
　82 참역 충렬왕 5년조 이리간 기사를 바탕으로 4결을 중농 이상의 부유한 농민의
　최소한의 기준적 농지 소유 면적으로 제시하고 있다. 그런데 이런 사례들은 지역
　적, 시기적 편차가 존재하기 때문에 더 종합적인 검토가 요청된다. 필자도 <고려
　전시과 체제하에서의 농민신분>(1989 ≪태동고전연구≫ 5)에서 정 당 2.5결 정
　도를 상정하여 이를 지표농가라 불렀다. 이 당시 전품 구분에 대한 이해가 불충분
　하여 이 결수를 고려중후기 이후의 결수와 같은 것으로 생각했었다.
　이 부분에 대한 이해는 이 글에서의 전품제 논의와 관련하여 하품하등전의 결수
　로 보아 상품상등전 약 1결 정도에 해당하는 것으로 보완, 정정하고자 한다.

적 숙련도, 과학과 그 기술적 응용의 발전 정도, 생산 과정의 사회적 조직, 생산수단의 규모와 능률, 기타 자연적 조건 등이다.[21] 재래의 농업 사회에서 노동력의 숙련도, 노동 조직 등의 변화는 완만하다. 따라서 단위 노동생산성도 제한된 한계 내에서 움직이게 마련이다.

위에서 보았듯이 생산요소 구성(전결/호구)은 노동생산성에 정비례하고, 토지생산성에 반비례한다. 일반적으로 생산력을 발전시키기 위하여 생산요소 구성을 높이려는 시도로부터 출발한다. 이에 따라 노동생산성, 토지생산성이 상승하지만, 이 구성비가 지속적으로 상승하기 위해서는 토지생산성의 상승을 상회하는 노동생산성의 상승이 꾸준히 이루어지지 않으면 안된다. 노동생산성의 상승은 자연적, 사회적 한계에 부딪혀 일정한 표준 수준에 고정되는 경향을 보인다. 따라서 생산요소 구성의 고도화는 토지생산성의 하락으로 나타날 수밖에 없다.

이러한 변화는 사회 발전의 동인을 설명하는 중요한 단서가 된다. 당면의 주제가 아니므로, 더 이상 언급하지 않기로 한다. 여기서는 이러한 이해가 전제되기만 하면 생산요소 구성(전결/호구)을 일단 주어진 것으로 보아도 좋다는 것만 확인해 두기로 한다. 그리고 그 구성비는 대략 1을 중심으로 움직이고 있었다고 잠정적으로 이해해 둔다.

군세를 산정하는 단위 요소가 이러하므로, 이제 실제 경작자수나 경작지의 변화 추이를 통하여 군세의 성쇠를 살필 수 있을 것이다. 이 글에서의 주제는 경원군에서의 이씨 가의 과전 지배 양태이기 때문에, 먼저 경작지의 변화 추이를 중심으로 논의를 계속해 보자. 경작지의 변화 추이는 총량, 전품의 2지표를 동시에 고려해야 한다.

우선 양계를 제외한 남도 총 결수 변동을 보면, 조선 세종조 약 120만 결, 태종조 약 96만결, 공양왕 3년 약 90만결(황원전 포함), 공양왕 원년 약 50만결(간전만), 성종 12년 최대 약 96만결[22]로 추계된다. 일반적인

---

21) K.마르크스 저, 김수행 역, 1989 ≪자본론≫ 제1권 상 49쪽, 비봉출판사

예상이나 언급과 달리, 고려 전체 시기를 통하여 그 자연적 추세는 매우 안정적인 모습을 보여주고 있다. 공양왕 원년의 경우 간전 결수만을 고려했기 때문에, 실제 10여만결 정도 낮은 수준을 보이는 셈인데, 이는 사전 혁파가 끈질기게 논의되던 당시 사회적 상황에 따른 은결일 가능성이 크다.

이런 추론은 단일 지역의 변화를 통해서도 확인된다. 강화현의 경우, 조선 세종조 5,606결, 고려 고종 46년 5,000결[23]로 안정적인 추세를 보여주고 있다. 약 150년 동안에 600여결 증가하여, 연간 총량 기준 평균 4결, 증가율 기준 평균 약 0.1%의 증가세를 보여주고 있다. 이런 비율을 단순히 산술적으로 고려하여 고려초~선초의 500년간에 적용하면, 약 50퍼센트 가량의 증가율을 계산해낼 수 있다. 선초 인천군의 전결수가 2,601결이니까, 고려초로 역산하면 소성현 전결수 약 1,700결 정도를 얻을 수 있다.

이러한 추론 과정은 자료의 수가 너무 적고, 평면적인 산술 계산에 근거하였으므로, 지나치게 도식화, 단순화시켰을 위험이 크다. 이를 보강해주는 자료를 좀 더 찾아보자. 경원군의 호구 통계는 물론 없다. 그런데 경원 이씨 가의 개인별 관력과 과전결수를 연도별로 추계하여, 경원 이씨 가문 과전결수 총액(가령지)의 추이를 관찰하면 매우 흥미있는 사실을 발견할 수 있다. 이 추이에 맞추어 경원이씨 가문의 대표자(가령주)에게 시기 시기별 훈작이 수여되고 있는 것이다.

이에 대해서는 절을 바꾸어서 다시 상세하게 살펴볼 작정이다. 우선 호구 추이에 대한 결과를 가져와서 보면, 소성현 시기 1,500호, 수주 임내 시기 2,000호, 경원군 시기 2,300호, 지인주사 시기 5,000호, 8,000호로의 변화를 보여주고 있다. 지인주사 시기의 호수는 속군현인 당성군,

---

22) 강진철, 앞 책, 385쪽
23) 《고려사》 권 78 식화지 1 전제 경리 고종 46년 9월

재양현의 호수가 포함된 것이므로, 이것은 인주 자체의 호수 변화는 아니다.

이제 선초 지리지 인천군 호구 정정 추계수 약 2,500호까지 넣어서 살펴보면, 그 변화가 일목요연하게 들어온다. 즉, 고려초 1,500호, 중후기 2,000호, 2,300호, 선초 2,500호가 된다. 전결/호구비를 1 : 1로 계산하면, 전결수도 각각 1,500결, 2,000결, 2,300결, 2,500결의 추세를 보였을 것이다.

2) 세계[24]

기존의 경원 이씨 가문 연구는 대부분 이 세계를 중심으로 이루어져 왔다.[25]

이들 연구 성과에 힘입어 간략하게 다시 정리해 보기로 하자. 근거 자료는 원칙적으로 정사인 ≪고려사≫를 중심으로 하고, 세계 관계 부분에 비교적 사료 가치가 높은 인주 이씨 및 인척 등의 묘지명[26]을 원용하는 방식으로 진행하기로 한다.

선계는 신라 대관이었다. 당나라에 사신으로 갔다가 천자가 가상하게 여겨 이성(李姓)을 하사하였다고 한다. 그 자손인 병마사 대광 기평이 소성수로 나아가, 이 지역을 본관으로 하여 가문을 세웠다.

다시 그 자손 허겸은 안산 김은부의 장인이다. 김은부의 세 딸은 현종

---

24) <부도1> 세계도 참조
25) 등전량책, 1933·4 <이자연과 그 가계>, ≪청구학보≫ 13·15(1963 ≪조선학논고≫ 재수록)
　　윤경자, 1965 <고려왕실과 인주이씨와의 관계>, ≪숙대사론≫ 2
　　김윤곤, 1976 <이자겸의 세력기반에 대하여>, ≪대구사학≫ 10
　　이만렬, 1990 <고려 경원 이씨 가문의 전개과정>, ≪한국학보≫ 21
26) <이자연묘지>, <이정묘지>, <이공수묘지>, <이자원녀 이씨묘지>, <이식묘지>, <이응장묘지>, <이간묘지>, <최윤의배 김씨묘지> 등

의 비로, 원성후, 원혜후, 원평후가 되었다. 1017년(현종 8) 김은부가 죽자, 왕후(외손녀)로 말미암아 허겸은 상서좌복야 상주국 소성현 개국후 식읍 1,500호가 추증되었고, 허겸의 여(김은부의 처)에게는 안산군대부인이 봉해졌다.[27) 안산군대부인은 뒤에 덕종, 정종, 문종의 외조모로 안효국태부인에 추봉되었다. 허겸은 뒤에 여러번 추증되어 상서좌복야 태자태부가 되었고, 소성백에 추봉되었다.

허겸의 아들 한은 실직으로 중추부사 이부시랑에 올랐고, 시호는 안경이며, 여러번 추증되어 사공, 문하시중이 되었다. 처는 최씨로 뒤에 계림국대부인에 봉해졌다.

한의 아들은 자연, 자상 형제가 있다. 자연의 자는 약충이고, 1024년(현종 15) 3월 그의 나이 22세 때 을과에 장원으로 급제하여, 양온령이 되었다. 장녀인 문종 비 연덕궁주로 말미암아 추성좌세보사공신호를 하사하고, 개부의동삼사 수태사겸중서령 감수국사 상주국 경원군 개국공 식읍 3,000호를 더하였다. 1061년(문종 15)에 묘각사에서 59세로 죽었으며 시호는 장화이고, 문종 묘정에 배향되었다. 처는 내사시랑평장사 경주 김인위의 여로, 계림국대부인에 봉해졌고, 정, 적, 석, 의, 소현, 호, 전, 안 8자와 3녀를 낳았다. 자상은 여러번 추증되어 복야로 되었고, 처 정주 유씨는 하원군대부인에 봉해졌으며, 예, 오 두 아들을 낳았다.

자연의 장자 정은 자가 백약이고, 문음으로 출사하여 년 20에 내고부사가 되었다. 1077년(문종 31) 수태사 겸문하시중으로 불은사에서 53세로 죽었으며 시호는 정헌이다. 처는 증중서령 청주 왕가도의 제3녀로 상당현군에 봉해졌으며, 자인, 자의, 자충, 자효, 세량, 자례 6남과 4녀를 낳았다. 자연의 제3자 석은, 그 딸 하나가 선종 비 사숙태후가 되었으며,

---

27) 처의 봉작은 대개 원래 자신의 본관명을 바탕으로 하는 것이 상례였다. 여기서 이하겸의 여가 '소성현'이 아니라 '안산군'에 봉해진 것은 이 당시의 소성현의 현세가 미약했다는 증거일 수도 있다.

또 하나는 광양 김양감의 자부가 되었다. 자연의 제4자 의는 자현, 자덕의 2자와 1녀가 기록에 보이는데, 이 1녀는 남평 문공원의 처가 되었다. 자연의 다섯째 아들 소현은 유가업 대선장에 합격하여, 대덕이 되었다. 자연의 여섯째 아들 호는 평장사 광양 김정준 여를 취하여, 자겸, 자원, 자량과 2녀를 두었다. 뒤에 호는 경원백에, 처는 통의국대부인에 봉해졌다. 1녀는 순종 비 장경궁주가 되었고, 또 1녀는 강릉 김인존의 처가 되었다. 자연의 제7자 전은 재상직에까지 올랐고, 제2자 적은 전중소감, 제8자 안은 예빈주부동정의 관력이 확인된다. 자연의 3녀는 모두 문종 비가 되어, 장녀는 인예태후, 차녀는 인경현비, 삼녀는 인절현비로 봉해졌다.

자상의 아들 예는 문종조에 등제하여 중서시랑평장사에까지 올랐다. 시호는 문현이다. 문하시중 문화공 해주 최유선의 여가 전처로, 해릉군대부인에 봉해졌다. 후처는 문하시랑 청주 왕무숭 여인데, 공수와 선종 비 정신현비를 낳았으며, 상당군대부인에 봉해졌다. 자상의 아들 오도 등제하여 문하시랑평장사 상주국에 올랐다. 자호를 금강거사라 하였고, 69세로 죽었으며 시호는 문량이다.

정의 장남 자인은 문종조 22세로 등제하여 비서성교서랑이 되고, 1091년(선종 8) 중추원부사로 죽었다. 정의 차남 자의는 헌종 연간에 중추원사로 계림공 희에게 피살되었다. 정의 아들 자효는 음자로 등사하여 병부랑중까지 올랐고, 처는 문하시랑평장사 강릉 왕석 여로, 식을 낳았으며, 강릉군부인에 봉해졌다. 정의 아들 자례는 수주 최자성을 사위로 삼았다. 정의 한 아들은 비구가 되어, 현화사에 머물며, 법명을 세량이라 하였다. 정의 한 딸은 선종 비 원신궁주로 봉해져, 한산후 윤을 낳았다.

의의 아들 자현은 자가 진정이고, 등제하여 태악서승이 되었으나, 벼슬을 버리고 춘주 청평산 문수원에서 살았다. 1125년(인종 3) 65세로 죽었고, 시호는 진락이다. 의의 아들 자덕은 자가 관지이고, 음서로 경시서승에 보임되었다. 1138년(인종 16) 68세로 죽었으며, 시호는 장의이다.
그의 아들은 지정이다.

호의 아들 자겸은 문음으로 입사하여, 중서령에까지 이르렀다. 세 차
례에 걸쳐, 소성백 식읍 2,300호 식실봉 300호, 소성후 식읍 5,000호 식
실봉 700호, 조선국공 식읍 8,000호 식실봉 2,000호에 봉해져, 숭덕부와
의친궁을 설치하였다. 1126년(인종 4) 영광에 유배되어 죽었다. 처는 해
주 최사추 녀로, 여러 번에 걸쳐 변한국대부인에 봉해졌다. 지미, 공의,
지언, 지보, 지윤, 지원, 의장 등 아들을 낳았다. 제2녀는 예종 비 문경왕
후가 되었고, 제 3, 4녀는 인종 비가 되었다가 나중에 출궁되었다. 호의
아들 자원은 경주 김경용의 사위가 되었다. 호의 아들 자량은 초명이 자
훈인데, 외척으로 좌우위녹사 참군사에 보임되고, 1123년(인종 원)에 수
사공 중서시랑평장사로 죽었다. 경원 이자인 여를 처로 삼아, 2녀만을
낳았다.

예의 아들 공수는 처음 이름이 수이며, 자는 원로이다. 문음으로 양온
령이 되었다가, 1086년(선종 3) 과거에 급제하여 1137년(인종 15) 문하
시중 치사로 죽었다. 시호는 문충이다. 처는 경주 김보위 여로, 지저, 지
간, 지무, 지혜, 지의, 지철 등 6남과 2녀를 낳았고, 낙랑군대부인에 봉해
졌다. 장녀는 강릉 김영석의 처가 되었다.

자효의 아들 식은 자가 처인이고, 조음으로 상서호부서령사를 제수받
았다. 1151년(의종 5) 상서좌복야 참지정사로 62세에 죽었으며, 시호는
정정이다. 처는 계양공 중서령 수주 이위 여이다. 응구, 응칭, 응장, 응
의, 응추 등 아들과 김광중, 이세광, 정안공 수태사 임원애 등 사위를 두
었다.

자겸의 아들들은 1126년(인종 4) 지미는 판추밀원사로 합주에, 공의
는 위위경으로 진도에, 지언은 상서공부랑중으로 거제에, 지보는 상서호
부랑중 지다방사로 삼척에, 지윤은 전중내급사로 영광에, 지원은 각문지

후로 함종에, 의장은 금주에 유배되었다가, 1129년(인종 7) 한 곳에 모이고, 1146년(인종 말)에 본주인 인주로 사거되었다. 공의는 춘주 왕자지의 여를, 지언은 경주 김인규의 여를, 지원은 곡주 척준경의 여를 각각 처로 삼았다.

공수의 아들 지저는 자가 자고이며 1120년(예종 15)에 급제하여 1145년(인종 23) 참지정사 판서경유수사로 54세로 죽었다. 시호는 문정이고, 중서시랑평장사를 추증하였다. 그의 제 지무도 문하시랑동중서문하평장사까지 올랐다.

이오의 손자 광진은 처음 이름이 원휘이며, 음서로 양온승에 보해지고, 명종초에 중서시랑평장사에까지 올랐다. 시호는 정의이다. 유인, 유의, 유직, 유량, 유경, 유온 등의 아들을 두었다.

식의 아들 응의는 혁유로 개명하였고, 등제하여 관이 중서시랑평장사에 이르렀다. 시호는 정간이다.

3. 과전의 수급과 운영

1) 시기별 과전 수급 현황[28]

고려왕조는 농업이 생산 기반을 이루고 있는 사회였다. 따라서 이 사회에서 실력을 행사하려면 농업 생산 기반을 갖지 않으면 안된다. 상당한 정도의 상업적 기반을 가지고 있는 것처럼 보이는[29] 인주 이씨의 경우도 이 점에서는 예외가 아니다.

무슨 산업이든 어떤 시대든 생산기반을 확보하는 데 가장 중요한 것은 안정적으로 노동력을 확보하는 일이다. 이 일은 특정 사회, 역사 속에

---

28) <부표2> 참조
29) 이말열, 앞의 논문, 6쪽

서의 조건을 매개로 하여 이루어진다. 고려 왕조에서는 그것이 '신분을 매개로 한 토지지배관계'라는 형태로 나타나고 있었다. 말하자면 과전 지배 관계이다. 우리가 이 글에서 이를 '가문적 토지지배', 혹은 '가령지배'로 규정해 보고 싶어하는 것이다.

그런데 과전의 이러한 성격과 관련하여 종래 연구자들 사이에서는 상당히 오해가 있었던 듯하다. 과전이 세력 기반으로서는 너무 가볍다고 보고 이와 달리 세력 기반으로서 '전장', '식읍', '녹읍' 등을 통하여 실체를 찾고자 하였다. 가장 중요한 이유는 과전이 법 규정상 환수되는 것이지 세습되는 것이 아니라는 데 있었다.

이제 우리는 경원 이씨 가문의 과전 수급 실태를 구체적으로 분석함으로써, 이 문제에 대한 하나의 해결 실마리를 잡아보고자 한다. 먼저 과전 수급 현황을 시계열적으로 보고, 과전과 식읍과의 관계를 추정한 뒤, 과전의 경영을 살피기로 하자.

경원 이씨 가에서 가장 먼저 등장하는 기평은 관력이 병마사 대광으로 되어 있다. 그러나 그 시기, 해당 과전액을 확인하기 어려우므로 여기서는 우선 논외로 한다.

관력, 과전 수급 상황을 확인할 수 있는 것은 현종 연간의 허겸부터이다. 1017년(현종 8)에는 사위 김은부가 죽자, 허겸에게 상서좌복야 상주국 소성현 개국후 식읍 1,500호가 추증되었다. 998년(목종 원) 개정전시과 규정에 의거해 과전 지급액을 살펴보면, 전 90결, 시 60결, 합 150결로 된다. 이는 추증직이기 때문에 실제로 어떤 혜택이 직접 주어지는 것은 아니다. 그러나 당시 소성현의 현세가 호구 1,500호, 토지 1,500결 정도로 추정되므로 당시 이 가문의 세력 정도를 가능하는 의미를 제공한다.

상주국은 정2품 훈계이고, 현후는 정5품 작위로 규정상으로는 식읍 1,000호이다. 이렇게 훈계와 작위 간에 대응관계도 이루어지지 않고, 식읍 액수에도 차이가 난다. 이 때문에 기존 연구자들은 고려의 식읍을 규정된 내용과 일치하지 않는 중국식 제도의 형식적 차용[30]이거나, 노예제적 생산관계의 유제[31]로 이해하려고 하였다. 그러나 제도의 규정은 실제 운영을 뒤따라가게 마련이다. 규정의 변화, 누락을 고려하여 총체적 관점으로 조망해 볼 필요가 있겠다. 여기서는 허겸에게 추증된 훈계와 작위를 액면 그대로 인정하고자 한다. 다음에서 계속 논의될 관계 자료에 일관된 계통성이 존재하기 때문이다 그리고 앞에서도 잠시 논의되었지만, 이 식읍 1,500호는 당시 소성현의 현세를 나타내는 것이기도 하다. 이 점은 앞으로 계속해서 논의하고자 한다.

허겸의 자 한은 관력의 연대가 불명이므로 시간적 연속성을 고려하는 데 문제가 있다. 그러나 부 허겸과 자 자연 사이의 가문세를 보여주는 자료로 참고가 된다. 실직은 중추부사 이부시랑이었던 것 같은데, 그 과전액은 전 75결, 시 45결, 합 120결 수준이다. 그밖에 부여된 상서우복야, 사공, 문하시중은 모두 증직인데, 문하시중의 과전액을 참고해 보면 전 100결, 시 70결, 총 170결에 해당한다.

현종 5년은 자연이 급제한 해이다. 등과전액은 문종년 규정으로는 을과급제 17결이고, 개정전시과 제술, 명경 등과 장사랑으로 치면 27결이다. 그 뒤 양온령, 어서유원관 직사관, 비서성교서랑, 감문위녹사 참군사, 감찰어사, 우보궐 지제고 사비의 관력을 거쳐 현종 22년에 이르렀으며,

---

30) 하현강, 1965 <고려식읍고>, ≪역사학보≫ 26
31) 이경식, 1988 <고대·중세의 식읍제의 구조와 전개>, ≪손보기박사정년기념 한국사학논총≫, 지식산업사
   이 논고에서는 식읍뿐 아니라 녹읍, 사전, 과전 등 토지제도 일반, 나아가 생산관계 일반에 대한 논자의 이해 체계가 제시되어 많은 시사를 던져준다. 필자의 당면 주제는 경원 이씨가의 과전 지배이기 때문에, 이 문제에 대하여 더 깊이 들어갈 겨를이 없다. 우선 해당 주제와 관련되는 범위 내에서 언급하기로 하고, 더 이상의 일반화는 사례 연구의 축적과 개별, 주제별 독자 논문의 성과를 기다리기로 한다.

이 시기까지 최고 과전액은 전 50결, 시 25결, 합 75결에 이른다. 다시 이 해에 형부, 이부 2원외를 거치니, 해당 전시액은 전 55결, 시 30결, 합 85결로 늘어난다. 덕종 2년에는 이부낭중으로 전 60결, 시 33결, 합 93결, 덕종 4년 급사중으로 전 70결, 시 40결, 합 110결, 정종 6년 우산 기상시로 전 85결, 시 55결, 합 140결로 되었다. 이 해에 훈계 주국이 주어졌다.

정종 10년에는 장남 정이 내고부사로 보임되면서, 이제 이 가문에는 자연, 정 부자가 과전 수급에 참여한다. 내고부사 과전액은 주부직 정도로 보아 잠정적으로 전 40결, 시 20결로 계상하면, 가문 과전이 전 125결, 시 75결, 합 200결로 된다. 1047년(문종 원) 자연이 참지정사로 승진하여 가문의 전시는 모두 전 130결, 시 80결, 합 210결로 되었다. 자연에게는 아울러 홍록대부 수사공 상주국이 가해졌다. 1050년(문종 4) 자연이 내사시랑평장사로 승진하여 가문 전시는 전 135결, 시 85결, 합 220결이 되었다.

문종 6년에는 자연의 딸이 연덕궁주로 봉해지고, 가문 구성원의 관직 참여가 대폭 확대되었다. 정이 상서고공원외랑으로 승진, 전 55결, 시 30결로 늘어나고, 의가 군기주부로 전 40결, 시 20결, 호와 전이 각각 9품직으로 각각 전 27결이 더해졌다. 이제 이 가문이 지배하는 과전액은 전 244결, 시 115결, 도합 359결로 늘어났다. 1055년(문종 9)에는 자연이 문하시중 판상서이부사로 승진 전 100결, 시 70결로 늘어나서 가문의 과전이 전 249결, 시 120결, 총액 369결로 되었다.

문종 10년에 정이 위위소경 지합문사로 승진 전 65결, 시 35결로 되면서, 가문 과전이 전 259결, 시 125결 총 484결로 증가하였다. 이즈음 당시 가문 대표자로서의 자연에게 상주국 경원군 개국백 식읍 3,000호의 훈계와 작위가 부여되었다. 약 500결에 이르는 가문 총 과전 지배액을 바탕으로 한 경원군 지역에서의 이씨 가문의 영주로서의 위치가 추인된 것이다. 문종 13년에는 정이 상서우승으로 승진, 가문의 과전은 모두 전 269결, 시 135결 합 504결로 되었다.

문종 15년에는 가문의 과전 지배자 구성과 지배액수가 현저히 변화하였다. 자연이 죽고, 적, 석, 안이 추가되었다. 즉, 적이 전중소감으로, 석이 예부원외랑으로, 안이 예빈주부동정으로 갑자기 추가되었다. 그런가 하면 안은 이미 죽은 것으로 나타난다. 이리하여 이 해에 경원 이씨 가문의 과전 지배액은 전 337결, 시 165, 합 502결로 되었다가, 452결로 감소되었다.

문종 16년에 정이 전중감 지상서이부사로 승진하여 가문의 과전 지배액은 모두 462결로, 문종 22년에는 다시 우산기상시로 승진하여 다시 액수는 모두 472결로 늘어났다.

문종 26년 정이 다시 참지정사 판삼사사로 승진하여 가문의 과전 지배액은 모두 전 317결, 시 165결, 합 482결로 다시 늘어났다. 이 해에는 특히 정에게 훈계 주국이 부여된 점이 대단히 주목된다. 자연이 가지고 있던 훈계가 그의 사망으로 그 장남 정에게로 옮아간 것이다. 이 사실은 훈계도 공이 있을 때마다 아무에게나 주어지는 것이 아니고, 가문의 세대별 대표자에게만 승계되는 것을 보여준다.

이 해에는 다시 석이 병부시랑으로 승진하여 가문의 과전 지배액은 전 337결, 시 180결, 합 517결로 늘어났다. 문종 29년 정은 다시 중서시랑동중서문하평장사 중대부 판상서이부사로 승진하여 모두 전 342결, 시 185결, 합 527결로 되고, 정에게는 다시 가문 대표자로서 상승한 훈계 상주국이 부여되었다. 이 해에 정은 재차 승진하여 겸서경유수사 대중대부 수태부 문하시중이 되었다. 가문 과전액은 합 537결로 늘어났다.

문종 31년 정이 죽으면서 가문 과전 참여자의 구성 변동이 확인된다. 또한 1년 전 경정전시과의 반포로 전반적인 전시액의 하향 조정이 이루어졌다. 정의 아들 자인이 합문지후로, 자의가 경시서승으로, 자충이 상서호부주사로, 자효가 양온령으로 새로 대열에 참여하였다. 이리하여 가문의 과전은 전 364결, 시 91결, 합 455결로 재조정되었다. 문종 35년 자인이 시어사로 승진하여 액수는 모두 470결이 되었다.

선종 2년에는 자인이 다시 병부시랑 우간의대부로 승진하고, 자상의 아들 예가 상서예부시랑으로 새로 가세하였다. 가문 총 전시액은 전 464결, 시 135결, 합 599결로 늘어났다. 이듬해 3년에 자인이 상서좌승으로 승진하고, 예의 아들 수가 양온령, 궁전고판관, 금오위녹사로 새로이 참여하여 전 499결, 시 143결, 합 642결로 늘어났다. 1089년(선종 6) 지의가 태복경으로 승진, 가문 총합액은 712결로 증가하였다. 이듬해 다시 호부상서로 승진, 총합액은 722결로 되었다.

선종 8년 자연이 중추원부사로 죽어서 전 474결, 시 143결, 합 617결로 떨어졌다. 1094년(선종 말)에는 자효의 아들 식이 상서호부서령사로 새로 가세하여 전 494결, 시 143결, 합 637결로 다시 늘어났다.

헌종 연간 이자의 난으로 자의와 가 아들 작이 피살되고, 예가 이에 연루되어 파면되었다. 실제 과전 변동상으로는 작은 이 해에 비로소 나타났다가 바로 사라지므로 계산에서 제외된다. 예는 정당문학 형부상서로 파면되지만, 그 뒤 다시 현직에 복직되므로 여전히 산직을 갖고 이에 해당하는 전시액을 보유하고 있었을 것으로 보인다.[32] 피살된 자의만을

---

32) 경정전시과에서는 법 규정상 양반산직이 나타나 있지 않다. 그 때문에 종래 연구자들은 이 시기에 와서 산직이 전시과 지급에서 제외된 것으로 이해해 왔다. 그러나 공음전시의 경우 산직에게 5결을 낮추긴 하였지만 지급하도록 규정되어 있었다. 또 다분히 산직적 성격을 가지고 있는 무산계도 체계적인 전시 지급이 법제상 명문화되어 있다. 더구나 ≪고려도경≫에 의하면, 산관동정 1만 4천명에게 녹은 없이 전이 지급되고 있다. 그리고 이들의 토지는 모두 외주에 있으며, 전군이 농사지어 때에 맞추어 수납하면, 이를 고루 나누어 주게 되어 있다. 이상의 사실로 미루어 볼 때, 경정전시과에서 산직의 규정이 없는 것은 당시 양반 관품계와 별도로 존재하던 문산계에 일정하게 반영되었기 때문이 아닐까 생각된다. 물론 산직자에게 녹봉은 지급되지 않았다. 이 당시 실직자와 산직자의 결정적 차이는 이 녹봉의 유무가 아닌가 생각된다. 이 점은 시행상 관품과 문산계가 상응하지 않는 사

제외하고 총합액을 계산하면 모두 전 424결, 시 126결, 합 550결이 되었다.

숙종 원년에는 다시 자상의 다른 아들 오가 직문하성으로 가세하여 모두 전 499결, 시 156결, 합 655결로 늘어났다. 숙종 3년에는 오가 다시 태자빈객으로 승진하여 모두 전 504결, 시 161결, 합 665결로 되었다. 이듬해 수가 좌습유로 승진하여 다시 전 514결, 시 166결, 합 680결로 증가되고, 또 이듬해 여러 번 거쳐 시예빈원외랑으로 승진, 전 524결, 시 171결, 합 695결로 증가하였다.

숙종 6년에 오는 정당문학 참지정사로 승진하여 모두 전 529결, 시 176결, 합 705결로 늘어났다. 문종 31년 정의 죽음으로 공백 상태인 가문 대표 자격으로 이 해 오에게 훈계 주국이 부여되면서 승계되었다. 1103년(숙종 8) 오는 다시 중서시랑평장사로 승진하여, 모두 전 534결, 시 181결, 합 715결로 늘어났다. 1106년(예종 원)에는 가문 대표자 오의 훈계는 상주국으로 올라갔다.

같은 해 호의 아들 자겸이 시어사중승으로 가세하여, 경원 이씨 가문의 과전지배 참여자 수가 늘어났다. 동시에 관직 승진으로 인한 지급액도 늘어나서 모두 지급액 전 624결, 시 224결, 합 848결이 되었다. 예종 2년 예가 죽어 지급액이 모두 전 534결, 시 179결, 합 713결로 낮아졌다. 이듬해는 자겸의 동생 자량이 감찰어사로 참여하여 모두 전 574결, 시 189결, 합 763결로 상승하였다. 또 그 이듬해 수는 병부시랑, 자겸은 예빈경 추민원부사로 승진하여 모두 전 589결, 시 198결, 합 787결로 늘어났다.

예종 5년에는 이 시기 가문대표자였던 오가 문하시랑평장사로 죽었다. 기록이 미비하여 생몰년도가 확인되지 않는 동 세대의 의, 호, 전, 적, 석도 이 시기 즈음해서는 거의 다 사망했을 것으로 보인다. 이들을

례의 해명과 더불어 종합적인 검증이 요청된다.

모두 과전지배 대상자로부터 제외하면 모두 전 257결, 시 127결, 합 384 결로 절반 이상 감소하게 되었다. 물론 이러한 급격한 변화는 실제로는 의, 호, 전, 적, 석의 사망 연도에 따라 점진적으로 나타났을 것이다.

이듬해 예종 6년에는 의의 아들 자덕이 형부시랑으로 새로 참여하고 자겸은 어사대부를 거쳐 검교사공 형부상서로 승진하였다. 가문의 전시액은 모두 전 337결, 시 114결, 합 451결로 다시 상승하였다. 예종 7년 자겸이 참지정사로 승진하여 모두 전 342결, 시 119결, 합 461결로 늘었다.

예종 8년 자겸은 상서좌복야로 되고, 예종 5년 오의 죽음으로 공백상태로 있던 가문 대표자 자리를 훈계 주국을 부여받음으로써 승계하였다. 이듬해 자겸은 중서시랑 동중서문하평장사 개부의동삼사로, 수는 조산대부 위위경으로, 식은 여러 번 옮겨 시사재주부로 승진하였다. 이제 다시 가문 전시액은 모두 전 367결, 시 135결, 합 502결로 500결을 넘어섰다. 또 이듬해 공수의 자 지간이 양온령동정으로 죽은 것으로 나타나 그이전 시기 일시적으로 가문 전시액이 그만큼 늘어났다가 다시 이 수준으로 떨어진 것으로 된다.

예종 11년 자량이 송나라 사신으로 가면서 관직의 승진(원외랑 기준)이 있었다고 보이며, 수는 국자감 대사성 겸직문하성으로 승진하여, 가문 전시액은 모두 전 377결, 시 145결, 합 522결로 늘어난 것으로 추산된다. 이듬해 자량이 또 형부상서 지주사로 승진하여 모두 전 397결, 시 157결, 합 554결로 늘어났다.

예종 13년에는 자겸의 자 지미가 송나라의 사신(원외랑 기준)으로 가면서 새로 기록상에 참가하게 되어 모두 전 447결, 시 172결, 합 619결로 증가되었다. 이듬해 수가 상서우복야로 승진하여 모두 전 452결, 시 177결, 합 629결로 되었다.

예종 15년 공수의 자 지저가 직한림원으로 가문 과전지를 넓혀서 모두 전 482결, 시 182결, 합 664결로 늘어났다.

예종 16년에는 자겸의 자 공의가 새로 기록상에 나타나고 지미가 승진하여, 가문의 과전은 모두 전 542결, 시 203결, 합 747결로 넓어졌다. 특히 이 시기 가문 대표자 자겸에게 추성좌리공신호, 소성백 식읍 2,300호, 식실봉 300호의 작위가 수여되었다.

인종 즉위년 자겸은 협모안사공신 수태사 중서령이 되고, 소성후 식읍 5,000호, 식실봉 700호의 작위가 주어졌다. 이어 다시 작위명이 한양공으로 높아져서 불과 1년 사이에 작위가 급격히 상승하였다. 자겸이 가문의 대표자로 임명되고 있던 이 시기에 인주 이씨의 가세는 극성기를 향하여 급격하게 상승하고 있었으며, 이 변화를 추인하기 위하여 소성현, 경원군 내부에서 수용할 수 있는 최대한의 작위가 전년도에 주어졌던 것으로 보인다. 그것이 식읍 2,300호, 식실봉 300호였을 것이다. 식읍호 2,300호는 당시 경원군의 군세인 총호수 2,300호를 가리키며, 가문의 지배과전시(가문직영지) 총합 747결이 식실봉 300호로 반영되었던 것으로 보인다.

그런데 식실봉 300호로는 경원이씨 가문의 상승 추세를 수용할 수 없었다. 이제 인근 지역으로 세력 범위를 확장해갈 도리밖에 없게 되었다. 따라서 경원군을 둘러싸고 영역간 영속 관계의 변동이 이루어졌다. 경원군이 지인주사로 승격하고 당성군과 재양현 등 속군현을 두게 되었다. 그런데 이 영속관계의 재편도 한꺼번에 이루어진 것 같지는 않다. 인종 즉위년 시점에서 소성현 식읍 호수가 5,000호인데 비하여, 선초 당성군과 재양현의 총 전결수가 4,348결이며, 인천군 2,601결과 합하면 6,949결로서 약 7,000결 가까이 되어, 이는 호수 약 7,000호에 대응하기 때문이다. 이 숫자는 2년 후인 1124년(인종 2)의 자겸의 작위 조선국공 식읍 호수 8,000결에 가깝다. 그러니까 이 때의 읍호의 승격과 영속관계의 변동은 인종 즉위년~2년에 걸쳐 읍세의 변동을 점진적으로 추인하는 방향으로 움직였음을 알 수 있다.

한편 식읍 호수의 증가와 더불어 식실봉 호수가 700호로 상향 조정되어 이 시기 인주 이씨 가문의 총 과전 지배지 747결에 근접시키는 조처로서 단행된 것임을 알 수 있게 한다.

이 해에는 이 외에도 자량이 여러 차례에 걸쳐 형부상서 추밀원사로 승진하여 가문 지배 과전액은 모두 전 562결, 시 216결, 약 778결로 상승세를 지속하고 있었다. 이듬해 1123년(인종 원)에는 자량이 수사공 중서시랑평장사로 죽고, 지저는 전중내급사로 승진하여 다시 과전액은 전 492결, 시 181결, 총 673결로 낮아졌다.

인종 2년에 접어들면서 자겸이 양절익명공신 판이병부사 조선국공 식읍 8,000호 식실봉 2,000호로 책봉되고, 숭덕부와 의친궁을 설치하면서 왕에 버금가는 봉건 가문을 이루게 된다. 이 해에는 수가 금자광록대부 참지정사로, 지미가 비서감 추밀원부사로, 공의가 상서형부시랑으로, 식이 권지합문지후로 승진하였다. 또한 자겸의 아들 지언이 상서공부낭중, 지보가 상서호부낭중 지다방사, 지윤이 전중내급사, 지원이 합문지후로 기록상에 다시 등장하였다. 이리하여 가문의 과전액은 전 752결, 시 279결, 합 1,031결로 되어 식실봉 2,000호에 근접하려는 경향을 보여주고 있다.

인종 3년 자덕은 참지정사, 수는 참지정사 중서시랑평장사, 지미는 시예부상서 지추밀원사, 공의는 위위경으로 각각 승진하여 가문 전시는 모두 전 772결, 시 297결, 합 1,069결로 계속 넓혀졌다. 인주이씨 가문 대표자인 자겸에게는 토전, 노비가 따로 하사되고 중흥댁이란 명칭도 부여되었다.

이 해를 고비로 이듬해 자겸은 영광으로 유배되어 죽고 말았다. 그의 아들들도 지미는 합주, 공의는 진도, 지언은 거제, 지보는 삼척, 지윤은 부친을 따라 영광, 지원은 함종에 유배되었다. 이들 형제들은 인종 7년

한 곳에 모여살게 허락받고, 인종 말년 경에 곡 600석을 하사받기도 하였으며, 드디어 본관 인주로 옮겨 거주하게 했지만, 과전을 다시 되돌려 준 것 같지는 않다. 이 점은 인종 7년에 자겸의 제거에 공을 세운 척준경의 처자에게 직전을 환급하고 있는 점에서 방증된다. 또 이에 연루되어 중서시랑평장사 자덕은 홍주사로 폄출되고, 자원은 예빈경에서 수령직으로 폄출되었다가 곧 복직되었다.

한편 수는 이 과정에서 수훈은 세우고 공수로 개명하면서 개부의동삼사에 오르고, 자겸이 가지고 있던 가문 대표의 지위를 승계하여 상주국에 훈봉된다. 식도 원홍진수와 개성부사를 거쳐 권지합문지후로 승진한다. 이러한 조정 과정을 거친 뒤 인주 이씨 가문 지배 전시는 모두 전 387결, 시 150결, 합 537결로 대폭 낮아졌다. 인종 4년 공수는 문하시중으로 승진하고, 그 아들 지철은 산정도감판관으로 죽은 것으로 나타난다. 이를 계산하면 가문 전시는 모두 전 392결, 시 155결, 합 547결로 늘어났다.

인종 10년에는 지저가 예부시랑 국자사업으로 승진하여, 가문 전시는 모두 전 407결, 시 164결, 합 571결로 넓어졌다. 인종 12년 식이 호부원외랑으로 승진, 가문 전시가 모두 전 417결, 시 169결, 합 581결로 늘어났다. 인종 14년에는 식이 시어사 우사낭중으로 승진하고, 폄출되었던 자덕이 다시 참지정사로 등장하였다. 이리하여 가문 전시는 모두 전 417결, 시 170결, 합 587결로 재조정되었다.

이듬해 1137년(인종 15) 공수가 문하시중 치사로 죽음으로써, 가문 전시는 모두 전 317결, 시 70결, 합 387결로 줄어들었다. 1138년(인종 16) 지덕이 평장사로 죽었다. 반면 식이 여러 번 거쳐 상서우복야로, 지저도 어사대부 동지추밀원사로 승진하였다. 또한 공수의 아들 지무가 우사간 지제고로, 지의가 상사직장으로 새로 등장하였다. 자덕의 죽음으로 기록상에 나타나지 않는 같은 항렬의 자충과 자효도 이즈음은 사망했을 것으로 추측된다. 이렇게 계산하면 가문 전시는 모두 전 255결, 시 100결, 합 355결로 대폭 축소 조정되었다. 물론 기록의 미비 때문에 이 결과는 현상을 다소 급격하게 반영한 것으로 이해할 수 있다.

인종 20년 지저가 수사공 좌복야 판예부사로 승진하여, 가문 전시는 모두 전 260결, 시 105결, 합 375결로 늘어났다. 인종 22년에는 식의 아들 웅장이 새로 가세하여 가문 전시는 모두 전 290결, 시 110결, 합 400결이 되었다. 이듬해 지저가 죽어 중서시랑평장사로 추증되고, 지정이 차전중소감으로 가세하여 가문 전시는 다시 모두 전 270결, 시 84결, 합 354결로 축소되었다.

의종 2년 식은 우복야로 승진하고, 이듬해 오의 자 언림이 병부상서로 기록상 등장하여 가문 전시는 모두 전 350결, 시 119결, 합 469결로 다시 늘어났다. 의종 5년 언림이 상서우복야로 승진하는 한편, 식이 금자광록대부 참지정사로 죽음으로써, 가문 전시는 모두 전 270결, 시 84결, 합 354결로 줄어들었다.

의종 10년에는 지무가 평장사 태자태보로 승진되어 나타나고, 식의 자 웅구가 권지합문지후, 웅칭이 구복원관관, 웅장이 시합문지후 지개성부사, 웅의(혁유)가 상식직장동정으로 가세하여, 가문 전시는 모두 전 430결, 시 144결, 합 574결로 넓어졌다. 같은 왕 11년 언림의 아들 광진(원휴)이 공부낭중으로 새로 참여함으로써, 가문 전시는 모두 전 490결, 시 165결, 합 655결로 늘어났다. 같은 왕 23년 광진이 다시 시 병부상서로 승진하여 가문 전시는 모두 전 510결, 시 179결, 합 689결로 넓혀졌다.

2) 과전과 식읍의 관계 및 과전의 경영

위에서 인주 이씨 가문 구성원의 시기별 과전 수급 현황을 시계열적으로 살피면서 우리는 매우 흥미있는 사실을 발견하게 된다. 그것은 과전과 식읍 간에 아주 정연한 상관관계가 있을 개연성에 관한 것이다. 이 사실을 좀 더 자세히 보기 위하여 시기별 과전액과 훈계, 작위 관계 부분을 다시 정리하면 <표4>와 같다.

〈표4〉 시기별 과전과 훈계, 작위

구분	연도	과전(결)			이름	훈계 및 작위	비고
		전	시	합			
	1017 ?	<90> 100	<60> 70	<150>	허겸 한	상주국 식읍 1,500호	
개정전시과	1024	17		17			
	?	30	10	40			
	?	35	15	50			
	?	45	22	67			
	1031	50	25	75			
	?	55	30	85			
	1033	60	33	93			
	1034	60	33	93			
	1035	70	40	110			
	1040	85	55	140	자연	주국	
	1044	125	75	200			
	1047	130	80	210	자연	상주국	
	1049	130	80	210			
	1050	135	85	220			
	1051	135	85	220			
	1052	244	115	359			
	1055	249	120	369			
	1056	259	125	384			
	1058	259	125	384	자연	상주국 식읍 3,000호	
	1059	269	135	404			
	1060	269	135	404			

	1061	302	150	452	호	증상주국경원백	자연 죽음
	1062	307	155	462			
	1068	312	160	472			
	1072	337	180	517	정	주국	
	1075	347	190	537	정	상주국	
경정전시과	1077	364	91	455	정		정 죽음
	1081	374	96	470			
	1085	464	135	599			
	1086	499	143	642			
	1089	544	168	712			
	1090	549	173	722			
	1091	474	143	617			
	1094	494	143	637			
	1095	424	126	550			
	1096	499	156	655			
	1098	504	161	665			
	1099	514	166	680			
	1100	524	171	695			
	1101	529	176	705	오	주국	
	1103	534	181	715			
	1106	624	224	848	오	상주국	
	1107	534	179	713			
	1108	574	189	763			
	1109	589	198	787			
	1110	257	127	384	오		오 죽음
	1111	337	114	451			
	1112	342	119	461			
	1113				자겸	주국	
	1114	367	135	502			
	1115	367	135	502			
	1116	377	145	522			

1117	397	157	554			
1118	447	172	619			
1119	452	177	629			
1120	482	182	664			
1121	542	203	745		식읍 2,300호 식실봉 300호	
1122	562	216	778		식읍 5,000호 식실봉 700호	
1123	492	181	673			
1124	752	279	1031		식읍 8,000호 식실봉 2,000호	
1125	772	297	1069	자겸		자겸 죽음
1126	387	150	537	공수	상주국	
1128	392	155	547			
1131	392	155	547		상주국(치사)	
1132	407	164	571			
1134	417	169	586			
1136	417	170	587			
1137	317	70	387	공수		공수 죽음
1138	255	100	355			
1142	260	105	365			
1144	290	110	400			
1145	270	84	354	지저	(증평장사)	지저 죽음
1149	350	119	469			
1151	270	84	354	식	(참지정사)	식 죽음
1156	430	144	574	지무	(평장사)	
1157	490	165	655			
1169	510	179	689			

*<>안은 추증액. 허겸, 한은 추세만을 보이고, 누계에서는 제외하였음.

<표4>에서 먼저 우리는 훈계가 상당히 규칙적으로 주어지고 있다
는 사실을 발견한다. 그 기준은 동일 가문의 동일 세대에서 동 시기에는

꼭 한 사람에게만 주어진다는 것이다. 우선 허겸의 세대인데, 기록상 같은 세대원이 나타나지 않기 때문에 단언할 수는 없지만, 상서좌복야로 상주국이 추봉되고 있다. 허겸의 아들 한의 세대에는 기록상 확인되는 형제가 없을 뿐더러 한 자신에게도 훈계가 주어지지 않았다. 추측컨대 기록상의 누락이거나 확인되지 않는 다른 형제에게 부여되었을 가능성도 있다.

한의 아들 세대에는 자연과 자상 2인이 나타난다. 자연에게는 정종 6년 우산기상시와 더불어 주국이 부여되고, 문종 원년에 이르러 홍록대부 수사공과 아울러 상주국이 부여되었다. 자연은 문종 15년에 죽었다.

자연 세대의 아들 세대에는 자연의 아들 정, 적, 석, 의, 소현, 호, 전, 안 8인과 자상의 아들 예, 오 2인, 도합 10인이 있다. 이 세대에서는 먼저 장손인 정에게 문종 26년 참지정사 판삼사사와 더불어 주국이 주어졌다. 이어 문종 29년에는 중대부 중서시랑 동중서문하평장사 판상서병부사와 함께 상주국이 부여되었다. 문종 31년에는 대중대부 수태부 겸문하시중 상주국으로 죽는다. 숙종 6년 자연의 차남 오에게 참지정사와 더불어 주국이 주어져, 정이 죽고난 빈 자리를 메운 것같이 보인다. 예종 원년에는 문하시랑동평장사로 상주국이 부여되었다. 오도 예종 5년 사망하였다. 한편 이 시기에 같은 항렬 가운데 제6자인 호에게도 상주국이 부여된 듯한 기록이 있다. 즉 호의 외손인 김영석의 묘지를 보면 호가 경원군개국백 상주국으로 나타나고 있는데, 이는 자겸의 현달로 그의 부에게 작위와 훈계가 추층된 것일 것이다.

정, 오로 대표되던 이 세대의 아들 세대에서 이 자리를 차지한 사람은 정의 제6남 호의 장남인 자겸이다. 자겸에게 예종 8년 상서좌복야 검교사도로 주국이 주어지고 있다. 자겸의 상주국 부여 사실은 확인되지 않는데, 이는 기록 누락일 가능성이 클 것 같다. 혹은 그의 몰락으로 같은 항렬 공수에게 가문 대표격을 승계한 것일지도 모르겠다. 자겸도 인종

4년 영광에 유배되어 죽었다. 이 해에 공수에게 삼중대광 개부의동삼사 수태보 판이부사 수국사와 함께 상주국이 부여되고 있다. 인종 9년 다시 검교태사 수태부 문하시중 판이부사 개부의동삼사로 상주국을 띠고 있다. 공수도 인종 15년에 죽었다.

이 가문의 이후 세대에서는 훈계 부여 사실이 확인되지 않는다. 인종 23년에 죽어 평장사가 추증된 공수의 아들 지저나, 의종 5년 참지정사로 죽은 자효의 아들 식, 같은 왕 10년 평장사로 나타나는 공수의 아들 지무 등이 훈계 수여의 대상일 듯하나 기록상 확인할 수 없다.

아무튼 이상에서 우리는 허겸 – 자연 – 정 – (오) – 자겸 – (공수)로 이어지는 훈계 수여 사실을 발견하였다. 훈계는 동일 가문, 동일 세대, 동일 시기에 1인으로 한정되어 나타난다. 이 사실은 훈계가 가문의 대표자에게 승계되는 것을 강력하게 시사하는 것이다. 물론 이 추론은 겨우 인주 이씨 가문 하나의 분석에 의거한 것이므로, 사례 연구의 진행을 통한 계속적인 검증이 요구된다.

다음은 훈계와 작위의 관계이다. 이 관계만을 다시 표로 작성해보면 다음과 같다.

〈표5〉 훈계와 작위

이름	훈계	규정품계	작위		규정품계
허겸	상주국	정2품	소성현개국후 식읍1,500호		식읍1,000호 정5품
자연	상주국	정2품	경원군개국공 식읍3,000호		식읍2,000호 종2품
자겸	주국	종2품	소성군개국백 식읍2,300호 식실봉300호		
〃			소성후 식읍5,000호 식실봉700호		
〃			조선국공 식읍8,000호 식실봉2,000호		식읍3,000호 정2품

위의 표에서 보듯이 작위는 꼭 훈계를 가진 자에게만 수여된다. 허겸은 상서좌복야 상주국으로 소성현 개국후 식읍 1,500호를 부여받고 있

다. 자연도 개부의동삼사 수태사 겸중서령 감수국사 상주국으로 경원군 개국공 식읍 3,000호를 수여받았다. 자겸도 주국을 띠고서 소성군 개국백 식읍 2,300호 식실봉 300호, 소성후 식읍 5,000호 식실봉 700호, 조선국공 식읍 8,000호 식실봉 2,000호를 수여받고 있다. 정, 오, 공수는 훈계를 띠고서도 작위가 수여되지 않은 경우이다. 어떤 사정이 고려되었는지 현재로서는 불명이지만, 어쨌든 작위를 수여받은 자는 반드시 훈계를 가지고 있다.

위의 표에서 바로 알 수 있듯이, 훈계와 작위의 품계 사이에는 대응관계가 성립하지 않는다. 또 작위명과 식읍 호수 품계도 규정과 일치하지 않는다.[33] 그러나 이것이 훈계와 작위의 수여 사실을 부정하는 것이 아님은 앞에서 과전의 수급 현황을 살피면서 언급하였다. 실제 작위 품계 규정을 보면 시간의 흐름에 따라 변화하고 있고, 공민왕 조에는 전부 정1품으로 통일되었다가 곧 혁파되고 있다. 자료의 부족과 시기의 변화를 고려하면서, 이 기록의 의미있는 부분을 적극적으로 살려나가기로 한다.

---

33) ≪고려사≫ 백관지 훈, 작 관계 규정을 표로 보이면 다음과 같다.
'훈 규정'

?	2계	상주국	주국
문종		정2	종2
충렬왕	폐		

'작 규정'

?	5등	공	후	백	자	남
문종	정, 공후	국공	현후	현백	개국자	현남
		식읍3,000호	식읍1,000호	700호	500호	300호
		정2	정5	정5	정5	종5
		군공				
		식읍2,000호				
		종2				
충렬	폐					
1356		정1	정1	정1	정1	정1
1362	파					
1369	복					
1372	파					

다음으로 고려해야 할 사항은 식읍의 변화 추이이다. 앞의 경원군 읍세를 추정하면서, 고려초의 추정 전결수 1,700결을 단서로 하여, 이 식읍 호수가 당시 경원군의 실제 호수일 개연성을 열어두었다. 또 인주 이씨 가문 과전의 수급 현황을 시계열적으로 추적하면서 경원군, 인주 등 명칭 변화, 읍격 승격과 당성군, 재양현, 남경도호부 등과의 영속관계의 변화 등을 상정하여 두었다. 이제 이를 계통적으로 살피기 위하여 표를 작성해보자.

위의 표에서 먼저 식읍 호수의 변화 추세를 보면 1,500호, 3,000호, 2,300호, 5,000호, 8,000호로 그 중 3,000호를 제외하고 매우 정연한 증가세를 보인다. 이 3,000호는 상주국 경원군 개국공으로서의 자겸에게 주어진 것인데, 작위 규정 상으로 보면 식읍 2,000호 종2품으로 되어 있다. 규정 자체가 매우 헝클어진 모습을 보이기 때문에 규정을 원용하기는 다소 불안하지만, 적극적으로 채용해서 배치하면 증가세의 돌출 부분이 해결된다. 앞에서도 지적되었지만, 지인주사 시기 인주 자체의 호수 2,300호와 속군현 당성군, 재양현의 호수(=전결수) 4,348호를 합한 수 6,648호는 1122년 당시 식읍 호수 5,000호와 1124년 시점 식읍 호수 8,000호의 가운데 수로서, 속현 편입의 단계성을 반영하는 것으로 보면 좋겠다. 선초의 호수 2,500호는 우리의 추계치에 근거하여 기록상의 357호를 6, 7배수하여 정정한 것이다.

〈표6〉 읍세와 식읍

시기	읍호	전결수	호구수	식읍	영속현(읍호, 전결)
려초	소성현	1,700결			영현(과주, 3,128결)
1017	소성현		1,500호	1,500호	영현(과주, 3,128결)
1058	경원군		2,000호	3,000호(2,000호)	영현(수주, 5,296결)
1121	경원군		2,300호	2,300호	영현(수주, 5,296결)
1122	지인주사		2,300호	5,000호	속현(당성군, 재양현, 합4,348결)

| 1124 | 지인주사 | | 2,300호 | 8,000호 | 속현(당성군, 재양현, 합4,348결) |
| 선초 | 인천군 | 2,601결 | 2,500호 (357호) | | |

* 선초 인천군 호구수는 정정치. 괄호 안은 기록된 숫자.

  많은 추론이 동원되었기 때문에 앞으로 훨씬 많은 자료에 의해 추가 검증을 받아야한다. 잠정적으로 우리의 결론을 조심스럽게 제시한다면, 식읍 호수는 기본적으로 해당 작위명의 읍세(호구수)를 나타낸다는 것이다. 또한 해당 읍의 읍세가 자체의 자연적 한계를 넘으면, 속군현을 포괄하게 되고, 이 부분은 추가로 식읍 호수에 반영되고도 있었다.
  이제 식읍과 관련하여 식실봉과 과전의 문제를 살펴보고자 한다. 먼저 식읍, 식실봉, 과전 관계 자료를 정리하면 <표7>과 같다.

〈표7〉 식읍, 식실봉, 과전의 관계

시기	식읍	식실봉	과전
1017	1,500호		150결
1058	3,000호		384결
1121	2,300호	300호	745결
1122	5,000호	700호	788결
1124	8,000호	2,000호	1,031결

  얼핏 보아 우리가 여기서 찾아낼 수 있는 경향성은 식읍, 식실봉, 과전이 같은 방향으로 움직이고 있다는 사실 외에 별달리 없다. 자료의 한계를 인정하면서 적극적으로 숫자의 의미를 살려나가면, 우선 1122년의 식실봉 호수 700호와 이 시기 과전액 788결의 친연성이 눈에 띈다. 앞에서 보았듯이 이 시기는 경원군 읍세의 자연적 한계를 뛰어넘어 이웃 영역을 부속시키는 발전을 보이는 때이다. 그 전 해 식실봉 300호로는 이미 경원 이씨 가문이 확보하고 있던 과전에 745결을 수용하는 데 엄청

난 한계가 나타날 수밖에 없었을 것이다. 따라서 영역의 확대가 시도되었고, 그것은 가문 과전액을 보장할 수 있는 정도의 것이 기준으로 되지 않을 수 없었다고 하겠다. 이 사실은 가문 과전액이 지속적으로 증가하여 1,031결에 이르는 1124년의 식실봉 호수 2,000호가 이 추세를 반영하는 방향으로 설정되었을 개연성 속에서도 발견된다.

식읍과 식실봉 호수 사이에는 당연히 일정한 비례 관계가 애초 규정상에는 마련되고 있었음에 틀림없다. 당시 사서에 나타나는 자료만으로 판단하면, 그 원칙은 10 : 1의 비율이었을 개연성이 높다. 물론 시행상에는 무수히 많은 편차가 존재한다. 우선 이 원칙이 일정하게 반영되어 있다고 가정하고 다시 위의 자료를 보면, 1017년의 기록이 살아난다. 즉 식읍 1,500호의 1/10인 150호를 식실봉으로 잡으면, 이 숫자는 과전액 150결과 맞아떨어지는 것이다. 이렇게 전체 추세를 다시 살펴보면, 제시된 자료상의 식읍과 식실봉 사이에는 1/10 내지 1/8 정도의 비례관계가 확인된다.

이상의 고찰을 통하여 우리는 식실봉과 가문 과전액 간의 대응을 잠정적으로 가정하고자 한다. 물론 많은 자료에 의한 검증이 추가로 이루어져야 할 것이다.

이러한 한계를 안고 있지만, 훈계, 작위와 과전의 추세를 살피는 가운데 얻어진 결론은 다음과 같다. 첫째, 훈계, 작위는 동일 세대의 가문의 대표자에게만 수여될 뿐만 아니라 세대간에 승계된다. 둘째, 따라서 식읍 호수는 해당 작위를 받는 개인의 것이 아니고, 가문의 대표자 자격에 부여되는 것이며, 원칙적으로 해당 읍세로서의 호수 바로 그것이다. 읍세가 해당 읍의 자연적 한계를 넘어 발전할 때는 속읍을 설정하는 영역관계의 변동이 따르고, 그 수만큼 식읍 호수에 가산된다. 셋째, 식실봉도 작위 수여자 개인의 것이 아니고 그가 대표하는 가문의 것이며, 그 호수는 바로 가문 과전 총액을 경작할 수 있는 노동력을 가리킨다.

이러한 성격을 가지고 있는 과전은 해당 읍 총 전결수 중 어느 정도의 비율을 점하고 있으며, 이 과전은 어떻게 경영되고 있었던가? <표5>에서 보면 경원 이씨가 점하고 있는 과전은 실제 추계에 의하면 최고 1,074결, 식실봉 호수에 근거하면 2,000결에 이른다. 총 읍세 8,000호를 기준으로 해서 보면, 이 수치는 무려 13퍼센트에서 25퍼센트에 달한다. 인주 자체에서 허용된 것처럼 추론한 최대 식실봉 호수는 300호이며, 따라서 인주 자체 내에서의 가문 최대 과전액은 300결에 이른다. 이 수는 인주 최대 읍세인 호수 총 2,300호의 13퍼센트에 해당한다.

당시 농민 호구 당 실제 경작지는 1결에도 미치지 못하는 것이 실정이었다. 다소 시기가 떨어지지만 이색은 공민왕 원년의 상소문에서 다음과 같이 말하고 있다.

> 심지어 민이 하늘로 삼는 바는 오직 토지에 있을 따름입니다. 몇 무의 토지를 한 해 내내 힘써 갈아도, 부모 처자의 봉양과 양육도 오히려 부족합니다.[34]

이러한 직접 생산자의 형편에 비하면 인주 이씨 가문의 과전 지배액은 가히 천문학적인 숫자라 할 수 있다. 이 토지는 토지만이 주어지는 것이 아니었다. 이를 경작할 노동력이 식읍, 식실봉의 합법적 추인 하에 국가의 비호를 받으면서 확보되고 있었다. 말하자면 가문의 영지로서, 이들 토지는 이들 노동력을 동원하여 직접 경영되고 있었다. 이른바 직영지 경영이라는 것이다. 직영지 농민들은 노비나 타성 농민도 있었겠지만, 원천적 공급원은 인주 이씨 가문 내의 과전 비소유자(동시에 가문적 사적 소유자)로서의 가문 구성원이었을 것이다. 이것은 하등 이상할 것이 없다. 가문의 실력은 바깥에서보다 안에서 형성되기 시작할 것이기

---

34) 《고려사》 권 115 열전 28 이색전

때문이다.

이렇게 보아오면 가문 과전이야말로 사전의 가장 대표적인 지목일 수밖에 없다. 그리고 가문이 토지를 지배해가는 방식은 과전을 따로 제쳐두고, 다른 어떤 전장이나 식읍, 녹읍 등을 확보하는 것도 아니다.

사전은 규정상으로 전주와 전호 사이에 소출을 분반하는 것으로 되어 있다.[35] 이것은 말할 필요도 없이 지대이다. 지대는 단순히 경제적 관계에 의해서 성립하는 것이 아니다. 지금까지 살펴온 제반 가문적 지배 장치 위에서 비로소 실현되는 것이다. 바로 이런 의미에서 이른바 '경제외적 강제'가 실체를 획득하게 되는 것이다.

4. 맺음말 ― '가령지'의 음미

고려 초기 소성현은 그 읍세가 호구 약 1,500호, 간전 약 1,500결 정도의 읍이었다. 이 읍에는 이, 공, 하, 채, 전, 문 등 토성이 대소 가문을 이루어 농업생산을 바탕으로 생산활동을 영위하면서, 주현인 과주를 매개로 왕권을 정점으로 하는 중앙 정치 권력에 연결되어 있었다. 이 후 읍세는 2,000호, 2,300호로 성장하면서 경원군으로 승격되고, 계속하여 당성군, 재양현을 속현으로 거느리면서 총 호수 5,000호, 8,000호를 관리하는 지인주사로 발전해가고 있었다.

이 당시 고려 왕조 국가의 정치권력이란 문재(이재 포함)와 무력을 바탕으로 하여 전국의 모든 인민과 토지를 회계, 관리하고 국가 안팎으로 통제력을 행사하는 것이었다. 따라서 정치권력의 담당자는 문재와 무력을 기준으로 선발되고, 이 능력에 따라 인민과 토지에 대한 차등적인 관리, 통제권을 부여받았다.

---

35) ≪고려사≫ 권 115 식화지 1 조세 광종 24년 12월판, 예종 3년 6월판

그런데 어떤 시대에도 그러하였지만, 이 시대에도 개인은 고립된 존재는 아니었다. 그는 정상적으로는 가문의 일개 구성원으로서만 존재할 수 있었다. 가문의 구성원이 아닌 자는 원칙적으로 국가의 시민권을 획득할 수 없었다. 사정이 이러하므로 이 당시의 개인은 가문의 세력에 의하여 일차적으로 평가받을 수밖에 없었던 것이다. 그러나 그렇다고 하여 가문 구성원 개인이 가문에 전적으로 매몰되어 있는 것은 아니었다. 개인은 가문의 제약을 전제로 하면서도, 상대적 독자성을 갖고 그 한계를 넘어서기도 하며, 바로 이 때문에 가문 자체의 세력 변동이 발생하는 것이기도 하였다.

한편 당시 사회의 기초 산업인 농업 생산에서 가장 중요한 수단이었던 토지도, 이 시기 사회 운영의 기초 공동체인 가문의 존재를 바탕으로 해서만 사회적 의미를 획득할 수 있었다. 바로 이런 의미에서 토지의 명목적 소유주체는 가문이었지만 실제의 소유 주체는 가문 구성원 개인으로서의 사적 소유자였다. 이른바 '신분적 토지소유'는 '사적, 가문적 소유'의 다른 표현일 뿐이다.36)

요컨대 고려 왕조 국가에서 생산활동과 정치권력이 행사되는 기초 단위가 가문이었다. 그것은 본관과 세계를 씨줄과 날줄로 하여 성립하고 있었고, 가문 세력(가격, 족품)에 따라 대소, 상하의 구분이 있었다.

가문은 무엇보다도 먼저 생산활동의 기반이었다. 그런데 일정 정도 생산의 발전이 이루어지면, 이를 회계, 통제하는 역할이 파생하여 드디

---

36) 그러므로 구래의 한국에서의 토지 소유가 국유였느냐 사유였느냐는 해묵은 논쟁은 출발선에서부터 빗나가고 있었다고 할 수 있다. 그렇다고 중층적 소유가 이 문제를 해결하는 단서로 될 수는 없다. 실증의 문제는 제쳐 두더라도, 그 이론적 출발점인 '자기의 노동에 기초한 소유'와 '타인의 노동에 기초한 소유'라는 소유의 두 범주가 '노동의 이중성'이란 단초 모순 범주를 매개로 통일적으로 파악되고 있지 않기 때문이다. 물론 이 논의는 세계의 통일성이란 가설 위에서 출발하는 것이므로, 실증적, 실천적 검증을 통해서만 의미를 획득할 수 있다.

어는 독립적 모습을 갖추어가게 된다. 이른바 정치권력이 만들어지는
것이다. 가문 내부의 이러한 생산활동 종사자와 문무활동 종사자로의
분화는 생산력의 일정한 발전을 바탕으로 한 잉여생산물의 존재를 전제
로 하지 않을 수 없다. 그리하여 이 분화가 완성되는 시기에는 생산활동
종사자의 필요생산물과 문무활동 종사자의 잉여생산물로의 분화도 완
성된다.

이 잉여생산물은 가문 공동체를 회계하고, 통제하는 역할에 필요한
자력으로 분화되어 나왔지만, 곧 당연한 반대급부로서 독립하고, 급기야
생산활동의 필요에서 나왔으면서 거꾸로 이를 지배하는 통치 세력의 물
적 토대로 전화하게 되는 것이다. 고려 시대에 이 잉여생산물은 원칙적
으로 토지에서 나오는 농업생산물(조), 가호에서 만들어내는 수공업생산
물(포), 생산활동 종사자의 몸을 직접 동원하는 것(역)의 세 가지 형태를
띠고 있었다.[37]

고려 초기 소성현을 구성하고 있던 이씨를 비롯한 대소 가문의 모습
도 기본적으로는 이와 같았다. 정치권력이 행사되기 위한 잉여생산물의
실현체계는 촌전-수령-호부-삼사로 그물망처럼 짜여져 있었다.[38]

소성현에서 자리를 잡고 살기 시작한 기평이 소성수로 나아갔다가 이
를 근거지로 삼았다는 표현에서 드러나듯이 이 당시 경원 이씨 가문의
세력이란 기껏 통치조직의 말단인 촌전 = 수령에 참여하는 보잘 것 없
는 것이었다.

그러나 그들은 곧 이러저러한 경로(혼인, 입사, 군공 등)를 통하여 세
력을 넓혀갔으며, 점차 이 지역의 유력한 통치자로 두각을 드러내었다.
그리하여 현종 대에는 소성현의 식읍주로 떠오르고 있었다. 다시 말하
면, 이 지역 토지와 인민에 대한 회계와 통제의 대표자격으로 성장한 것

---

37) 《고려사》 권 78 식화지 1 담험손실 문종 4년 11월판 등
38) 《고려사》 권 78 식화지 1 동상조

이다. 물적 기반과 관련해서는 조, 포, 역을 확보하는 총책임자로 된 셈이다.

그런데 이 지역 통치자로서 등장할 수 있었던 기반은 역시 가문 내부 세력의 성장이었다. 그리고 이 성장의 물적 토대는 지배 권력의 통치 서열에 상응하는 과전을 제쳐두고 달리 있을 수 없었다. 결국 이 과전 지배액 만큼의 잉여생산물은 가문 내부에 축적될 수 있었던 것이다. 바로 이런 의미에서 우리는 과전이 면조지(더 정확하게는 조, 포, 역의 가문 내 위임지)라는 주장을 내놓았던 것이다. 이 과전 지배지는 따라서 해당 가문이 '실제로 먹도록 봉해진', '식실봉' 바로 그것이었다. 말하자면 '가문이 직접 영유하여 경영하는 토지' 즉 가령지, '봉건 영주의 직영지' 인 셈이다.

우리는 이상의 사실을 고려 전기 경원 이씨 가의 과전 지배액을 시계열적으로 통계, 분석함으로써 얻을 수 있었다. 자료의 한계 때문에 많은 추론이 따랐다.39) 이 점은 앞으로 사례 연구의 축적을 통하여 어느 정도 극복될 것으로 기대된다.

---

39) 자료 한계의 이유를 ≪고려사≫ 편찬자들은 전란으로 인한 인멸 때문이라고 한다. 물론 이것이 중요한 이유였을 것이다. 그러나 필자가 생각하기에는 이것은 단순한 기술적 이유에 불과하고, 보다 기본적인 이유는 사회적인 데 있었을 것 같다. 본고에서 논한 가령 지배의 '고전'적 모습은 고려 중후기를 지나면서 서서히 변질되어 ≪고려사≫가 편찬되는 선초에는 '순수'한 형태로 전화되고 말았다. 그 순수한 형태란 가문의 실체와 이념이 분리되는 것으로서, 한편에서는 가문의 불균등발전이 심화되면서 거대가문(거족)의 비대화가 촉진되고, 다른 한편에서는 '충, 효, 예' 등의 가문적 이념이 극도로 형해화된 형이상학적, 관념적 모습으로 발전해가는 것이었다. 이러한 시대 상황 속에서 고려 전기의 시대상이 올바로 비춰질 수 없었을 것은 당연하다. 이래서 일정 세대를 경과한 객관화 작업이 필요하게 되는 것이기도 하다.

〈부표 1〉 본관읍세와 연혁

1. 인주

1413	四境(里)	戶	口	墾田(水田)	부속도서
	동;안산45리 서 남;대해7리 북;부평10리	호357 (梨浦4併) 구1412 侍1 船172	토성;이.공.하.채. 전.문 내성;박(경성) 망래성;최(정주)	전2601결 (3/7) 대지제;漑110결	자연도30여호 (水軍,牧子,鹽夫) 삼목도30여호 용류도20여호 사탐도5,6호

* ≪고려사≫ 병지(仁州道內 보승 194인 정용 187인 일품 227인) : 이하 같음

본	고구려	매소홀현 (미추홀)				
경덕		소성				
	율진군	영현				
1018	수주	임내				
숙종	경원군	陞, *황비 인예태후 이씨 내향				
인종	지인주사	*황비 순덕왕후 이씨 내향				
	속군1 현1				당성군	재양현
1389		賜,주호장 紅鞓 陞				
1390	경원부					
1392	인주					
1413	인천군 부곡1		이포 只,4戶			

2. 당성군

1413	남양도호부 동;수원15리 서;화지량30리	호487 구778	본부 토성;홍.송.방.박 최.서	전4348결 (3/8)	대부도100 (左道船軍

남;수원임내쌍부20리 북;안산10리	시2 선145	망성;오 재양 토성;손·윤·신·우 내성;서(안산) 속성;전 첨의중찬 경흥군 충정공 홍자번 첨의중찬 광정공 홍문계 첨의정승 남양후 문정공 홍언박	營, 鹽戶4) 소우도(2) 영흥도(5) 오음도5

본 경덕	고구려	당성군 당은군				
		영현2	차성현	(진위현)		
려초 1018 後 1172 1290 後 1308 1310 조선 1413	 수주 인주 지익주사 강령도호부승 익주목 태,제목	당성군 속군 來屬 감무 陞 *홍다구내향 陞 陞 남양부 因 도호부				
		속현	재양			

* 진위현 : ≪삼국사기≫에는 당은군 영현으로, ≪고려사≫에는 수성군 영현으로 기재

3. 재양현 → 2. 당성군

古 1018 後	· 수주 인주	안양현 재양현 임내 내속

4. 안남도호부 수주

안남도내　　보승 159인 정용 292인 1품 282인

1413	부평도호부 동;양천12리 서;대해10리 남;인천10리 북;김포10리 亡;黃魚鄕	호429 구954 시20 선128	토성;김.이.류.형.손. 최.진 내성;조.류.윤 망성;손 망래성;정 속성;김(今, 鄕吏)	전5296결 肥瘠相半

本 경덕	고구려	주부토군 장제군					
		영현4	수성현	김포현	동성현	분진현	
려초 995 1005 1018 1150		수주 단련사 罷 지주사 안남도호부					
		속현6	수안	김포	동성	통진	공암	검주
1215 1308 1310 1413	길주목 汱,諸牧	계양도호부 陞 부평부 도호부					
		영도호부1 영군2 영현4	인천	해풍 김포	동성 교동	강화 통진	양천

5. 과주

1413	과천현감 동;광주11리 서;검천10리 남;광주지경 지석19리 북;한강25리	호244 구743 시21 선70	토성;손.이.전.변 망성;신.안.최	土瘠 전3128결 (1/3強)

본	고구려	율목군 (동사힐) 율진군				
경덕						
		영현3			곡양현	공암현	소성현
려초 991 1018 후 ?	별호 광주목 號	과주 부안 내속 감무 부림				
? 1284		(屬)	용산처 陞,부원현			
1413	과천현감					

6. 광주목

광주도내   보승 258인 정용 546인 1품 536인

1018	광주목				
	동;양근용진30리	호1436	*토성;이.안.김		비척상반
	서;過,과천 수원계	구3110	*가속성;박.노.장		전16269결
	至,성관85리	시122	*망성;윤.석.한.지.소		(1/4강)
	남;이천양지45리	선263			
	북;양주11리	*雜色,土丁			

본 B.C.18	고구려 백제 都,위례성	한산군						
B.C.7 B.C.6		漢山下 남한산성 遷都 移都						
370								
	남평양성 (북한성)							
문무 (664)	신라	한산주 일장성 (주장성)						
후 (670)		남한산주						

757	?	한주					
		영현	황무현 거서현				
940		광주					
983	12목	광주목					
991	별호	회안					
995	12주						
	절도사	봉국군					
	관내도	屬					
1012		안무사					
1018	8목	광주목관					
?		속군4	이천군, 천령군, 죽주, 과주				
		현3	용구현, 양근현, 지평현				
조선	영도호부1		여흥				
	영군1		양근군				
	영현6		이천, 천령, 과천, 지평, 음죽, 금천				

〈부표 2〉 시기별 과전수급 현황

연도	세대	이름	관력	과전액수			훈계 및 작위(비고)	가문 과전 총합	
				전	시	합		수급 대상자	액수
?	?	기평	병마사 대광	·	·	·			
1017	1	허겸	상서좌복야	<90>	<60>	<150>	상주국 소성후 식읍1500호	허겸	<150>
?		"	증 상서좌복야 태자태부	<90>	<60>	<150>			
?	2	한	상서우복야	<90>	<60>	<150>		한	
		"	(상서좌복야 태자태보)	<90>	<60>	<150>			
		"	중추부사 이부시랑	75	45	120			
		"	증 사공	?	?	?			
		"	증 문하시중	<100>	<70>	<170>			
1024	3	자연	을과급제	17	0	17		자연	75
?			양온령 어서유원관 직사관	30	10	40			
			비서성교서랑						
?		"	감문위 녹사 참군사	35	15	50			
?		"	감찰어사	45	22	67			
?		"	우보궐 지제고 사비	50	25	75			
1031		자연	우보궐 중추원 우부승선 사금자	50	25	75		자연	85
?			형부, 이부원외	55	30	85			
1033		자연	형부낭중 어사잡단 우승선	60	33	93		자연	93
1034		자연	기거주 어병여고	60	33	93			
1035		"	급사중	70	40	110			
		"	조청, 조의대부	(70)	(40)	(110)	주국		
1040		"	지중추원사 우산기상시	85	55	140		자연	140

1042		〃	중추부사 여여고	(85)	(55)	(140)			
		〃	??대부	(85)	(55)	(140)			
1044	4	정	내고부사	(40)	(20)	(60)		자연, 정	200
1046	3	자연	검교 상서우복야	80	50	130			
1047			이부상서	85	55	140		위와 같음	200
1047	3	자연	참지정사	90	60	150			
1047			판상서예부사 홍록대부 수사공 서경유수사	(90)	(60)	(150)	상주국	위와 같음	210
1047	4	정	예빈성 주부	40	20	60			
1049	3	자연	수사도	(90)	(60)	(150)			
1049	4	정	합문지후	40	20	60			
1050	3	자연	내사시랑평장사 특진 검교?? 판상서형부사	95	65	160		위와 같음	220
1051	3	자연	내사시랑	95	65	160			
1051	3	자연	개부의동삼사	(95)	(65)	(160)		위와 같음	220
1052	3	자연	수태위	95	65	160	(연덕궁주)	자연, 정, 의,	
1052	4	정	상서고공원외랑 지양주	55	30	85		호, 전	359
1052	4	의	군기주부	40	20	60			
1052	4	호	9품직	(27)	(0)	(27)			
1052	4	전	9품직	(27)	(0)	(27)			
1053	3	자연	문하시랑평장사	95	65	160			
1054	3	자연	태부	(95)	(65)	(160)			
1055	3	자연	문하시중 판상서이부사	100	70	170		위와 같음	369
1055	4	정	상서호부원외랑	55	30	85			
1056	4	정	정랑 검사비어	(55)	(30)	(85)			
1056	4	정	위위소경 지합문사	65	35	100		위와 같음	384
1058	3	자연	문하시중 식목도감사 개부의동삼사 수태사 겸중서령 감수국사 추성좌세보사공신	100	70	170	상주국 경원군 개국공 식읍 3000호		
	3	자상	증사재경	\<75\>	\<45\>	\<120\>			
	3	자상	증상서우복야	\<90\>	\<60\>	\<150\>		위와 같음	384
1059	4	정	상서우승	75	45	120		위와 같음	404
1060	4	정	상서이부시랑 사자금어대	75	45	120		위와 같음	404
1061	3	자연	중수태사 중서령	100	70	170	(죽음)	정, 의, 호,	452
1061	4	정	검교위위경 행상서우승 지합문사	75	45	120		전, 적, 석,	(502)
1061	4	적	전중소감	65	35	100		(안)	
1061	4	석	예부원외랑	55	30	85			
1061	4	의	합문지후 양주사	40	20	60			
1061	4	호	상식직장동정	40	20	60	증상주국 경원백		
1061	4	안	예빈주부동정	35	15	50	(죽음)		
1062	4	정	전중감 지상서이부사	80	50	130		위와 같음	462
1064	4	정	동지추밀원사 겸삼사사	80	50	130			
1068	4	정	우산기상시	85	55	140		위와 같음	472
1070	4	정	호부상서 중추원사 권서경유수사	85	55	140			

1071	4	정	이부상서	85	55	140				
1072	4	정	참지정사 판삼사사	90	60	150	주국			
1072	4	석	병부시랑	75	45	120		위와 같음	517	
1074	4	정	권서경유수사	90	60	150				
1075	4	정	중서시랑 동중서문하평장사	95	65	160	상주국			
			중대부 판상서병부사	(95)	(65)	(160)				
1075	4	정	겸서경유수사	(100)	(70)	(170)				
			대중대부 수태위 겸문하시중	100	70	170		위와 같음	537	
1077	4	정	수태사 겸문하시중	100	50	150	(죽음)	의, 호, 전,		
1077	5	자인	합문지후	40	10	50		적, 석, 자		
1077	5	자의	경시서승	30	5	35		인, 자의,		
1077	5	자충	상서호부주사	22	0	22		(자충, 자	398	
1077	5	자효	양온령	30	5	35	(병부낭중)	효)	(455)	
1081	5	자인	시어사	50	15	65		위와 같음	470	
1083	5	자인	시어사	50	15	65				
1085	5	자인	병부시랑 우간의대부	70	27	97		의, 호, 전,	599	
1085	4	예	상서예부시랑	70	27	97		적, 석, 예,		
								자인, 자의,		
								자충, 자효		
1086	5	자인	간의, 상서좌승	75	30	105		의, 호, 전,	642	
1086	4	예	예부시랑	70	27	97		적, 석, 예,		
	5	수	양온령	30	5	35		자인, 자의,		
1086	5	수	궁전고관관 금오위녹사	30	5	35		자충, 자효,		
								수		
1087	4	예	한림학사	70	27	97				
1088	5	자인	전중감 중추원부사	75	30	105				
1089	5	자의	태복경	75	30	105		위와 같음	712	
1090	5	자의	호부상서	80	35	115		위와 같음	722	
1091	5	자인	중추원사	75	30	110	(죽음)	의, 호, 전,	617	
								적, 석, 예,		
								자의, 자충,		
								자효, 수		
1092	4	예	동지중추원사	70	27	97		의, 호, 전,	637	
1093	4	예	중추원사 한림학사승지	70	27	97		적, 석, 예,		
1094	5	자의	지중추원사	80	35	115		자의, 자충,		
1094	6	식	상서호부서령사	20	0	20		자효, 수, 식		
1095	4	예	정당문학 형부상서	80	35	115	(파면)	의, 호, 전,	550	
1095	5	자의	중추원사	80	35	115	(피참)	적, 석, 예,		
1095	6	작	주부	30	5	35	(피주)	자충, 자효,		
								수, 식		
1096	4	오	직문하성	75	30	105		의, 호, 전,	655	
								적, 석, 예,		
								오, 자충,		
								자효, 수, 식		
1097	4	오	예부경 추밀원부사	75	30	105				
1098	4	오	태자빈객	80	35	115		위와 같음	665	

1099	4	오	예부상서	80	35	115			
1099	5	수	좌습유	40	10	50		위와 같음	680
1100	5	수	전중내급사 황주통판	50	15	65			
	5	수	서경유수관관	(50)	(15)	(65)			
	5	수	시예부원외랑	50	15	65		위와 같음	695
1101	4	오	정당문학, 참지정사	85	40	125	주국	위와 같음	705
1102	4	오	판상서호부사	(85)	(40)	(125)			
1103	4	오	중서시랑평장사	90	45	135		위와 같음	715
1104	4	오	중서시랑평장사	90	45	135		의, 호, 전, 적, 석, 예, 오, 자충, 자효, 수, 자겸, 식	
1105	4	오	문하시랑동평장사	90	45	135			
1106	4	오		90	45	135	상주국		
1106	4	예	형부상서 치사	80	35	115			848
			중서시랑평장사	90	45	135			
1106	5	수	좌사낭중	60	21	81			
	5	수	비서소감	65	24	89			
1106	5	자겸	시어사중승	65	24	89			
1107	4	오	중서시랑평장사	90	45	135		의, 호, 전, 적, 석, 오, 자충, 자효, 수, 자겸, 식	
?	4	예	중서시랑평장사	90	45	135	(죽음)		713
1107	5	자겸	급사중	65	24	89			
1108	5	자량	감찰어사	40	10	50		의, 호, 전, 적, 석, 오, 자충, 자효, 수, 자겸, 자량, 식	763
1109	4	오	재상	90	45	135			
1109	5	수	병부시랑	70	27	97			
1109	5	자겸	예빈경 추밀원부사	75	30	105		위와 같음	787
1110	4	오	문하시랑평장사	90	45	135	(죽음)	자충, 자효, 수, 자겸, 자량, 식	
1110	5	자겸	전중감 동지추밀원사	75	30	105			384
1111	5	자덕	형부시랑	70	27	97		자충, 자효, 수, 자겸, 자량, 자덕, 식	
1111	5	자겸	어사대부	80	35	115			451
1111	5	자겸	검교사공 형부상서	80	35	115			
1112	5	자겸	참지정사	85	40	125			
1112	5	수	예부시랑	70	27	97		위와 같음	461
1113	5	수	병부 예부 우간의대부	70	27	97			
1113	5	자겸	상서좌복야	85	40	125	주국		
1114	5	자겸	중서시랑동중서문하평장사 개부의동삼사	90	45	135			
1114	5	수	조산대부 위위경	75	30	105			
1114	6	식	경령전관관 경시서승	30	5	35			
			시사재주부	35	8	43		위와 같음	502

1115	5	수	비서감 지형부사	75	30	105			
1115	5	자겸	수태위 익성공신	90	45	135			
1115	6	지간	양온령동정	30	5	35	(죽음)	위와 같음	502
1116	5	자겸	문하시랑 동중서	90	45	135			
1116	5	자량	송, 사사대성악사	(50)	(15)	(65)			
1116	5	수	국자감 대사성 겸직문하성	80	35	115		위와 같음	522
1117	5	수	우산기상시 동수국사	80	35	115			
1117	5	자겸	문하시랑평장사	90	45	135			
1117	5	자량	형부시랑 지주사	70	27	97		위와 같음	554
1118	5	자겸	판이부사	90	45	135		자충, 자효,	
1118	5	수	공부상서	80	35	115		수, 자겸, 자	
1118	6	지미	송, 사사권적등제과	(50)	(15)	(65)		량, 자덕, 식,	619
								지미	
1119	5	수	이부, 우복야	85	40	125			
1119	5	자겸	삼중대광 동덕공신	(90)	(45)	(135)		위와 같음	629
1120	5	자겸	평장사	90	45	135		자충, 자효,	
1120	5	자량	지주사	70	27	97		수, 자겸,	
1120	5	수	좌복야 잉동수국사	85	40	125		자량, 자덕,	664
1120	6	지저	직한림	(30)	(5)	(35)		식, 지미,	
								지저	
1121	5	수	서북면병마사	(85)	(40)	(125)		자충, 자효,	
1121	5	자겸	추성좌리공신	90	45	135	소성백 식읍2300호	수, 자겸,	
							식실봉300호	자량, 자덕,	745
1121	6	지미	진, 직	(60)	(21)	(81)		식, 지미,	
1121	6	공의	진, 직	(50)	(15)	(65)		지저, 공의	
1122	5	자덕	동북면병마사	(70)	(27)	(97)			
1122	5	자겸	협모안사 수태사중서령	100	50	150	소성백 식읍500호		
							식실봉 700호		
1122	5	자겸					한양공		
1122	5	자량	추밀원부사 겸태자빈객	80	35	115			
			형부상서 추밀원사					위와 같음	778
1123	5	자덕	추밀원부사	(70)	(27)	(97)		자충, 자효,	673
1123	5	자겸	판사경유수사	(100)	(50)	(150)		수, 자겸,	
1123	5	자량	수사공 중서시랑평장사	90	45	135	(죽음)	자덕, 식,	
1123	6	지저	전중내급사	50	15	65		지저, 지미,	
								공의	
1124	5	자덕	공부상서 지추밀원사	80	35	115		자충, 자효,	1031
1124	5	자겸	태사 중서령	100	50	150	(모상, 거위, 조유)	수, 자겸,	
1124	5	자겸	양절익명공신 판이병부	100	50	150	조선국공 식읍8000	자덕, 식,	
							식실봉 2000호	지저, 지미,	
							(숭덕부, 의친궁)	공의, 지언,	
1124	5	수	금자광록대부 참지정사	85	40	125		지보, 지윤,	
1124	6	지미	비서감 추밀원부사	75	30	105		지원	
1124	6	공의	상서형부시랑	70	27	97			
1124	6	지언	상서공부낭중	60	21	81			
1124	6	지보	상서호부낭중 지다방사	60	21	81			
1124	6	지윤	전중내급사	50	15	65			

1124	6	지원	합문지후	40	10	50			
1124	6	식	도압아 권지합문지후	40	10	50			
1125	5	자덕	참지정사	85	40	125			
1125	5	수	참지정사 중서시랑평장사	90	45	135			
1125	5	자겸		100	50	150	(사, 토전, 노비)		
							(중흥대)		
1125	6	지미	시예부상서 지추밀원사	80	35	115			
1125	6	공의	위위경	75	30	105		위와 같음	1069
1126	5	자덕	중서시랑평장사	90	45	135	(폄, 홍주사)	자충, 자효,	537
1126	5	자겸		100	50	150	(유, 영광, 사)	공수, 자덕,	
1126	5	자원	예빈경(사재경 지어사대사)	75	30	105	(폄, 수령)	자원, 식,	
1126	5	수	평장사	90	45	135		지저	
1126	5	공수	개부의동삼사	(90)	(45)	(135)	상주국		
1126	6	지미	판추밀원사	80	35	115	(유, 합주)		
1126	6	공의		75	30	105	(유, 진도)		
1126	6	지언		60	21	81	(유, 거제)		
1126	6	지보		60	21	81	(유, 삼척)		
1126	6	지요		50	15	65	(유, 영광)		
1126	6	지원		40	10	50	(유, 함종)		
1126	6	식	수, 원흥진, 개성부 권지합문지후						
				40	10	50			
1127	5	공수	판이부사 감수국사	90	45	135			
1128	5	공수	문하시중	100	50	150			
1128	5	자겸	검교태사	<100>	<50>	<150>	중한양공		
1128	6	지저	승선	50	15	65			
1128	6	지철	산정도감판관	?	?	?	(죽음)	위와 같음	547
1129		지미	형제				(취거, 일처)		
1130	5	공수	문하시중	100	50	150			
1131	5	공수	문하시중 치사	100	50	150			
			추충위사동덕공신						
			개부의동삼사				상주국		
1132	6	지저	예부낭중 국자사업	65	24	89		위와 같음	571
1134	6	식	호부원외랑	50	15	65		위와 같음	586
1135	6	식	시어사	50	15	65			
1135	6	지저	중서사인	65	24	89			
1136	5	자덕	참지정사	85	40	125			
1136	5	자겸	검교태사	<100>	<50>	<150>	중한양공		
1136	6	지저	좌승선	65	24	89			
1136	6	식	시어사 우사낭중	60	21	81		위와 같음	587
1137	5	자덕	참지정사 태자소보	85	40	125		자충, 자효,	387
1137	5	공수	문하시중 치사	100	50	150	(죽음)	자덕, 자원,	
								식, 지저	
1138	5	자덕	평장사	90	45	135	(죽음)	식, 지저,	355
1138	6	식	수, 광주목, 지, 남경유수	?	?	?		지무, 지의	
			이부낭중 겸태자세마	60	21	81			
			조산대부 시위위경	75	30	105			
			조의대부 형부상서	80	35	115			

연도			관직						
			상서좌복야	85	40	125			
1138	6	지저	조산대부 상서좌승	75	30	105			
1138			어사대부 동지추밀원사	80	35	115			
1138	6	지무	우사간 지제고	(50)	(15)	(65)			
1138	6	지의	상사직장	40	10	50			
1139	6	지저	지추밀원사	(75)	(30)	(105)			
1140			예부상서	80	35	115			
1141			정당문학 판한림원사	(80)	(35)	(115)			
1141	6	지무	금, 사하생신사	(50)	(15)	(65)			
1142	6	지저	수사공좌복야 판예부사	85	40	125		위와 같음	365
1143	6	지저	참지정사 판서경유수사	85	40	125		식, 지저, 지무, 지의, 응장	400
1144	7	응장	중연	(30)	(5)	(35)			
1145	6	지저	중중서시랑평장사	90	45	135	(죽음)	식, 지무, 지의, 지정, 응장	354
1145		자겸	아식				(사, 곡 600석)		
1145	6	지정	차전중소감	65	24	89			
1146		자겸	아식				(사치, 인주)	언림, 식, 지무, 지의, 지정, 응장	469
1148	6	식	우복야	85	40	125			
1148	6	지무	우간의대부	(50)	(15)	(65)			
1148	7	응장	감세사	(30)	(5)	(35)			
1149	5	언림	병부상서	80	35	115			
1150	5	언림	공부상서	80	35	115		언림, 지무, 지의, 지정, 응장	354
1151	5	언림	상서우복야	85	40	125			
1151	6	지무	지어사대사	(50)	(15)	(65)			
1151	6	식	금자광록대부 참지정사	85	40	125	(죽음)		
1156	6	지무	평장사 태자태보	90	45	135		언림, 지무, 지의, 지정, 응구, 응청, 응장, 응의	574
1156	7	응구	권지합문지후	40	10	50			
1156	7	응청	구복원판관	(30)	(5)	(35)			
1156	7	응장	시합문지후 지개성부사	40	10	50			
1156	7	응의	상식직장동정	40	10	50	(혁유, 중서시랑 평장사)		
1157	6	광진	공부낭중	60	21	81		언림, 지무, 지의, 지정, 광진, 응구, 응청, 응장, 응의	655
1157	6	지무	평장사 감수국사	90	45	135			
1161	7	응장	합문지후	40	10	50			
1162	6	지무	판상서이부사	(90)	(45)	(135)			
1162	7	응장	병마관관	(40)	(10)	(50)			
1165	6	지무	문하시랑 동중서	90	45	135			
1165	7	응장	지, 황주목	(40)	(10)	(50)			
1169	6	광진	시병부상서	80	35	115		위와 같음	689
1170	6	광진	추밀원사 동지추밀원사	80	35	115	(원휴, 중서시랑평장사)		
1172	7	응장	시어사	50	15	65			

* 과전 액수의 단위는 결, ( )안은 추정치, < >안은 후대 추증치이다. 추증액은
  추세만을 보이고, 누진 계산에서는 제외하였다.
* 비고란에 보이는 관직은 기록에는 보이지만 연대가 확인되지 않는 해당 인물의 최
  고 관직이다. 그 차액이 누계에서 제외되고 있으므로, 총 가문 과전액은 그만큼
  과소 평가된다.

부도 1. 세계도

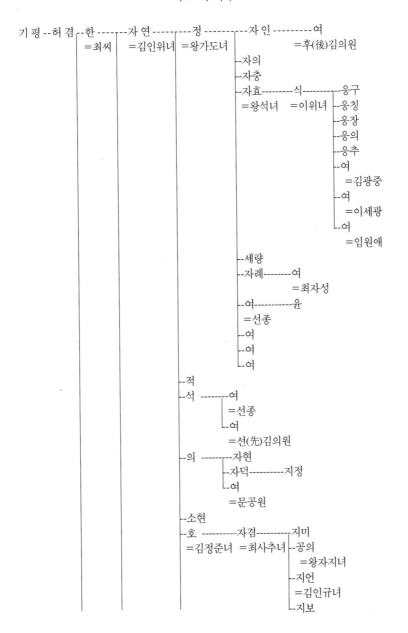

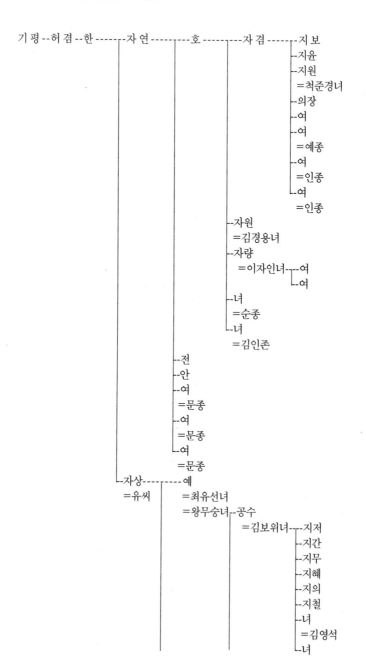

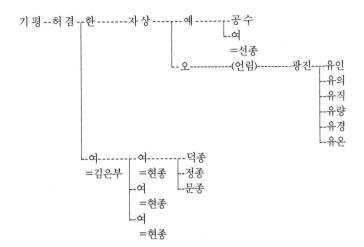

제4장

양반전 지배 구조 하 한단가문의 존재 양태

– 군포지역의 사례

　이 장에서 다루어지는 시간대는 대략 10세기부터 14세기까지의 고려 역사이고, 그 공간은 오늘날 군포시에 해당하는 지역이다. 채워질 내용은 그 시공간을 구성하고 있던 자연환경과 인간집단 사이의 상호교류의 흔적이 될 터이다. 이른바 인간 삶을 영위하는 데 필요한 생산, 권력, 풍습, 신앙 등이 당시 국가의 보편적 원리에 근거하여 이 지역에서 특수하게 전개된 양상을 보여주는 것이다.

　현대로부터 시간적 거리가 멀어질수록 이들의 모습을 구체적으로 설명하는 자료가 불충분하여 그것을 제대로 보여주는 데 한계가 커진다. 이 때문에 단편적으로 전하는 자료를 실상에 가깝게 읽어서 전체의 모습을 그려내기 위해서는 그 시공간의 특성을 체계적으로 이해하는 과학적 접근방법이 필요하게 된다.

　우선 첫 번째로 고려라는 시대적 특성을 가늠하는 기준으로 왕조국가라는 틀을 가져올 수 있다. 우리 역사에서 왕국은 크게 신라, 고려, 조선으로 이어졌고, 그 기초에는 가문이 있었다. 그리고 그 가문은 당시 주산업이었던 농업생산수단인 토지 영역으로서의 지역 근거인 본관(本貫)과 사회관계 속에서의 출신을 표현하는 혈연 계보인 세계(世系)로 구성되어 있었다. 고려시대의 군포에 대한 논의도 이 가문을 근거로 전개해야 함은 물론이다.

　둘째로 오늘날의 군포시라는 행정구역 내에 있는 자연환경에 대한 전통적인 인문지리적 이해체계를 끌어올 수 있다. 이에 의하면 우리나라의 산줄기는 백두산에서 지리산에 이르는 백두대간이 중심이며, 여기서 갈라져 나온 산줄기는 모두 14개인데(1정간 13정맥), 이것들은 10개의 큰 강인 압록강, 두만강, 청천강, 대동강, 예성강, 임진강, 한강, 낙동강, 금강, 섬진강을 구획하는 울타리가 된다. 이를 그린 산경도를 자세히 보면, 우리나라 고대국가의 경계와 중세이후 지방경계가 정맥과 대간으로 구획되는 하나의 강의 수역을 따라 이루어졌음을 알 수 있다.

먼저 첫 번째 잣대인 가문을 찾아보면, 이 지역에서 고려 전체시기에 걸쳐 기록상으로 뚜렷한 흔적을 발견할 수 없다. 고려시대는 일반적으로 무신정권을 경계로 전기와 후기로 나누어진다. 이 지역에 근거를 둔 특정 세력이 고려전기 유력가문인 문벌귀족이나 후기의 권문세족 어디에도 족보를 올리고 있지 않는 것으로 보아, 당시 고려국가의 봉건적 사령지(私領地)의 외곽에 광범하게 존재하던 공전지역인 이른바 한단가문의 거주 지역이었던 것 같다.

이들 한단가문에 영향력을 미쳤을 것으로 보이는 유력 가문의 존재를 확인하기 위하여 두 번째 잣대인 전통적 자연지리 구분에 따르면 군포시는 한강수역에 속하는 한남정맥 상에 위치하고 있음을 알 수 있다. 한남정맥은 안성의 덕성산에서 김포의 문수산에 걸쳐 있는데, 그 중 의왕과 안산·시흥 사이 오봉산, 감투봉, 수리산, 수암봉 구간을 중심 뼈대로 하여 동쪽으로는 한강수계, 서쪽으로는 서해안권으로 구획되어 있다.

후삼국기와 고려 초·전기 한강수계의 한남정맥 쪽에는 광주(廣州)로 대표되는 왕규 가문을 비롯하여 금주의 강씨(강감찬), 이천의 서씨(서희), 수안의 윤씨(윤징고) 등이, 한강 건너 비교적 근접한 한북정맥 쪽에는 양주의 한씨(한인경), 항양의 함씨(함규), 풍양의 조씨(조맹), 견주의 이씨(흠률) 등이 있었고, 한남정맥의 서해안권에는 수주, 인주, 안산으로 대표되는 최씨(최사위), 이씨(이자연), 김씨(김은부) 가문이 있었다. 초기 왕실 외척 가문이었던 광주 왕규 세력이 몰락한 뒤, 전기 내내 외척으로서 최대 문벌가문으로 성장했던 인주 이씨를 비롯하여 안산 김씨, 공암 허씨는 무신란 이후까지도 일정한 세력을 유지하였으며, 고려 후기에는 당성 홍씨, 황려 민씨, 행주 기씨 등이 새롭게 성장하고 있었는데, 이들 세력의 소장성쇠가 군포지역에 정치경제적 영향력을 행사했을 것이다.

이러한 커다란 흐름을 따라 다음에서 고려 시대 군포 지역의 사회적 동향을 부조적으로 조감해 보기로 하자.

1. 후삼국의 통일과 고려 초기

군포 지역의 인문적 특성에 영향을 주는 일차적 요인으로 한강수역이란 자연지리에 수놓아진 역사상을 주목하는 것은 자연스럽다. 한강수역이라 하면 얼른 오늘날의 서울, 경기, 인천 등 수도권을 연상하지만, 실제 북한강을 구획 짓는 한북정맥은 백두대간 추가령에서 시작하고, 남한강의 최남단은 한남정맥을 따라 한남금북정맥이 시작하는 백두대간 속리산에까지 미치므로, 실제 그 범위는 경기도는 물론, 강원도, 충청북도를 포함하는 우리나라 중부지역 거의 전부를 지칭하는 것으로 볼 수 있다.

이 지역 중 광주 삼리, 남양주 호평동 등에서 구석기 유적이 존재할 뿐 아니라, 역사시대에 들어와서는 한성백제의 도읍지인 위례성이 자리 잡았고, 삼국의 전쟁 과정에서는 전략적 요충지로서 치열한 각축장이 되었던 것은 낯선 일이 아니다. 그러나 가장 후진적이었던 고대국가 신라에 의해 7세기에 삼국이 통합되면서 그 중심지가 한반도 동남쪽 경주로 이동하게 되고 압록강 바깥으로 발해가 자리 잡으면서 이 지역은 통일신라 지방행정구역인 9주 5소경 중 한산주, 북원경, 중원경 등 그 변방으로 존재해 왔다.

이 변방지역이 한반도의 중심으로 이동하는 변화는 9세기 말에 이르러 표면으로 부상하기 시작하였다. 그 계기는 이른바 골품제의 모순이었다. 신라, 고려, 조선에 걸치는 왕조를 지탱하는 정치·경제제도의 근간은 신분적 토지제도였는데, 각각 문무관료전, 전시과, 과전법이 그것이며, 해당 지배집단은 각각 골품귀족, 문벌귀족(권문세족), 사족이었고, 그 특권 연립의 친족적 범위가 8세대 공동체, 양측적 친속, 부계 동족이었다.

골품제 모순의 핵심 내용은 그 특권연립의 범위가 예전처럼 넓게 더 이상 작동할 수 없는 사회구조적 한계에 도달하는 것이었다. 범청의 족품이 강등되어 6두품으로 되었다거나, 최치원 등의 6두품이 더 이상 출세할 수 있는 길이 막혔다든지 하는 일이 생기게 된 것이다.

이는 근원적으로 이전까지 일정한 근거지를 중심으로 그들의 정치·경제적 기반을 제공하던 토지의 지속적 개간과 집적을 통한 확대가 이웃 지역의 경쟁자와 부딪치는 일이 일상화된 데에서 비롯된다. 말하자면 신분적 토지소유제의 경쟁적 단계가 한계에 봉착한 것이다. 그 와중에서 이른바 성주, 장군을 자칭하는 호족 세력들이 부상하게 되고, 세력 쟁탈전 가운데 끼인 광범한 농민들이 유망하여 도적으로 되며, 국가 세원은 고갈되게 되는 사태를 낳은 것이다.

문제의 근본적 원인은 특권 신분의 기하급수적 팽창에 미치지 못하는 토지 공급의 산술급수적 증가에 있었다. 이는 단순히 세금을 낮춘다거나 도망자를 제자리로 되돌리는 것으로 해결할 수 있는 문제는 아니었다. 토지 소유와 연계된 특권 연립의 범위를 보다 좁은 범위로 축소하여 엄격히 제한함으로써 신분과 토지 소유 사이의 괴리를 상호 조절하는 제도적 장치가 요청되었다. 이른바 적자(嫡子) → 적손(嫡孫) → 동모제(同母弟) → 서손(庶孫) → 여손(女孫)으로 이어지는 전정연립(田丁連立)에 근거한 전시과(田柴科)의 창설이다. 그 결과는 몇 몇 문벌가문이 폐쇄적 통혼권을 이루어 지배집단을 형성하는 독점적 단계로의 이행으로 나타났다.

후삼국 통일이란 정치적 과정의 배후에서 작동하고 있던 사회·경제적 요인은 그러하였다. 이 작업을 시행착오를 겪으면서 수행해간 주체가 다름 아닌 왕건으로 대표되는 이른바 호족들이었다. 그들의 존재를 일차적으로 보여주는 것이 왕건 배우자들의 출신지이다. 이들을 자연지리를 기준으로 살펴보면 다음과 같다. 먼저 임진강, 예성강, 대동강 유역은 정주 유(柳)씨, 평주 유(庾)씨, 박씨, 동주 김씨, 신주 강(康)씨, 황주 황보씨, 한강 유역은 광주 왕씨, 춘주 왕씨(박씨), 충주 유(劉)씨, 금강 유역은 진주 임(林)씨, 천안 임(林)씨, 홍주 홍씨, 낙동강 유역은 의성 홍씨, 합주 이씨, 경주 김씨, 평(平)씨, 영산강, 섬진강 유역은 나주 오씨, 승주 박씨 등으로 분포되어 있다.

이 중 고려 건국 전후 군포 지역에 직접적인 영향력을 행사했을 것으로 보이는 세력으로 한강 유역의 왕규로 대표되는 광주 왕씨가 있다. 왕규의 출신지, 벼슬, 가계, 활동 등에 대해서는 ≪고려사≫와 <홍령사징효대사보인탑비>에 간략하게 언급되어 있다.

왕규는 광주사람으로 태조를 섬겨 대광(향직 2품 상)이 되었다. 태조는 왕규의 두 딸을 왕비로 맞아들였는데, 하나는 15비인 광주원부인이고, 또 하나는 16비인 소광주원부인이다. 16비가 아들 하나를 낳았는데, 이가 광주원군이다. 또한 다른 한 딸은 혜종의 두 번째 부인인 후광주원부인이 되었다. 그러므로 그는 태조와 혜종의 겹장인이었다. 그는 태조 20년(937)에 형순(邢順)과 함께 진(晉)나라에 가서 왕의 즉위를 축하하기도 하였다. 혜종 원년(944)에는 왕자 요(堯, 정종), 소(昭, 광종)와 더불어 좌승(향직 3품 하) 위를 띤 징효대사의 속제자로 기록되어 있다. 또한 그의 무리는 300여인에 이르렀다 한다.

왕규에 대해서는 ≪신증동국여지승람≫의 기록을 대조하여 양근(楊根)을 본관으로 하는 함(咸)씨였으며, 후에 태조로부터 사성을 받아 왕씨가 된 인물이라는 주장이 있다. 그 근거로 왕규와 함규가 왕건 아래서 봉사한 동시대 인물이라는 것, 함규가 태조의 공신이었으며 고려의 광평시랑이었다는 기록과 왕규가 두 왕비의 아버지로서 국가의 재신직을 가질 수 있었을 것이라는 것, 같은 지방 출신이면서 동일한 이름을 가지고 있었다는 점을 들고 있다. 또한 방증 자료로 양근의 속현 미원장의 속성으로 함씨가 기록된 점이 왕규의 정치적 몰락의 결과일 수 있다는 점, 함규의 5대손 함유일을 추천한 왕충의 6대조 왕만세가 왕규와 동시대에 활약한 장군이었다는 점을 들고 있다.

그런데, 양근 지방에는 이를 증명할 만한 고려 초기의 유적이 없다. 또한 함왕성이 존재하는 양근의 자연지리를 살피면, 남한강 하류 쪽으로 따라 청미천과 경안천 사이에 위치하여, 남한산성, 이성산성으로 이어지는 광주 중심지와도 일정한 거리가 있다.

한편 고려 초 광주의 읍치로 비정되는 춘궁동에서는 고려초기의 동사(桐寺)지, 5층석탑, 3층석탑, 통일신라 불상양식을 충실히 계승한 철조석가여래좌상 등이 남아 있다. 또한 인근 교산동에는 '태평 2년 정축 7월 29일에 옛 석불이 있던 것을 중수하고 지금 임금(경종)인 황제의 만세를 기원함'이라 새긴 태평2년(977)명 마애약사불좌상이 존재한다.

또 인근 건물지에서 출토된 기와에서 조성 참가자로 보이는 애선백사(哀宣伯士), 성달백사(城達伯士) 명문이 보이는데, 이 중 성달은 명지성(포천) 장군으로 확인되지만, 애선은 어디에서도 그 출신지를 확인할 수 없다. 애선은 태조 2년(919) 시점에서 즉위년(918)에 배현경, 신숭겸, 복지겸과 더불어 추대 1등 공신으로 책봉된 홍유보다 서열이 앞서는 대상(당시 관계 4위, 뒤의 향직 4품 상)으로 기록되어 있고, 태조 7년(924) 조물성(죽령 근처) 전투에 장군 자격으로 왕충과 같이 구원 차 갔다가 전사하였으니, 능히 열전에 오를 만한 인물인 데도 누락되어 있다. 이렇게 된 것은 944년에 좌승에 불과했던 왕규와 동일세력 집단의 상위 혈연관계에 있었기 때문일 가능성이 있다. 반역전에 오른 왕규를 광주인이라고 출신지만 밝히고 가계를 밝혀놓지 않은 점도 동일 가계 내에서의 공로와 반역 사실이 교차하는 점을 배려한 의도적 편집으로 볼 수도 있다.

　교산동 일대나 이성산성은 통일신라 때의 읍치였던 신주(新州), 한주(漢州), 한산주(漢山州)로 비정되고 있다. ≪고려사≫ 지리지에는 940년에 광주 명칭으로 바뀌는 것으로 되어 있으나, 세가에는 이미 900년에 태조가 궁예의 명을 받아 충주, 청주, 당성, 괴양과 함께 광주를 평정한 것으로 되어 있다. 또한 이 지점은 강 건너 맞은편에서 합수하는 중랑천을 따라 한북정맥의 중요 지점인 양주, 포천을 넘어 철원 등과 연결되는 교차점이어서 왕건의 통일 전쟁의 주요 파트너였던 왕규의 근거지로서 적합할 듯하다.

2. 지방제도의 변화

　위에서 보았듯이 고려 초기 군포 지역의 역사적 상황을 직접적으로 알려주는 1차 사료는 없다. 이를 보완하기 위하여 신라왕조가 고려왕조로 이행하는 정치경제적 동인의 구조적 파악을 통하여 그 동향을 우회적으로 엿보고, 군포지역을 포함한 한강 유역에서 활약하던 광주 왕규 세력에 주목하였다.

　계속하여 고려 전체시기에 걸쳐서 군포 지역의 동향을 살피려 할 때 사료의 한계는 더 커진다. 이 지점을 돌파하기 위해서 ≪삼국사기≫, ≪고려사≫, ≪세종실록≫의 지리지를 근거로 하여 군포 지역을 둘러싸고 있는 주요 지역 간의 영속 관계의 변화를 정리해보기로 하자.

　잘 알려져 있듯이 고려의 지방제도는 토지제도가 그러하듯이 신분적 성격이 강하다. 거칠게 이야기하면 지방제도 상의 고려와 조선은 귀족 대 관료, 정치 대 행정의 특성으로 구분할 수 있다. 단적으로 말해 고려의 지방제도의 변화는 각 지역 가문 세력의 소장성쇠의 궤적이라 해도 과언이 아니다.

이런 이해를 전제로 하고 자연 조건을 고려하여 대상은 양주, 광주, 과주, 금주, 천령군, 죽주, 이천, 여흥, 수주(樹州), 수주(水州), 인주, 당성군, 안산군, 강화현으로 하고 이를 한강 수계, 서해안권을 감안하면서 나누어 살핀다. 시기는 고려(10세기~14세기)를 중심으로 하고 그 전후 통일신라 경덕왕 때(8세기 중반)부터 조선 초기(15세기 초반)까지로 한다.

먼저 경덕왕 때의 사정을 보자.

한강 수계에는 한양군(양주), 한주(광주), 율진군(과주), 기천군(천령군), 개산군(죽주)이 거점으로 되고 있다. 각각의 거점인 한양군이 황양현(풍양현), 우왕현(행주) 2개 영현을, 한주는 황무현(이천), 거서현(용구) 2개 영현을, 율진군은 곡양현(금주), 공암현, 소성현(인주) 3개 영현을, 기천군은 황효현(황려현), 빈양현(양근현) 2개 영현을, 개산군은 음죽현 1개 영현을 거느리고 있다. 여기서 특이하게 소성현(인주)이 율진군(과주)의 세력권 안에 편입되어 아직 서해안권의 주요 거점으로 성장하고 있지 못한 상황을 보여주고 있는 점이 주목된다.

서해안권에는 장제군(樹州), 수성군(水州), 당은군(당성군), 장구군(안산군), 해구군(강화현)이 거점으로 되고 있다. 각각의 거점인 장제군이 수성현(수안현), 김포현, 동성현, 분진현(통진현) 4개 영현을, 당은군은 차성현(용성현), 진위현 2개 영현을, 해구군은 호음현(하음현), 교동현, 수진현(진강현) 3개 영현을 거느리고 있다.

그러므로 이 시기의 군포는 한강 수계인 산본 지구는 율진군의 세력권에, 서해안권인 대야미 지구는 수성군 세력권에 영향을 받고 있었던 것으로 해석된다.

다음은 비교적 고려 초의 상황을 보여주는 성종 때의 10도제의 개혁 시기를 보자. 한강 수계에는 양주절도사, 광주절도사, 금주단련사, 죽주단련사가, 서해안권에는 樹주단련사, 水주도단련사가 설치되어 있다.

통일신라시기와 후삼국기를 거치면서 한강수계에서는 지방세력으로

서 동일한 반열에 있던 한양군(양주), 한주(광주)가 여타 인근 지역의 단
련사보다 한 단계 높은 절도사의 위치로 상승하는 한편 율진군(과주) 대
신 그 영현이었던 곡양현이 금주로 부상하는 변화를 보이고 있는데, 이
것은 광주 왕규세력의 융성 및 강감찬으로 상징되는 금주 강씨의 부상과
관련이 있을 듯하다. 반면 서해안권에서는 눈에 띄는 세력의 변화는 보
이지 않는다.

이 시기 군포는 전체적으로 광주, 산본 지구는 금주, 대야미 지구는
水주의 세력권의 영향을 받고 있었던 것으로 해석된다.

다음으로 양광도로 분리·독립되던 고려 중기인 12세기의 상황을 보
자. 먼저 상위 거점으로 남경유수관 양주, 광주목 2개가 설정되어 있다.

다음으로 남경은 수직적 종속 관계로 한강 수계에 있는 행주, 견주,
교하군 등 3군, 봉성현, 풍양현, 고봉현, 심악현, 사천현 등 6개현이 배치
되어 있고, 수평적 관령(管領) 관계로 서해안권에 있는 안남도호부 수주,
지인주사, 지수주사, 강화현령 등이 배치되어 있다. 또한 각각의 관령
지역인 안남도호부 수주는 금주, 동성현, 통진현, 공암현, 김포현, 수안
현 등 6개를, 지인주사는 당성군, 재양현 등 2개 군현을, 지수주사는 안
산현, 영신현, 쌍부현, 용성현, 정송현, 진위현, 안성현 등 7개현을 수직
적인 종속 관계로 거느리고 있다.

또한 광주목은 이천군, 천령군, 죽주, 과주 등 4개군과 용구현, 양근
현, 지평현 등 3개현을 종속 관계로 거느리고 있다.

고려 초기와 비교해 보면, 먼저 양주, 금주가 한강수계에서 서해안권
으로 이동하고 있는 점이 눈에 띤다. 이것은 양주의 관령 지역인 인주
이자겸이 인종 즉위년(1122)에 한양공으로 봉작된 데서 온 변화임에 틀
림없다. 다음으로 경덕왕 때에 풍양현, 행주 등 2개현을 수평적 관령지
역으로 삼고 있던 양주가 이를 포함하여 총 6개현을 수직적인 종속지역
으로 거느리는 한강 수계의 최고거점 남경으로 발돋움했다는 점을 들 수

있다. 아울러 남경은 서해안권의 樹주, 인주, 水주, 강화를 수평적으로 관리하는 위치에 있기도 하다. 뿐만 아니라 통일신라 이래 고려 초기까지 양주와 대등한 위치에 있었던 광주가 비록 과주를 비롯한 7개현을 종속관계로 거느리고 있긴 하지만, 그 지위가 대폭 하락한 점을 지적해 둘 필요가 있다. 이른바 광주 왕규 세력 몰락 이후의 사정을 여실히 보여주는 것으로 읽힌다.

고려 지방제도의 전형에 가까운 이 시기에 군포는 여전히 전체적으로 보아서는 광주의 영역에 속하면서도, 서해안권인 대야미 지구는 남경유수관 양주—지수주사—안산현의 세력권에, 한강 수계인 산본 지구는 광주목—과주 세력권에 영향을 받고 있었던 것으로 이해된다.

이제 마지막으로 고려말·조선초의 변화를 반영한 조선 태종 13년(1413) 지방제도 개편 때의 경기도를 중심으로 보기로 하자. 먼저 양주도호부의 종속 지역은 풍양, 견주, 사천 3개로 축소되었고, 관령 지역은 원평도호부, 고양, 임진, 적성, 포천, 가평, 교하 6현 등 한강 하류, 임진강, 북한강 등 오늘날의 경기북부 쪽으로 이동하고 있다. 한편 광주목은 종속 지역을 모두 독립시키고, 양근군, 지평현, 음죽현, 금천현 만을 관령 지역으로 포괄하고 있다. 또한 부평도호부는 강화도호부와 인천군, 해풍군 2개군, 김포, 교동, 통진, 양천 4개군을 관령지역으로 삼고 있고, 부평 관령 강화도호부에는 하음현, 진강현이 종속되어 있다. 수원도호부는 광덕, 영신, 쌍부, 용성, 정송 등 5개현을 종속 관계로 거느리고, 남양도호부, 안산군, 안성군, 진위현, 양성현, 용인현, 양지현을 관령 지역으로 삼고 있으며, 수원 관령 남양도호부에는 재양현이 종속되어 있다. 그리고 여흥이 도호부로, 과천, 이천, 천령, 죽산이 현감으로 독립하였다.

전체적으로 보아, 양주, 광주, 여흥, 과천, 이천, 천령, 죽산 등의 한강 수계와 부평, 수원의 서해안권을 거점으로 하여, 풍양, 견주, 사천, 하음, 진강, 광덕, 영신, 쌍부, 용성, 정송, 재양 등을 종속 관계, 원평, 고양,

임진, 적성, 포천, 가평, 교하, 양근, 지평, 음죽, 금천, 강화, 인천, 해풍, 김포, 교동, 통진, 양천, 남양, 안산, 안성, 진위, 양성, 용인, 양지 등을 관령 관계로 결합한 오늘날의 순 행정적인 경기도에 가깝게 접근하고 있음을 알 수 있다.

이 시기에도 여전히 군포지역은 독립 영역으로 분리되어 있지 않고 광주의 영역 내에 있으면서, 산본 지구는 과천, 대야미 지구는 수원의 생활권에 영향을 받고 있었을 가능성이 크다.

3. 왕규의 난

가문으로 이루어진 왕국이었던 고려에서 최고의 가문은 고려 왕실인 왕건 가문이었다. 각 지역 세력을 대표하는 가문의 격은 왕실과의 혈연을 비롯한 제반 관계에서 단적으로 드러난다. 우리가 고려 성립기 군포 지역을 둘러싼 한강 수계의 맹주 광주 왕씨에게 주목한 것은 그러한 이유 때문이었다.

또한 한남정맥을 중심 줄기로 하여 좌우에 서해안권과 한강수역을 끼고 있는 군포 지역을 둘러싼 사회세력의 변동 양상을, 주변 주요 거점 지역 세력권의 소장을 반영하는 고려 시대 지방제도의 변화를 근거로 하여 살핀 것은 그 지연적 관계로 앞의 이해를 보강하기 위해서였다. 이를 통하여 고려 초기 한강 수계에서의 광주 왕씨의 융성과 중기로의 이행 과정에서 남경유수관 양주의 부각과 그 배경으로서의 인주 이씨의 성장을 추론하였다. 바로 그 가운데에 광주 왕씨의 몰락을 가져온 왕규의 난이 가로놓여 있었다.

왕규의 난에 대해서는 《고려사》 혜종 2년(945) 정월에서 8월 사이에 다음과 같이 기록하고 있다.

대광 왕규가 왕의 동생 요(堯)와 소(昭)를 참소하였다. 왕은 그것이 무고임을 알고도 은혜로운 대우를 더욱 돈독하게 하였다. 규는 또 그 무리들을 시켜 벽에 구멍을 뚫고 왕의 침실 안에 들어가서 난을 일으키기를 도모하였다. 왕은 옮겨서 이를 피하고 문책하지 않았다.

그리고 추9월 무신에는 "왕이 중광전에서 죽으니, 재위 2년이요 나이 34세였다. 왕은 기질과 도량이 넓고 지혜와 용기가 절륜하였다. 왕규가 역적 모의를 한 후부터 의심하고 기피하는 바가 많아서 항상 갑사로써 스스로 호위하고 기뻐하고 성냄이 무상하였다. 여러 소인배들이 아울러 진출하고, 장사들에게 포상함이 절도가 없었으므로, 안팎이 원망하였다."라 하고, 고려 말 학자이자 정치가인 이제현의 논평을 다음과 같이 싣고 있다.

우보(羽父)가 환공(桓公)을 시해하여 장차 태재(太宰)를 구하기를 청하였는데도, 은공(隱公)은 듣지 않았을 뿐만 아니라 토벌하지도 않더니, 마침내 위씨(蔿氏)의 화에 이르고 말았다. 왕규가 왕의 두 동생을 참소한 것도 우보의 뜻이다. 혜종은 죄를 주지 아니하고 돌보며 좌우에 거처하게 하였으니, 소매에 칼을 간직하고 벽을 뚫는 인간의 역모를 면한 것만도 요행이라 할 수 있다. 때는 태조가 세상을 버린 지 몇 해 안 되었는데, 규가 불의하면서도 무리를 얻으니 이미 능히 한나라의 조조와 위나라의 사마의처럼 되고 말았는가! 유배시켜 죽이지 못한 것은 웬 일인가! 아! 소인을 멀리하기가 어려움이 이와 같으니 어찌 경계하지 않을 수 있으리오!

이런 소략한 ≪고려사≫ 혜종 세가의 기록과 이제현의 평가에 대해서는 조금 더 자세하고 달리 해석할 여지를 보이는 다른 기록도 발견된다.

왕규의 거사에 대해서는 ≪고려사≫ 왕규 전기에는 다음과 같이 보다 자세하다.

혜종 2년에 규가 왕의 동생 요와 소가 다른 의도를 가지고 있다고 참소하였다. 혜종은 그것이 무고임을 알고도 은혜로운 대우를 더욱 두터이 하였다. 사천공봉 최지몽이 '유성(流星)이 자미(紫微)를 침범하였으니 나라에 반드시 역적이 있을 것'이라고 보고하였다. 혜종은 규가 요·소를 모해하려는 징조라고 생각하고는 맏공주를 소에게 시집보내어 그 친족들을 강화시키니, 그 음모를 실행하지 못하였다. 규는 또 광주원군을 세우려고 하여, 일찍이 밤에 왕이 깊이 잠든 틈을 엿보고 그 패거리를 보내어 침실 안에 몰래 들어가서 대역모를 실행하려고 하였다. 혜종이 이를 알아차리고 한 주먹에 때려죽여서 좌우에 있는 이들에게 끌고 나가게 하고 다시 문책하지 않았다. 어느 날 혜종이 아파서 신덕전에 있었다. 지몽이 '머잖아 변고가 있을 것이니 즉시 옮기는 게 마땅하다'고 보고하였다. 혜종은 몰래 중광전으로 옮겼다. 규가 밤에 그 패거리를 거느리고서 벽에 구멍을 뚫고 들어가니 침실은 이미 비어 있었다. 규가 지몽을 보고, 칼을 빼어 꾸짖으며, '임금이 침실을 옮긴 것은 반드시 너의 모책일 것'이라고 말하였다. 지몽은 끝내 말하지 않고는 물러났다. 혜종은 비록 규의 소행임을 알았지만 또 처벌하지 않았다.

그런데 왕규가 지몽을 꾸짖는 대목이 ≪고려사절요≫에서는 신덕전 사건 당시가 아니라 사후의 일로 기록되어 차이를 보이고 있다.

한편 왕규와 박술희의 죽음에 대하여는 기록들 사이에 인과관계가 다소 미심쩍은 부분이 발견된다.

먼저 ≪고려사≫ 정종 세가에는 왕규의 죽음을 다음과 같이 기록하고 있다.

혜종 2년 9월 무신에 여러 신하들이 왕을 받들어 즉위하였다. 기유에 왕규가 반역을 도모하다가 주륙을 당하였다.

이 사실은 ≪고려사≫ 왕규 전기에는 다음과 같이 서술되어 있다.

처음에 혜종의 질병이 위독해지자 정종이 규가 다른 뜻이 있음을 알고 몰래 서경 왕식렴과 더불어 변란에 대응할 것을 모의하였다. 규가 막 변란을 일으키려 하자 식렴이 병사를 끌고 와 호위하니 규가 감히 움직이지 못하였다.

이에 갑곶에 유배보내고 사람을 파견하여 추격하여 참수하고, 그 패거리 300
여인을 주륙하였다.

한편 박술희의 죽음과 관련하여서는 ≪고려사≫ 정종 세가에는 기록
이 없고 왕규 전기에 다음과 같이 기술되어 있다.

> 규는 일찍이 대광 박술희를 싫어하였는데, 혜종이 죽자 정종의 명령을 변
> 조하여 살해하였다.

이 관련 정황에 대하여 ≪고려사절요≫ 혜종 2년 추9월 기유에 다음
과 같이 기록하고 있다.

> 왕규가 대광 박술희를 살해하였다. 술희는 성질이 용감하여 18세에 궁예
> 의 위사(衛士)가 되었다. 뒤에 태조를 섬겨 여러 번 군공을 세우고, 태조의
> 유언을 받아 혜종을 보좌하였다. 혜종이 병석에 눕자 마침내 왕규와 서로 미
> 워하게 되어 병사 100여명을 스스로 따르게 하였다. 왕이 다른 뜻이 있을 것
> 으로 의심하여 갑곶으로 유배보내었다. 규가 명령을 변조하여 살해하였다.

이들 기록을 종합하면, 혜종이 죽은 그 다음 날 함께 태조의 유언에
따라 그를 충실하게 보좌하던 박술희는 이름 없는 반역죄로 유배되어 정
종의 명령을 변조한 왕규에게 살해당하고, 왕규는 자기 외손자 광주원군
을 왕으로 세우려는 반역죄로 정종과 왕식렴 세력에게 살해당하였다.
이렇게 혜종, 정종 계승기에 급박하게 치달았던 정치 정세의 표면에
박술희, 왕규의 반역 사실이 내세워지고 있지만, 이는 그 배후에서 작용
하던 당시 정치세력 간의 권력투쟁의 반영이었다는 해석들이 나름대로
의 설득력을 가지고 나온 바 있다. 정종 왕요, 광종 왕소의 충주세력과
서경·평주·신주·황주·명주 등의 군사력을 바탕으로 한 왕식렴, 박수경
등이 정변을 일으켜 광주, 당진, 진천, 나주로 연결된 혜종 왕무, 박술

희, 왕규 등의 소수세력을 물리치고 승리한 사건으로 보는 견해 등이
그러하다.

아무튼 이 사건을 계기로 고려 초기 한강 수계의 중심이었던 광주 지
역의 세력은 약화되고 중기로 가면서 인주 이씨의 성장에 따라 그 중심
이 양주 쪽으로 이동해가는 변화를 보이고 있었다.

4. 최충헌 정권과 수리사

고려전기까지 군포 지역이 주변 주요 거점으로서 서해안권에는 양주,
樹주, 인주, 水주, 강화, 한강 수계에는 광주 등의 일정한 영향권 안에
있었는데, 이 점은 고려후기까지 그대로 유지되었던 것으로 보인다. 그
러면서도 중요한 변화로는 먼저 전기까지 진행되어온 토지겸병에 따른
광범한 유망과 이를 회복하려는 감무(監務)의 파견이 지속적으로 이어져
왔다는 점이 눈에 띈다.

이미 예종 즉위년(1105) 12월 갑신의 교서는 다음과 같이 말하고 있다.

　　(전략) 지금 여러 도의 주·군의 관리로서 청렴·진휼한 자가 10에 한둘도
　　없다. 이익을 탐하고 이름을 낚아 대의를 상하게 하고, 뇌물을 좋아하고 사익
　　을 영위하여 백성들을 해치니, 유망이 이어져서 열 집에 아홉이 비어 있다.
　　(후략)

이러한 상황을 진정시키기 위하여 이듬해 원년(1106) 하4월 경인에
다음과 같은 조서를 내리기에 이른다.

　　근래 해당 관청의 보고에 따라 서해도 유주·안악·장연 등 현에 사람들이
　　유망하므로 처음으로 감무관을 파견하여 안무하게 하였더니, 마침내 유민이
　　점차 돌아오고 산업이 날로 번성하기에 이르렀다. 지금 우봉·토산·적성·파

평·사천·삭령·안협·승령·동음·안주·영강·가화·청송·인의·금성·제주·보령·여미·당진·정안·만경·부윤·양구·낭천 등 현도 역시 유망의 추세에 있으므로 마땅히 유주의 전례에 따라 감무를 설치하여 불러서 위무하라.

이러한 변화는 이자겸난, 묘청난과 표리를 이루면서 무신란으로 폭발하고, 이후 광범한 농민·천민의 봉기로 이어졌다. 한남정맥 지역 서해안권, 한강 수계에서도 무신집권기인 1170년대 초반에 감무 파견 지역이 집중적으로 나타난다. 안남도호부 수주 속현 중 금주, 김포현, 수안현과, 지인주사 속군인 당성군, 지수주사 속현인 안산현이 그렇고 특히 광주목 영군현 중 이천군, 천령군, 죽주, 과주, 용구현, 양근현 등 거의 전체가 그러하다. 이 시기 군포 지역에 대한 영향권에 있던 수주 속현 안산, 광주 속군 과주도 포함되어 있는 점이 주목된다. 무신집권에 돌입하던 이 시기 이 지역의 피폐상을 단적으로 보여주고 있는 것이다.

무신정권은 정중부가 쿠데타를 일으킨 의종 24년(1170)부터 원종 11년(1270)까지 100년간 지속되었지만, 전형적인 무인정치 시기는 최충헌이 집권한 명종 26년(1196)부터 우(瑀), 항(沆), 의(竩)까지 4대 60여 년간이었다.

말할 필요도 없이 무신정권은 기존의 왕실과 문신귀족들을 부정하고 등장하였다. 최충헌은 이에 더하여 집권하자 선종세력만을 기반으로 하여 불교계를 개편하려고 하였다. 참선을 위주로 하는 선종의 단순성과 신라 말에 보여준 그 혁신성이 문신 중심의 귀족정권을 무너뜨리고 등장한 무인들에게 환영받을 소지도 있었을 것이다.

최충헌 정권의 이러한 불교 정책과 군포 주변 지역에의 감무 파견의 배후인 피폐상이 일으킨 상징적인 사건이 수리사를 포함한 승려들의 최충헌 살해 미수 봉기였다. ≪고려사≫ 최충헌 전기에는 희종 4년(1208)에 다음과 같이 기록하고 있다.

충헌 부자는 자기 집에 군사들을 잔뜩 늘어놓고 계엄하고 있었다. 그 때 거란병이 바짝 접근하여 왔으므로 백관(百官)에게 성을 수비시켰으며 성 밑의 인가들을 허물어 버리고 참호를 팠다.

홍왕사(興王寺), 홍원사(弘圓寺), 경복사(景福寺), 왕륜사(王輪寺) 안양사(安養寺), 수리사(修理寺) 등의 중으로서 종군한 자들이 최충헌을 살해할 것을 모의하였다. 패전하여 도망 온 것처럼 가장하고 새벽녘에 선의문으로 와서 급하게 호통치기를 "거란병이 벌써 들어왔다."고 하였다. 문지기가 막고 들여놓지 않았으므로 중들은 북을 치고 고함치면서 자물쇠를 부수고 들어가 문지기 5~6명을 죽였다. 그런데 낭장 김덕명(金德明)이란 자가 일찍이 음양설을 가지고 최충헌에게 아부하여 벼슬이 지태사국사(知太史局事)에 이르렀다. 그가 바친 새 달력은 모두 옛 법을 바꾼 것이어서 일관(日官)이나 대간(臺諫)들이 내심으로는 그것이 옳지 않음을 알고 있었으나 최충헌이 두려워서 감히 말하는 사람이 없었다. 또 그는 자주 공사(工事)를 일으켜서 여러 사찰을 침해하였으므로 중들이 원한을 품고 있었다. 그래서 중들은 먼저 그의 집을 철거한 뒤 최충헌의 집으로 향해서 들어갔다. 겨우 시가지에 이르러 순검군(巡檢軍)에게 쫓겨 신창관(新倉館)에 이르러 전투가 벌어졌다. 최충헌은 가병을 파견해서 협공하였으므로 중의 두목이 화살에 맞아서 쓰러지고 그 무리들은 도망을 쳐서 선의문(宣義門)까지 왔으나 현문(懸門)이 내려서 나가지 못하고 드디어 뿔뿔이 흩어졌다. 충헌의 군사가 추격하여 3백여 중들을 죽이고 그 일당을 생포해서 국문했더니 사건이 중군(中軍) 원수 정숙첨(鄭叔瞻)에게 관련되었다. 이튿날 충헌은 성문을 닫고 도망한 중을 대수색하여 모두 죽이니, 때마침 큰 비가 내려서 피가 흘러 시내를 이루었다. 또 남계천(南溪川) 가에서 중 3백 여 인을 죽이니 전후 죽인 자가 거의 8백여에 이르렀다. 시체가 산처럼 쌓여 사람들이 지나가지 못한 것이 여러 달이었다.

여기서 수리사와 함께 등장하는 여러 사찰은 고려 전기 왕실을 비롯하여 주변 인주 이씨, 안산 김씨 등 문벌 귀족의 원찰을 두었던 화엄종, 천태종, 법상종 등 교종 계열의 사찰이었다. 이 중 인주 이씨, 안산 김씨 관련 원찰은 군포 지역의 서해안권인 대야미 지구와 연관되어 있고, 양주의 장의사, 신혈사, 과주, 수주 등의 안양사, 청계사, 만의사, 여주, 원주의 고달사, 홍법사, 법천사, 거둔사 등은 군포 지역의 한강 수계인 산본 지구와 연관되어 있었던 것으로 볼 수 있다.

〈양주·광주의 영현 속현의 변천과정〉(《삼국사기》·《고려사》의 지리지)

	양광도	양주	풍양현	행주	봉성현	견주
본	고구려 (한강이북) 백제(한강이남)	고구려 북한산군 (남평양성)	고구려 골의노현			
-18						
-7						
-6						
근초고왕		백제, 취				
370		사, 도				
475?		문주, 이도, 공주 고구려 자비왕, 래위, 개로, 소해				
554?		신라 진흥왕, 정, 봉강				
556?		북한산주, 치, 군주				
664 문무왕						
670?						
755?		한양군 영현2:황양현, 우왕현				
757? 경덕왕			황양현 한양군영현	우왕현 한양군영현		
려초		양주	풍양현			
940						
983						
991						
995	10도 관내도 충원도 하남도	양주 10도 12주절도사 좌신 책군(좌보) *우보(해주) 관내도소속				
성묘		별호 광릉				
1005						
1011		안무사				
1012						
1014						

1018		지양주사	풍양현 지양주사잉속			
1069		남경유수관 사민				
1096,8		청, 천도 위위승동정 김위제, ≪도선 밀기≫ 일자 문상				
1099		왕, 상지, 동역 평장사 최사추 지주사 윤관				
1100		성, 왕, 친행				
숙종 1101?						
1108	양광충청주도					
인종 1122?		(이자겸, 한양 공?)				
고려사	양광도	남경유수관 양주 양광도영경 속군3: 행주, 견주, 교하군 속현6: 봉성현, 풍양현, 고봉현, 심악현, 사천현 영도호부1:안남 도호부수주 지주군2:인주, 수주 현령관1:강화현	풍양현 남경유수관양주 속현	행주 남경유수관양주 속군	봉성현 남경유수관양주 속현	견주 남경유수관양주 속군
1143						
1150						
1171	분, 2도					
1172			?포주 이속			
후 1175?						
?						
?						
1198						
1215						
1232						
1250						
1257						
1260						
1269						

1271					
1284					
1290					
후?					
1305					
1308		한양부			
1310					
1314	양광도				
1356	충청도				
1362					
1377					
1388					
1389					
1390					
1391					
1392					
1393					
조서 1394?		지양주사 정도 동촌대동리, 부치이전			
1395		양주부사 승격			
1397		이, 부치, 견주 고기		이, 양주부치	
1401					
1413	경기도	양주도호부 속현3:풍양현, 견주, 사천현 영도호부1:원평 영현6:고양, 임진, 적성, 포천, 가평, 교하			
1414					
수월 10월?					
1415					
1416					
1419			풍양현 양주도호부이속		
1424					

	심악현	사천현	교하군	광주	과주	금주
본				고구려 한산군	고구려 율목군(동사힐)	고구려 잉벌노현
-18				백제 수도 위례성		
-7				한산 하		
-6				천도 남한산성		
근초고왕						
370				이, 도 남평양성 (북한성)		
475?						
554?						
556?						
664 문무왕				신라 한산주 일장성(주장성)		
670?				남한산주		
755?						
757? 경덕왕				한주 영현2:황무현, 거서현	율진군 영현3:곡양현, 공암현, 소성현	곡양현 율진군영현
려초					과주	금주
940				광주		
983				12목 광주목		
991				별호 회안		
995				광주 12주절도사 봉국군 관내도소속		단련사
성묘					별호 부안	별호 시흥
1005						혁파
1011						
1012				안무사		
1014						
1018				8목 광주목관	과주 광주목내속	금주 지樹주사내속
1069						

1096.8						
1099						
1100						
숙종 1101?						
1108						
인종 1122?						
고려사	심악현 남경유수관양 주속현	사천현 남경유수관양주 속현	교하군 남경유수관양주 속군	광주목 양광도영목 속군4:이천군, 천령군, 죽주, 과주 속현3:용구현, 양근현, 지평현	과주 광주목속군	금주 안남도호부수 주속현
1143						
1150						
1171						
1172						감무
후 1175?					감무	
?					호 부림	
?						
1198						
1215						
1232						
1250						
1257						
1260						
1269						
1271						
1284					소속 용산처 부원현 승격	
1290						
후?						
1305						
1308						
1310						
1314						
1356						

1362					
1377					
1388					
1389					
1390					
1391					
1392					
1393					
조서 1394?				광주목관 영도호부1:여흥, 영군1:양근군 영현6:이천, 천 령, 과천, 지평, 음죽, 금천	과천현감 광주목속현	금천 광주목영현
1395						
1397						
1401						
1413				광주목관	과천현감	
1414					혁파 금과현병합	금과현
수월 10월?					과천현감	금양현
1415						
1416						금천현감
1419						
1424						

	水주	인주	당성군	재양현	안산	이천
본	고구려 매홀군	고구려 매홀군(미추홀)	고구려 당성군	고) 안양현	고구려 장항구현	고구려 남천현(남매)
-18						
-7						
-6						
근초고왕						
370						
475?						
554?						진흥왕, 승, 주, 군주
556?						
664 문무왕						
670?						
755?						
757? 경덕왕	수성군	소성현 율진군영현	당은군 영현2:차성현, 진위현		장구군	황무현 한주영현
려초	수주(태조) 김칠, 최승규, 귀순효력		당성군		안산군	태조, 이천 한주잉속 서목, 이섭
940						
983						
991						
995	도단련사					
성묘	별호 한남					
1005	혁파					
1011						
1012						
1014						
1018	지水주사	소성현 水주임내	당성군 水주속군	재양현 水주임내	안산군 지水주사 내속	
1069						
1096,8						
1099						
1100						
숙종 1101?		경원군 승격 인예태후 이씨내향				

1108						
인종 1122?		지인주사 순덕왕후 이씨내향				
고려사	水주 남경유수관양 주영지사군속 현7:안산현, 영신현, 쌍부현, 용성현, 정송현, 진위현, 양성현	인주 남경유수관양주 영지사군 속군1:당성군 속현1:재양현	당성군 인주속군	재양현 인주속현	안산현 지수주사군속현	이천군 광주목속군
1143						감무
1150						
1171						
1172			감무?		감무?	
후 1175?						
?	호 수성					
?						
1198						
1215						
1232						
1250						
1257						영창
1260						
1269						
1271	수원도호부 승격 부사안열, 토평대부도					
1284						
1290			지익주사 승격 홍·다구내향			
후?	수주목 승격		강령도후부 승격			
1305						
1308			익주목 승격		안산군(지군사) 승격 문종탄생지	
1310	수원부 제목혁파		남양부 제목혁파 대부도, 소우도, 선감미도, 영흥			

			도, 소물도, 승황도, 인물도, 이측도, 잡량관도, 사율관도, 난지도, 목력도		
1314					
1356					
1362	수원군 홍적, 영항 수원부 재신김용뇌물				
1377					
1388					
1389		주호장, 홍장 하사			
1390		경원부 승격			
1391					
1392		인주			남천군 승격 조비申씨향
1393					이천현감무
조서 1394?		남양부		안산군	이천 광주목영현
1395					
1397					
1401					
1413	수원도호부 속현5:광덕, 영신, 쌍부, 용성, 정송 향3:공이, 주석, 분촌 부곡4:육내미, 포내미, 사량, 쟁홀 처5:사정, 금물촌, 유제 ,양간 (본속,인천, 1418내속), 심곡 장3:오타, 종덕, 신영(초속,양성, 1398 내속<건아상입>) 영도호부1:남양 영군2:안산, 안성 영현4:진위, 양성, 용인, 양지	인천 부평도후부영군 이포부곡	남양도호부 속현1:재양 수원도호부영도호부	재양현 남양도호부속현	안산 수원도보호부 영군	이천현감

1414						
수월 10월?						
1415						
1416						
1419						
1424						

	용구현	처인현	양지	천령	황려현	양근
본	고구려 구성현(멸오)	처인부곡 수원,속		고구려 술천군(성지매)	고구려 골내근현	고구려 양근군(항양)
-18						
-7						
-6						
근초고왕						
370						
475?						
554?						
556?						
664 문무왕						
670?						
755?						
757? 경덕왕	거서현 광주영현			소천군(기천군) 영현2:황효현, 빈양현	황효 기천군영현	빈양 기천군영현
려초	용구			천령군	황려현(황리현)	양근
940						
983						
991						
995						
성묘						
1005						
1011						
1012						
1014						
1018	용구 광주목잉속	유, 명		천령군 광주목내속	황려현 원주내속	양근현 광주목내속
1069						
1096,8						
1099						
1100						
숙종 1101?						
1108						
인종 1122?						

고려사	용구현 광주목속현			천령군 광주목속군		양근현 광주목속현
1143						
1150						
1171						
1172	감무					
후 1175?				감무?	감무?	감무1175
?						
?						
1198						
1215						
1232						
1250						
1257					영의	영화
1260						
1269						익화현령 승격 위사공신 김자 정내향
1271						
1284						
1290						
후?						
1305					여흥군 승격 황비 순경왕후 김씨 내향	
1308						
1310						
1314						
1356						양근군 승격 왕사 보우 모향 소속 미원장(소 설암)을 현감무 로 승격 곧 환속 (자착인회)
1362						
1377						
1388					황려부 승격 천, 신우	
1389					여흥군 강등	
1390						

1391						
1392						
1393						
조서 1394?				천령 광주목영현	여흥 광주목영도호부	양근군 광주목영군 속현1:미원현
1395						
1397		처인현령				
1401					여흥부 승격 중궁 정비 내향	
1413	용인 수원도호부영현 처인현을 병합	용인현에 병합	양지 수원도호부영현	천령현감	여흥도호부 (+음죽현 북촌어서이처)	
1414						
수월 10월?						
1415						
1416						
1419						
1424						

	죽주	지평	음죽	공암현	용산처	수안
본	고구려 개차산군			고구려 제차파의현		고구려 수이홀
-18						
-7						
-6						
근초고왕						
370						
475?						
554?						
556?						
664 문무왕						
670?						
755?						
757? 경덕왕	개산군 영현1:음죽현		음죽현 개산군영현	공암현 율진군영현		수성현 장제군영현
려초	죽주					수성현 장제군잉속
940						
983						
991	별호 음평					
995	단련사					
성묘						
1005	단련사 혁파					
1011						
1012						
1014						
1018	죽주 광주목내속			공암현 지수주사 내속		
1069						
1096,8						
1099						
1100						
숙종 1101?						
1108						
인종 1122?						

고려사	죽주 광주목속군	지평현 광주목속현		공암현 안남도호부수 주속현		수안현 안남도호부수 주속현
1143						
1150						
1171						
1172	감무					감무
후 1175?						
?	호 연창					
?					용산처 과주소속	
1198						
1215						
1232						
1250						
1257						
1260						
1269						
1271						
1284					부원현 승격	
1290						
후?						
1305						
1308						
1310				양천현령		
1314						
1356						
1362						
1377						
1388						
1389						
1390						
1391						수안현 통진감무 소속
1392						
1393						

조서 1394?		지평 광주목영현	음죽 광주목영현	양천현령		
1395						
1397						
1401						
1413	죽산현감			양천 부평도호부영현		
1414				혁파, 김포현에 병합		
수월 10월?				양천현 혁파 금양현병합		
1415						
1416				양천현		
1419						
1424						

	김포	동성	통진	강화	진강현	하음현
본	고구려 검포현	고구려 동자홀현(당산현, 구사파의)	고구려 평해(유)압현(북사성, 별사파의)	고구려 혈구군 (갑비고차)	고구려 수지현	고구려 동음내현 (아음현)
-18						
-7						
-6						
근초고왕						
370						
475?						
554?						
556?						
664 문무왕						
670?						
755?						
757? 경덕왕	김포현 장제군영현	동성현 장제군영현	분진현 장제군영현	해구군 영현3:호음현, 교동현, 수진현	수진현 해구군영현	호음 해구군영현
려초		동성현 장제군잉속	통진현 장제군잉속	강화현	진강현 강화현잉속	하음현 강화현잉속
940						
983						
991						
995						
성묘						
1005						
1011						
1012						
1014						
1018	김포현 지수(知樹)주사 잉속			강화현령		
1069						
1096,8						
1099						
1100						
숙종 1101?						
1108						

인종 1122?						
고려사	김포현 안남도호부수 주속현	동성현 안남도호부수주 속현	통진현 안남도호부수주 속현	강화현 남경유수관영현		
1143						
1150						
1171						
1172	감무					
후 1175?						
?						
?						
1198	김포현령관 승격 왕, 태장					
1215						
1232				강화군(강도) 승격		
1250				중성 축조		
1257						
1260				송악리, 부동10리 고궁 기 송도환도		
1269						
1271						
1284						
1290						
후?						
1305						
1308						
1310						
1314						
1356						
1362						
1377				강화부 승격		
1388						
1389						
1390						
1391		동성현	통진감무			

		통진감무 소속	속현2:수안현, 동성현			
1392						
1393						
조서 1394?						
1395						
1397						
1401						
1413	김포 부평도호부영현		통진현감 부평도호부영현	강화도호부 부평도호부영 도호부 속현2:하음현, 진강현		
1414	김양현 부평부소속					
수월 10월?						
1415	김포현령					
1416						
1419						
1424						

	해풍	교동	남양	영신현	쌍부현	용성현
본		고구려 고목근현 (대운도, 고림, 달을참)				고구려 상홀현(거홀)
-18						
-7						
-6						
근초고왕						
370						
475?						
554?						
556?						
664 문무왕						
670?						
755?						
757? 경덕왕		교동현 해구군영현				차성 당은군영현
려초		교동현 강화현잉속				
940						
983						
991						
995						
성묘						
1005						
1011						
1012						
1014						
1018				영신현 지수주사 내속	쌍부현 지수주사 내속	용성현 지수주사 내속
1069						
1096,8						
1099						
1100						
숙종 1101?						
1108						

인종 1122?						
고려사				영신현 지水주사군속현	쌍부현 지水주사군속현	용성현 지水주사군속현
1143						
1150						
1171						
1172		감무				
후 1175?						
?						
?						
1198						
1215						
1232						
1250						
1257						
1260						
1269						
1271						
1284						
1290						
후?						
1305						
1308						
1310						
1314						
1356						
1362						
1377						
1388						
1389						
1390						
1391						
1392						
1393						
조서 1394?						

1395		만호 겸지교동 현사				
1397						
1401						
1413	해풍 부평도호부영군	교동 부평도호부영현	남양 수원도호부영도 호부	영신 수원도호부속 현(오타?, 영풍)	쌍부 수원도호부속 현고, 육포	용성 수원도호부속현
1414						
수월 10월?						
1415						
1416						
1419						
1424						

	정송현	진위현	송장	양성현	안성	
본		고구려 부산현(금산현, 송촌활달)		고구려 사복홀		
-18						
-7						
-6						
근초고왕						
370						
475?						
554?						
556?						
664 문무왕						
670?						
755?						
757? 경덕왕		진위현 당은군(수성군?) 영현		적성 백성군영현		
려초		진위현		양성현		
940						
983						
991						
995						
성묘						
1005						
1011						
1012						
1014				양성현 수성군내속		
1018	정송현 지수주사내속					
1069						
1096,8						
1099						
1100						
숙종 1101?						
1108						
인종						

1122?						
고려사	정송현 지水주사군속현	진위현 지水주사군속현		양성현 지水주사군속현		
1143						
1150						
1171						
1172		감무				
후 1175?				감무1175		
?						
?						
1198						
1215						
1232						
1250						
1257						
1260						
1269						
1271						
1284						
1290						
후?						
1305						
1308						
1310						
1314						
1356						
1362						
1377						
1388						
1389						
1390						
1391						
1392						
1393						
조서 1394?		진위현령				
1395						

1397					
1401					
1413	정송 수원도호부속 현고, 송산부곡	진위 수원도호부영현		양성현감 수원도호부영현	안성 수원도호부영군	
1414					
수월 10월?					
1415					
1416					
1419					
1424		송장 내속	구) 수원부 소속		

보론 :
신라 골품귀족의 양반전 지배
(신라 골품귀족의 경제적 기반)

1. 머리말

新羅社會에서는 骨品制란 엄격한 신분제가 존재했던 것으로 이해되고 있다. 즉, 신라라는 일정한 시간적·공간적 범위내에서 살아가는 인간은 '골품'에 의해 그의 정치적·사회적 제반 활동을 규정받고 있었다는 것이다. 그리고 그러한 제도로서의 골품제는 그 기원의 측면, 그 변천의 측면, 그 구조의 측면—전체적, 개별적—, 그 본질의 측면, 여타의 사회제도—官位制 등—와의 관련의 측면, 그 소멸의 측면 등에서 다양하게 추구되어 왔다. 그 결과 우리는 상당한 정도로 그 구체적인 모습을 그려볼 수 있게 되었다.

그러나 우선 가장 기본적이며 선결적인 문제, 즉 그 본질의 문제에 대한 현재까지의 연구성과는 만족할만한 것은 아니다. 즉, 한 부류의 연구경향은 血緣的 요소에 치중하여 혹은 '모계적 caste제' 혹은 '세대친족공동체' 등에서 그 본질을 추구하고 있다. 다른 부류의 연구 경향은 이러한 기존의 정설에 대한 근본적 재검토 위에서 地緣的 요소를 부각시키기도 한다.

이러한 연구경향에는 공통적으로 하나의 암묵적 전제가 깔려 있는 듯하다. 즉, 어떤 하나의 제도가, 그것도 사회생활에서 결정적으로 중요한 어떤 제도가 특수한 하나의 요인에 의해 지배받고 있을 것이란 선험적이며 결정론적 사고에 의해 제약되고 있는 것이다. 물론 그렇다고 해서 어떤 하나의 제도의 본질이 여러 가지 요인의 병렬적 복합에 의해 결정된다는 현상적 파악에 머물러야 한다는 것은 아니다. 여러 다양한 요인이 고려되어야 하고, 다음에 그것들의 상관관계가 구명된 후 비로소 그것의 구조적 해명이 이루어질 수 있음을 강조하고자 할 뿐이다.

이런 인식을 바탕으로 할 때 골품제의 본질을 구성하는 요인 중 '혈연', '지연'과 함께 고려되어야 할 것으로서 종래 경시되어 왔던 '경제적 기반'의 일단이 해명되어야 함은 자명하다. 과연 그것이 무엇이었을까? 흔히 전근대사를 문제삼을 때 우리가 상정해 볼 수 있는 것은 두가지가 있을 수 있다. 첫째는 '노동력'의 직접적 지배, 그리고 그런 지배를 가능하게 하는 '제반 사회적 장치'를 생각해 볼 수 있겠다. 그 둘째는 이 노동력의 지배를 가능하게 하는 매개항으로서의 '土地所有'의 양태, 그리고 그것의 구체적 운영실태를 고려해 볼 수 있겠다. 이 중 그 어떤 것이었을까? 혹은 그 중 어느 것도 아닌 제3의 어떤 것이었을까? 이것이 이 논고의 과제이다.

이의 해명을 위해 가장 기본적으로 갖춰져야 할 자료가 '戶籍', '土地臺帳'일 것임은 재론할 필요가 없다. 그러나 우리가 아는 한 이 시기의 자료로서는 기껏해야 '新羅帳籍' 하나뿐이며 그것도 일차적 자료인지 이차적 구성인지 확실하지도 한다. 게다가 연대기 자료로서의 기본사료인 《三國史記》에도 형식적 규정만 나타날 뿐이지 그것의 구체적인 모습을 살필 수 있는 자료는 없다.

이런 제약을 극복하기 위해서는 신라라는 동일 공간상에서의 여타의 사회제도—정치적·사회적·사상적—와의 관련하에서의 구성적 파악, 일관된 구조를 가지고 있는 특정제도인 골품제의 시간적인 推移—그것의 성립·변천·소멸—를 조명해 볼 수 있는 정당한 방법론의 제시가 무엇보다 긴요하다. 즉, 골품제가 신라사회에서 차지하는 위치는 어떤 것이었으며 또 그 사회적 기능은 무엇이었던가? 그리고 그러한 성격을 갖는 제도로서의 골품제가 종래의 이해처럼 後三國期를 통해 소멸해 버렸던가? 그랬다면 그것은 무엇을 의미하며, 그 이후 사회—고려·조선사회—

에서는 신라사회에서 골품제가 담당했던 사회적 기능을 어떤 제도가 이어 받게 되었는가? 만약 소멸한 것이 아니라 어떤 형태로의 형태전환을 한 것에 불과하다면 그 전형형태는 무엇이며 그 기능의 변화는 무엇인가?

요컨대 골품제의 공간적 구성과 시간적 추이에 대한 현존 사료에 근거한 재검토가 요구되는 것이다. 그것은 종래의 골품제 연구가 그 본질의 측면에서 다양하게 추구했어야 할 것임에도 불구하고 특정요인 ─ 특히 혈연적 요소 ─ 에만 집착하여 천착해 온 경향을 상기할 때 불가피하게 요구되는 작업이다. 그런데 그런 작업은 일거에 이루어질 수는 없다. 여기서는 그 기초 작업의 일환으로 골품제의 본질을 구성하고 있는 한 요인으로서의 경제적 기반의 해명에 일차적인 목표를 두기로 한다. 따라서 다음과 같이 그 고찰의 범위를 한정해도 무방하리라 생각된다. 첫째로 골품제 기사의 용례를 검토하여 그 사회적 기능을 확정한다. 둘째로 종래 羅末麗初를 분기점으로 하여 골품제가 소멸했다는 가정을 잠정적으로 보류하여 ─ 그것은 본질을 구성하는 일 요인일 뿐인 혈연적 요소에만 주목하여 얻은 결론이었기 때문에 절대적인 전제로 삼을 필요는 없다 ─ 그 계승형태로서의 '品制'를 상정하고,[1] 그 '品'에 관한 용례분석을 통하여 그 사회적 성격을 확인한다. 마지막으로 동일한 기반을 비교·조정하여 골품제의 경제적 기반을 추론한다.

이런 추론 과정의 유효성을 높이기 위해서는 다음의 두가지 선결작업이 필요하다. 첫째 종래의 연구자들이 골품제를 어떻게 이해해 왔으며, 그 본질의 하나로서의 경제적 기반에 어느 정도 주목해 왔는가를 살피는 것이다. 이를 위해 먼저 '연구사'를 소묘하기로 한다. 둘째 용례분석을 위

---

1) 이러한 발상을 전제로 한 선행연구로서 李成茂, 1976 <官職制度를 통해본 朝鮮初期 兩班의 身分的 地位>, ≪國民大論文集≫ 및 ≪한국사≫(국사편찬위원회) 관계부분서술이 참고 된다. 단 그것은 관료제와 신분제의 통일적 이해라는 선에서 시도되었을 뿐이다. 또 그런 이유로 해서 이후의 저작 ≪朝鮮初期 兩班研究≫ (1980)에서 골품제에 대한 이해는 종래의 통설로 되돌아가고 있다.

해 선택될 골품·품의 용어법 및 그 상호관련을 살피는 것이다. 이를 위해 서는 보다 세밀한 관찰 및 정밀한 분석이 요구되는 것이지만, 여기서는 주제와 관련되는 범위안에서 예비적으로 고찰하는데 그치기로 한다.

2. 연구사의 소묘

골품제 연구의 역사는 오래다. 신라사회에서 골품제가 차지하는 중요 성에 비추어 볼 때 일찍부터 연구자들이 그것에 주목했다는 것은 자연스 러운 현상이라 하겠다. 또 연구의 분량이 많아지고 그 논점이 다양해짐 에 따라 그것을 체계적으로 이해해 보려는 노력이 나타났음도 당연한 결 과였다. 각 개별 논고들이 그들의 주제를 한정하기 위해 서론격으로 정 리한 연구경향 분석을 제외하더라도, 전체에 대한 조망을 목적으로 정리 된 본격적인 연구사 서술도 이미 나와 있다. 그 하나는 '지연성'에 주목 한 정리2)이고, 다른 하나가 '혈연성'에 치중한 정리3)라고 대략 요약할 수 있겠다. 이 두 논고는 기존의 연구경향을 살펴보고 앞으로의 과제를 제시했다는 점에서 연구사적 의의를 갖는다고 생각된다.

이런 성과를 가지고 있으면서도 구태여 이를 다시 거론하는 것은 다 음의 이유에서이다. 즉, 그 각각의 논고가 서 있는 관점만이 부각되고, 현재 우리가 목표로 하고 있는 경제적 기반에 대한 관점정리가 소략하거 나 아주 결여되어 있기 때문이다.

따라서 우리는 골품제의 본질에 대한 최초의 방법론적 단서를 연 논 고의 검토로부터 다시 출발할 수 밖에 없다. 白南雲은 1933년에 발간한 ≪朝鮮社會經濟史≫에서 골품제의 본질4) 및 골품제에 의한 사회생활

---

2) 井上秀雄, 1974 ≪新羅史基礎研究≫, 제7장 신라의 골품제도
　　———, 1980 <古代朝鮮의 姓氏>, ≪歷史公論≫ 6—9
3) 武田幸男, 1965 <新羅의 骨品體制> ≪歷史學研究≫ 299

의 계급상⁵⁾을 논하고 있다. 이를 논점별로 요약하면 다음과 같다.

첫째, 골품의 原意는 태고시대부터의 씨족제였는데, 국내적으로는 재산제의 발달·정복사업의 진행·계급국가의 발전, 대외적으로는 중국문화의 수입 등과 병행하여 점차 특권적 골족제로 되어 버렸다.

둘째, 경주 6부가 八品姓骨의 주요부분이었다. 또 頭品은 최초는 村頭였었는데, 성씨의 붕괴과정에서 민주적 선거 추장제가 왕권의 맹아형태로서의 세습추장제로 변화한 것이다. 이리하여 6개촌락의 우두머리는 6두품…식으로 각 촌주가 특권적 관리로 됨과 동시에 본래의 추장격인 두품은 官品으로 되었을 것이다.

셋째, 그 물질적 기초조건은 최초 노예군의 소유로부터 대토지 영유에로 진전하였다. 그리고 기원 후 834년의 下敎는 사회적 생산력의 증진의 결과인 동시에 노예경제가 지양되고 봉건사회가 출현할 수 있는 역사적 발전의 필연적 과정을 보이는 것이다(이상 강조점은 필자가 붙임, 이하 같음).

즉, 이상을 관점별로 정리하면, (1) 골품=혈연적 신분제의 측면, (2) 골품=지연적 신분제의 측면, (3) 골품=계급의 측면이 된다. 이하 이 세 가지 관점별로 그 이후의 연구동향을 당면의 주제에 관련되는 범위내에서, 그 본질·역사 ― 특히 소멸 ― 의 측면에만 한정하여 정리해 보겠다. 압도적으로 많은 논자가 혈연적 신분설에 주목해 왔기 때문에 이 세 관점의 항목간에는 축적된 연구량에 차이가 있다. 따라서 이들을 동일 평면상에서 논의한다는 것이 이상하게 생각될지 모른다. 그러나 나머지 두 관점도 첫 관점에 못지않게 중요한 것이며 단지 정당한 평가를 받지 못해 왔다는 점이 다시 한번 상기될 필요가 있다.

---

4) 白南雲, 1933 《朝鮮社會經濟史》, 제1편 원시씨족사회 제6장 성씨제 제2절
5) 上揭書, 제17장 신라 제12절

(1) 골품=혈연적 신분설

(가) 골품=세대공동체설

이는 일정범위의 친족적 세대가 신분을 결정하는 근본적 요인이라고 보는 견해이다. 그리고 그 친족집단의 광협에 따라 '7세대' 혹은 '3세대' 등의 견해가 피력되었다.

먼저, 불교경전에서의 '七世父母'란 용어의 발견, 그것의 신라사회에서의 구체적 적용례로 보이는 '範淸'의 族降記事, 왕위의 계승 및 교체 등에서 그 기초집단으로서의 '7세대'를 적출해 내고, 이를 고려 성종대의 '5세대'와 비교하여 그 의의를 확인한 후, 이러한 친족집단이 나말려 초 후삼국기를 통하여 소멸한 것으로 보는 견해6)이다. 이에 대해서는 新羅史에서의 구체적이며 실증적인 반증사료가 제시되기도 했고, 高麗史에서의 세대공동체 존재설에 대한 회의적 견해7)가 피력되기도 했다.

한편 성골로부터 진골로의 왕위이전의 계보를 정밀하게 분석하고, 보다 좁은 범위인 '3세대' 기초집단을 추출하여, 이 시기에서의 '7세대 기초집단설'과 병열되는 견해8)를 제시하기도 하였다.

(나) 골품=카스트설

카스트의 기준을 족내혼·세습 직업·성직자 계급제·계급간의 기피에 두고 신라사회를 관찰해 볼 때, 신라사회에서의 골품이 바로 카스트라 볼 수 있다9)는 것이다. 즉, 신라 왕실에서의 근친혼적 성격, 성골에서 진골로의 이행과정에서 볼 수 있는 혈연요소의 세습성, 골품제의 형성이 정복 피정복관계에 의한 것이 아니라 신라사회 내부적 조건에 의거했다는 점, 고려에서의 복고정책·왕실 근친혼 등으로 보아 이것이 재인식되

---

6) 金哲埈, 1968 <新羅時代의 親族集團>, ≪韓國史研究≫ 1
7) 李基東, 1980 ≪新羅骨品制社會와 花郞徒≫ 머리말 참조
8) 李鍾旭, 1980 ≪新羅上代王位繼承研究≫
9) 三品彰英, 1963 <骨品制社會>, ≪古代史講座≫ 7

고 실천되었다는 점이 그 근거로서 제시되고 있다.

한편 근년의 사회인류학적 연구자에 의해서도, 신라의 골품제가 세계
사에서의 카스트제의 보편적 존재를 확인하기 위한 일 연구자료가 된
다[10])는 점에서 그 의미가 부각되기도 했다. 그러나 그 혈통적·신분적인
폐쇄성·세습성의 엄격함에서 그 전형으로 간주되어 왔던 인도의 카스트
제 자체도 원래 그 사회내부의 고유한 것이었기보다는 영국의 인도에 대
한 식민지적 지배에 의해 고착된 것으로 보는 근년의 연구[11])는 아시아
적 특수성으로서의 아시아적 생산양식론에 대한 이론적·실천적 비판이
란 점에서 충분히 음미되어야 할 것으로 생각된다.

이렇게 볼 때 골품의 본질로서 혈연적 요인을 전면에 내세우는 입장
에서도 여러 가지 견해가 엇갈리고 있고, 그것의 이론적·실증적 근거도
매우 박약한 형편이다. 아울러 그런 본질파악의 차이에서 당연히 도출되
는 것이지만, 그것의 소멸시기에 대해서도 현저한 견해의 차이가 보인
다. 이것은 강조해서 말하면, 골품제의 본질로서의 혈연성의 제약이란
절대적인 것이 아니라고 파악할 수 있는 근거가 되지 않을까?

오히려 이런 혈연적 제약이란 고려사회에서 田丁連立의 순서, 功蔭
田 ― 이는 '品'에 의해 규정되고 있다 ― 傳給의 범위를 정한 다음의 기
사가 그 실체에 가까울 것으로 생각된다.

諸田丁連立 無嫡子則嫡孫 無嫡孫則同母弟 無同母弟則庶孫 無男孫
則女孫[12])
無子人功蔭田傳給女壻親姪養子義子[13])

즉, 諸田丁[14])의 연립은 嫡子→嫡孫→同母弟→庶孫→女孫의 순서

---

10) 李基東, 1982 <新羅 骨品制度와 日本의 姓氏制度>, ≪歷史學報≫ 94·95합집
11) ≪經濟史學≫ 6(1983), 金鴻植의 小谷汪之 著書에 대한 서평 참조
12) ≪高麗史≫ 권 84 刑法志 1 戶婚 靖宗 12년 判
13) ≪高麗史≫ 권 78 食貨志 1 功蔭田柴 文宗 27년 정월 判

로 이루어지며, 男系子孫이 없는 경우의 '功蔭田傳給'은 女壻·親姪·養
子·義子에게로 이어진다는 것이다.[15] 요약해서 말하면 세습적 혈연이
골품을 결정하는 것이 아니라, 職役──이는 '品'에 의해 계층화 한다──
을 매개로 하여 田丁을 연립할 때 혈연적 범위가 '고려'된다는 것이다.
골품제를 후대의 品制와 연속선상에서 파악하는 본고의 방법론의 정당
성이 확인되면 이런 추측은 보다 확고한 근거를 확보할 수 있을 것으로
보인다.

(2) 골품=지연적 신분설

신라신분제도로서의 골품제가 그 혈연적 측면에서 천착되고 있는 가
운데서도 그것의 지연적 측면이 아울러 고려되고 있었다. 六頭品이 경
우 왕도내의 주민에 한정되어 있는 점을 지적한 것이라든지, 官位制에
서도 왕도내의 주민에 대한 京官과 지방주민에 주어지는 外官이 있고,
그 외관이 통일전쟁의 시기에 소멸했다는 사실을 확인하는 등의 시도[16]
가 있었다.

한편 어떠한 제도라도 국가권력의 성쇠와 지배계급의 정치적 관심에
의해 '開廢' 된다는 전제하에서 골품의 기본사료를 검토하고, 그 사료의
수가 지금까지 생각되어 온 제도의 비중에 비해 너무 적으며 또 골품이
금석문에 등장하는 인명기재의 필수적인 요소로 되어 있지 않음을 지적
하기에 이르렀다. 따라서 당연히 인명기재의 필수요소인 지연이 사회기
능의 중핵을 이루고 있었으며, 毗曇의 내란을 계기로 한 중앙집권적 율
령체제의 정비과정에서 혈연적인 骨制度가 확립되기는 했지만 여전히
지연적 신분제를 압살할 수는 없었다는 것이다. 그러다가 A.D 9세기 전

---

14) 田丁의 실체에 대한 諸說은 金容燮, 1983 <前近代의 土地制度>, ≪韓國學 入門≫
     을 참조
15) 보다 상세하게는 旗田巍, 1972 ≪朝鮮中世社會史의 硏究≫, 제14장 참조
16) 武田幸男, 1965 前揭論文

반에 귀족 연합정체가 부활함으로써 지연적인 신분제인 두품제를 제도로서 원용하고 骨制下에서 신분제도의 일원화를 도모한 것이 골품제의 성립이라 결론짓고 있다. 즉, 혈연요소가 강한 골제는 정치적·외교적 필요에서 제도화되었고 지연적인 요소가 강한 두품제가 신라신분제의 기조로 되어 있었다는 주장[17]이다. 또한 이러한 신라신분제는 고려 전반부터 중국의 혈연적 姓제도의 도입에 의해 만든 신분제와는 아무 관계도 없다고 주장한다. 다만 이런 지연성이 강한 신라신분제가 이후 어떻게 되는지에 대한 언급은 없다.

기실 고려·조선을 통하여 지방민의 중앙으로의 진출 및 그것의 억제라는 것이 신분 결정에 있어 중요한 요소였던 것이 고려될 때, 이런 지연적 요인의 신분결정에서의 제약은 상존했던 것으로 보아 좋을 것이다. 그러나 한편 어떠한 제도도 지연성·혈연성의 양면을 동시에 지니고 있다고 보아야 하며, 그런 의미에서 신분결정에서의 '지연적 요인'이란 전 요인 중의 일측면에 불과하다는 점이 지적될 수 있을 것이다.

아울러 골품제를 骨制와 頭品制로 나누어 고찰하고, 전자를 혈연적 신분제, 후자를 지연적 신분제라 규정하는 연구경향도 이런 관점에서 재검토 될 여지가 있을 것으로 보인다. 또 이렇게 분리시켜 놓고, 그 중 어느 것이 주요인인가를 둘러싸고, 골제가 기본적일 때는 혈연적 신분제, 두품제가 기본적일 때는 지연적 신분제라 규정할 수 있다는 암묵적 전제하에 '골'이 보다 기본적인 것이었음을 주장하는 근년의 논지[18]도 있다. 이것도 마찬가지 의미에서 방법론적으로 재음미 될 필요가 있을 것 같다. 따라서 우리는 골품제를 논의할 때 아울러 고려해야 할 계급적 측면에 대한 검토를 하지 않을 수 없다.

---

17) 井上秀雄, 1974 前揭書, 제7장
18) 李基東, 前揭論文

(3) 골품=계급설

골품제의 물질적 기초조건이 최초 노예군의 소유로부터 대토지 영유
에로 진전하였으며, 그것은 사회적 생산력의 증진의 결과인 동시에 노예
경제가 지양되고 봉건사회가 출현할 수 있는 역사적 발전의 필연적 과정
이었다는 파악 이후 오랫동안 이에 대한 연구가 계속되지 못하였다. 그
이유를 연구대상이 잘못되어 그렇다기 보다는 연구방법상의 차이 때문
이라 파악하고, 상기의 전제가 현단계에서 충분한 설득력을 가질 수 없
으며 이는 금후 새로이 생각해야 할 과제라고 지적한다.[19] 혹은 견해의
문제 이전에 사료의 문제가 크며, 이를 극복하기 위해서는 골품제에 한
정하지 말고 토지소유의 문제·노예의 문제 등으로 연구분야를 확대해야
할 것이란 제언[20]도 있었다.

이러한 문제제기에도 불구하고 본격적으로 그에 관한 연구가 이뤄지
지 않고 있음을 감안할 때, 그것이 연구방법의 문제이든, 사료의 문제이
든, 현실적 제약의 문제이든 매우 어려운 것임에는 틀림없는 것 같다.

한편 골품제의 경제적 기반에 대한 검토가 전혀 이뤄지지 않은 것은
아니다. 일찍이 신라귀족세력의 기반을 잠정적으로 '祿邑'일 것이라 전
제하고, 그것의 사료를 역사적 맥락하에서 검토하는 시도[21]도 있었다.
그런데 그 시도는 연구사적으로 볼 때 중요한 의의를 가짐에도 불구하고
그 이후 계승되지 못하였다. 그것은 축적된 연구량의 제한, 제도의 혈연
적 요인이 과대평가되던 연구분위기, 사료상의 제약 등에 기인하는 것으
로 생각된다.

따라서 이 글에서는 상기의 제반 제약에 대한 반성을 바탕으로 하고,
골품제와 후대의 품제간에 제도적 맥락이 이어짐을 시간적·공간적 측면

---

19) 武田幸男, 前揭論文
20) 井上秀雄, 前揭書, 제7장 결론
21) 金哲埈, 1962 <新羅貴族勢力의 基盤>, ≪人文科學≫ 7

에서 확인한 다음에, 그들 제도의 상호 비교를 통하여 골품의 경제적 기반을 추론해 보고자 한다.

3. 용어에 대한 전제적 검토

골품의 경제적 기반에 대한 직접사료가 전혀 존재하지 않고, 간접사료도 이를 유추할 수 있을 정도가 아님은 지금까지의 서술 결과 확실해졌다. 따라서 우리는 골품과 품의 사회적 기능상에서의 유사성에 주목하고, 이를 '品制'라는 제도적 맥락하에서 파악하여 그것의 공간적 구성과 시간적 추이를 확인하는 방법을 채택할 수 밖에 없다.

그런데 이런 방법의 정당성을 획득하기 위해서는 먼저 골품과 품의 사회적 기능상에서의 유사성이 논증되어야 한다. 그것은 현단계의 연구 수준에서는 매우 중요한 문제이다. 골품제가 기능하던 시기와 후대의 품제가 기능하던 시기 사이에는 커다란 시대적 간격이 있는 것으로 일반적으로 이해되고 있기 때문이다.

게다가 이런 일반적인 이해의 제약 때문에, 현재 그 기능을 분석하고자 하는 '골품', '품'이란 용어에 대한 이해도 무척 혼란되어 있고, 따라서 사료선택에서의 어려움이 따른다. 그러므로 이런 사료선택의 어려움을 완화하기 위하여 우선 그 용어를 계열적으로 음미해 볼 필요가 있다.

品에 관계되는 사료는 형식적으로 관찰할 때 '골품', '품'의 두가지가 있는 것으로 보인다. 그런데 이를 내용적으로 또 일정한 제도적 맥락하에서 관찰하면, 크게 '人品', '官品'의 두 계열로 재분류할 수 있음이 확인된다.

A 始定 職散官各品田柴科 勿論 官品高伍
　但以人品定之

紫衫以上作十八品(細註 생략, 이하 같음)
文班丹衫以上作十品…22)

위 사료는 고려 경종조 소위 '始定田柴科'에 관한 규정이다. 이것이
신라적 질서로부터 후삼국을 거쳐 고려적 질서가 확립되는 과도단계의
규정이라는 것은 명백하다. 바로 이러한 과도적 성격 때문에 이 간단한
규정이 쉽게 풀리지 않은 채 현상적으로 이해되거나,23) 혹은 무리하게
재구성되어 자의적으로 해석24)되고 있는 것이 현재의 실정이다. 그러나,
이 규정은 현재 전혀 역사적 맥락이 닿지 않고 있는 羅末麗初의 사정을
일견 모순된 상태로 보여주고 있다는 바로 그 과도성 때문에 매우 중요
하며, 따라서 충분히 음미 되어야 할 부분이다.

여기서는 이 규정을 현상적으로 이해하거나 무리하게 재구성하는 오
류를 피하기 위해서, 우선 액면 그대로 문맥을 상하게 하지 않으면서, 우
리의 현재의 검토대상인 品의 용어에 초점을 맞추어 읽어 보기로 한다.

첫째, 品에는 '官品'과 '人品'이 있다.

둘째, 官品에는 '職官品'과 '散官品'이 있다.

셋째, 시정전시과는 '官品'의 高低25)에 관계없이 '人品'에 의해 정해
진다.

넷째, '人品'이란 '紫衫以上' '文班丹衫以上' 등등을 말한다.

다섯째, 각 '人品'은 다시 각각 18品, 10品 등등으로 나뉜다.

그런데 위의 서술이 옳은 것으로 판정되기 위해서는 시정전시과 규정
에 당대의 원형이 어느 정도 보존되어 있고, 또 어느 정도 후대의 관념
이 혼입되어 있는지 가려져야 한다. 특히 용어에 주목하여 역사적 사실

---

22) ≪高麗史≫ 권 78 食貨志 1 景宗 원년 11월
23) 姜晋哲, 1980 ≪高麗土地制度史研究≫, 제3장
24) 末松保和, 1953 <高麗初期의 兩班에 관하여>, ≪東洋學報≫ 36—2
25) 원문의 '伍'는 '低'로 보는 것이 온당할 듯하다.

을 설명하고자 하는 경우에 그것은 필수적이다.

먼저 '官品'의 경우를 보기로 하자. 특정 '官職'이 관료체계 내부에서 '특정 개인 내지 문벌과 관계 없이' 官府의 독립적인 질서체계와 관련될 때 비로소 官品이 성립될 수 있다. 이런 의미에서의 官品을 찾아보면 다음의 서술이 주목된다.

> B1 官有常守位有定員[26]
> B2 尙書省·文宗定尙書令一人秩從一品
> 　　小府寺·後改小府監…文宗定判事秩從三品[27]
> B3 丁亥還判小府監事三品[28]

즉, B2의 규정에서 보듯이 구체적인 官職의 질서가 '品'으로 명확하게 규정된 것은 고려 文宗朝이다(이것은 특정관직이 이전에 존재하지 않았다는 것이 아니라 다만 그런 관직이 특정개인이나 문벌로부터 독립하여 독자적인 관부체계 내부에서 질서화되었다는 것을 말할 뿐이다). 그리고 이러한 규정은 明宗 원년의 기사인 B3에서 실제로 시행되고 있음이 확인된다.

또 이러한 점은 동일한 官職에 대한 질서체계의 서술인 新羅期의 다음 기사와의 비교에서도 확인된다.

> C1 必也職有常時 位有定員 所以辨其尊卑 待其人才之大小[29]
> C2 執事省…中侍一人…景德王五年改爲侍中 位自大阿湌至伊湌爲
> 　　之[30]

---

26) ≪高麗史≫ 권 76 百官志 1 序
27) 同上
28) ≪韓國金石全文≫ 中世下 p.343 <崔祐甫墓誌>
29) ≪三國史記≫ 권 38 職官志 上
30) 同上

즉, C2에서 보듯이 구체적 관직(집사성, 시중)의 위계가 구체적 官等 名의 범위(自~至)로 표현되어 있을 뿐이고 그것 자체가 독자적인 질서 체계로 규정되어 있지 않다. 이것은 특정관직에 대한 질서체계가 독립되어 있지 않았으며, 오히려 특정관직은 '골품'에 의해 제어되는 官等에 의해 상대적으로 규정되고 있었다는 단적인 증거가 된다. 즉, 아직 '官 品'은 성립되어 있지 않았다는 것이다. 게다가 동일한 관료질서를 규정 하고 있는 '志'가 《고려사》에서는 '百官', 《三國史記》에서는 '職 官'이란 다른 명칭으로 되어 있고, 그 서문에서도 동일한 내용을 서술하 면서 B1에서는 '官位', C1에서는 '職位'라고 다른 용어를 사용하고 있 다. 이것도 위의 사실과 관련하여 '官品'이 성립되어 있지 않았다는 방 증이 된다.

이렇게 볼 때 적어도 新羅期에는 '官品'이 성립되어 있지 않았고, 그 것이 명확하게 제도적으로 규정된 것은 고려 문종조라 말할 수 있겠다. 그런데 제도적 규정이 바로 그 제도의 시작을 의미하지는 않기 때문에 官品 성립시기에 대해서는 보다 세밀한 고증이 필요하다. 그러나 이 부 분은 잠시 보류하고 이런 의미의 관품이 성립될 수 있기 위한 전제가 되는(관부가 독립된 질서체계로 이루어질 때 관직을 띠는 자격자의 서열 이 미리 혹은 동시에 정해져야 하기 때문에) '散品'에 대한 검토로 옮아 가 보자.

官品을 상기와 같이 이해할 때 이러한 官品체계와 독립하여 특정개 인이나 문벌에게 부여되는(일정한 교육, 심의를 거친 후, 혹은 공로에 의 해)[31] '品'이 정리될 필요가 있음은 당연하다. 그것을 살필 수 있는 것이

---

31) 신라·고려에서 科擧制 실시 이전에 중국 南朝에서와 같은 起家制가 성립되어 있 었는지는 확실하지 않다. 《高麗史》 열전이나 제반 금석문에서 관료세계로 나아 감을 '起家'라 한 예는 다수 보인다. 연구해야 할 과제이다. 이런 '기가제'를 예상 하고 '골품제'의 하한을 추정한 논문에는 申瀅植, 1976 <新羅社會와 骨品制>, 《文學과 知性》 7—2가 있다.

다음의 규정이다.

> D1 國初官階 不分文武…成宗十四年 始分文武官階 賜紫衫以上 正
> 階…文宗改官制 文散階凡二十九 從一品曰開府儀同三司 正二品
> 曰特進 從二品曰金紫光祿大夫…從九品上曰文林郎 下曰將仕
> 郎…32)
> D2 成宗十四年 定武散階凡二十有九 從一品曰驃騎大將軍…正九品
> 上曰仁勇校尉 下曰仁勇副尉…33)
> D3 肅宗十年癸未 公年十歲 以父蔭 入仕 爲將仕郎
> 軍器主簿同正…轉金紫光祿大夫守司空集賢殿大學士…34)
> D4 黃利縣戶長仁勇校尉閔棟梁等…35)

즉, 규정을 형식적으로 파악할 때 '散品'의 성립시기는 成宗 14년인
것으로 보인다. 그리고 이들 文武散階가 실제로 시행되고 있음은 금석
문(D3, D4)을 통하여 확인할 수 있다.

그런데 文散階의 경우는 그 계통이 신라의 位階(武田幸男), 고려초의
官階로 이어진다고 한다. 즉, 官階는 摩震國의 관호에 기원을 가지며
구 신라계 위계에 대립해서 고려왕조 성립 직후에 창설되고, 고려에 의
한 통일 사업에 의해서 완성되는데, 광종조에 들어와서는 중국식 문산관
과 병칭되며 성종조에 드디어 폐지되었다는 것이다.36) 한편 신라계 위
계도 금석문에 의하면37) 광종 원년까지 잔존한 것을 확인할 수 있다. 결
국 文散階의 계통은 신라 위계(官等, 職位)→ 고려官階 성립(고려 성
립)→ 신라위계·고려관계 병칭(정종조까지)→ 신라위계·고려관계·중국식

---

32) ≪高麗史≫ 권 79 百官志 2
33) 同上
34) ≪韓國金石全文≫ 中世上 p.234 <金義元墓誌>
35) ≪韓國金石全文≫ 中世上 p.218 <黃利縣牛子>(고려 宣宗 2년)
36) 武田幸男, 1964 <高麗初期의 官階>
37) 沙粲□□□□監□賜緋魚(≪韓國金石全文≫ 中世上 p.155 <大安寺廣慈大師碑>
'光宗 원년')

문산관 병칭(광종조부터)→ 문산계 단일화(성종초)로 정리할 수 있겠다.
그리고 그것은 적어도 문종조에 '官品'이 독립하는 시기까지는 관료세
계의 일체를 규제하는 유일한 지배질서 체계였으며, 또 뒤집어 말하면
이런 의미의 '散官品'의 정리가 성종조에 이루어지면서 職官의 질서에
대한 정리가 시작되었고, 이것이 문종조의 '職官品' 규정으로 나타난
것으로 이해된다. 그리고 武散階도 이런 제도의 변천에 준했을 것으로
보인다.

이런 '職官品', '散官品'에 대한 이해를 바탕으로 할 때 시정전시과에
서 확인되는 두 번째 점, 즉 '官品'에는 '職官品', '散官品'이 있다는 인
식은 크게 틀리지 않는다고 보아도 좋다. 다만 이 경종조는 아직 체계적
인 官品의 정비가 이뤄져 있지 않은 때였기 때문에, 이러한 서술은 다분
히 후대의 관념이 혼입된 것임을 알 수 있다. 따라서 또 그 세 번째로
지적된 시정전시과가 '官品의 高低'에 의해 정해질 수 없었던 점은 너
무나 당연한 결과였다고 할 것이다.

그리고 그 기준은 당연히 당시의 관료지배질서체계가 될 수밖에 없었
을 것이고, 그것이 '人品'이란 용어로 표현된 것으로 보아야 하겠다. 상
기의 문산계 계통의 추적에서 이에 대응하는 것으로 신라의 위계, 고려
의 관계, 당의 문산관이 있다. 그런데 종래 이 '人品'의 해석은 태조 23
년의 役分田 지급기준으로서 '人性行善惡 功勞大小'라는 형식적 규정
을 축조적으로 적용하는데 그쳤다.[38] 물론 '人品'을 규정하는 기본요소
는 그것이었을 것이다. 그러나 엄연히 관료지배질서체계가 존재하던 당
시에는 그런 기본요소들이 이 체계에 반영되어 나타났을 것이고, 그것이
다름아닌 '紫衫以上…'의 규정이었다고 봐야 하겠다. 그런데 이 복색규
정 자체, 그리고 복색 규정과 '人品'과의 관계를 추정하기 위해서는 좀
더 세밀하게 들여다 볼 필요가 있다.

---

38) 국사편찬위원회, ≪한국사≫ 고려

우선 복색관계 기사를 비교해 보자.

E1 定百官公服 元尹以上紫衫 中壇卿以上丹衫 都航卿以上緋衫 小主
簿以上綠衫[39]

E2 自太大角干至大阿湌紫衣 阿湌至級湌緋衣 並牙笏 大奈麻奈麻靑
衣 大舍知先沮知黃衣[40]

E2에서 보면 복색이 紫·緋·靑·黃으로 구분되어 있고 그 각각은 官
等(職位)의 범위에 의해 규정되고 있다. 그리고 이미 밝혀진 바와 같이
각 복색은 각각 진골·6두품·5두품·4두품의 상한을 나타낸다.[41] 이에 비
해 E1에서의 복색은 紫·丹·緋·綠으로 구분되어 있고, 그 각각이 元尹·
中壇卿·都航卿·小主簿로 되어 있어 훨씬 복잡하다. 즉, 元尹 이상은
'官階'로, 中壇卿以下는 '官職'으로 그 기준을 삼고 있다. 이것은 바로
제도의 과도적 성격을 보이는 것이라 볼 수 있다. 그 과도적 성격이란
다름아닌 이 단계에서의 관료지배질서체계가 신라위계·고려관계·당 문
산관 등으로 병칭되고 있었다는 것을 반영한 것에 불과하며, 그것은
'品'의 관점에서 볼 때 '人品체계'로부터 '官品체계'로 이행하는 것을
보이고 있는 것이다. 그리고 당시 아직 官品체계는 완전한 규정으로 정
리된 단계가 아니므로, 역시 주가 되는 것은 人品체계이었을 것이고, 그
원형은 신라관계의 규정요소인 '골품제'에서 찾아야 할 것이다.

명확한 규정없이 '人品체계'라고 썼는데, 이를 좀더 살펴보기로 하자.

F1 人有上下 位有尊卑 名例不同 衣服亦異[42]

---

39) ≪高麗史≫ 卷 72 輿服志 公服
40) ≪三國史記≫ 권 33 雜志 2 色服
41) 金哲埈, 1956 <高句麗·新羅의 官階組織의 成立過程>, ≪李丙燾博士華甲紀念史
    學論叢≫; 1975 ≪韓國古代社會研究≫
42) ≪三國史記≫ 권 33 雜志 2 色服 興德王 19년

　　F2 品眞骨 位韓粲43)
　　F3 眞骨位自舍知至阿湌爲之
　　　　次品自奈麻至四重阿湌爲之44)

　먼저 F2에서 보면 '진골'도 '品'으로 인식되고 있는 것이 확인된다. 이 점은 F3에서도 적용되는 것으로 보인다. 즉, '大官大監'의 官職에 취임할 수 있는 자의 자격을 규정하면서 眞骨, 次品이라 했으니 眞骨도 역시 크게 '品'의 범주에 속하는 것으로 볼 수 있는 것이다. 이러한 용어법에 의하면 '골품'이란 용어는 부적당하고 오히려 '品'이란 용어로 대체되어야 할 것 같다. 그리고 그 '品'의 성격은 F1에서 '人有上下'라 할 때의 '人'의 品을 의미함이 확실하다(이런 의미에서의 '人'이 꼭 개인적인 것이라 볼 필요는 없다. 職을 매개로 한 특정 문벌 내부에서의 品의 連立이란 사실이 배제되는 것도 아니다). 이것은 앞 C1에서의 '待其人才之大小'라 할 때의 '人'의 의미로 볼 때도 유추될 수 있는 것이다. 따라서 소위 '골품'이래 '官品'이 성립할 때까지의 관료지배 질서체계를 '人品'체계라 불러도 무방한 것으로 생각된다. 이렇게 볼 때 시정전시과에서의 '官品', '人品'이란 용어는 꼭 정확한 용어법이라 단정할 수는 없지만, 제도의 이행, 구조적 파악이란 측면에서 무리가 없다고 보아 좋을 것이다.

　마지막으로 시정전시과의 각 人品에 따른 18品·10品 등의 '品'의 문제인데, 이 점은 아무래도 용어상의 혼란이라 볼 수밖에 없다. 그것이 人品의 등급을 의미하는 것이 아님은 명백하다. 또 그것이 官品일 수도 없다. 따라서 이것은 단순한 등급의 의미로 봐야할 것 같다. 更定·改定 전시과에서의 18科가 숫자상으로 18品에 대응되는 것으로 보아, 바로 그런 의미의 '科' 정도로 바꿔서 생각해 볼 수 있을 것 같다. 물론 이

---

43) ≪韓國金石全文≫ 古代 p.124 <聖住寺朗慧和尙白月葆光塔碑>
44) ≪三國史記≫ 권 40 雜志 9 職官下 武官 大官大監

科는 官品·人品과 전혀 무관한 것이 아니다.[45) 다만 현재 논의하고 있
는 官品·人品의 계보적 이해와는 직접적으로 상관되지 않음을 확인하
는 정도로 그친다.

　이상에서 다음의 두가지 점을 정리할 수 있겠다. 첫째, 관료지배질서
를 나타내는 品에는 '人品'과 '官品'이 있다. 둘째, 品은 최초 '人品체
계'로부터 '官品체계'로 이행하는 과정을 밟는다. 그 이행의 의미는 앞
으로 밝혀져야 할 과제의 하나이다. 용어에 관한 부분은 앞으로 더 자세
한 고증이 이루어진 후에 확정하기로 하고, 여기서는 종래의 용어법대로
'골품', '품'이라 쓰기로 한다. 다만 다시 한번 부연해서 강조해 둬야 할
것은 '골품제'와 '품제'는 그 사이에 커다란 시대적 간격이 있는 것이
아니라 '동일구조 내부에서 계기적으로 이행'하는 것이라는 점이다.

　이하 이점을 그 각각의 사회적 기능을 검토함으로써 재확인해 보기로
한다.

4. '골품' 및 '品'의 사회적 기능과 그 위치

　'시정전시과'에 대한 이해를 바탕으로 '골품', '품'의 용어를 검토하는
가운데 그들이 동일구조 내부에서 繼起的으로 이행하는 성격의 것임을
확인할 수 있었다. 결과적으로 그것은 '品制'를 시간적 이행이란 측면에
서 검토해 본 것이 되었다. 그러나 그것이 막연히 역사적 전후 맥락을
가진다고 해서 그것의 사회구조적 성격이 밝혀진 것은 아니다. 이들 제
도 사이에 동일한 시대적 성격이 부여되기 위해서는 그 각각이 사회구성
상에서 어떠한 기능을 하며, 또 어떠한 위치를 차지하고 있는가를 밝혀

---

45) 혹 양 체계를 잇는 과도적 지표로 채용되기 시작하여 그것이 科田法까지 잔존한
　　것으로 볼 수 있을지 모르겠다.

야 한다. 즉, 지금까지 골품제는 혈연적 혹은 지연적인 일정범위의 인간 집단이 상정되고, 이들의 사회생활 전부를 규제하는 원리로서 이해되어 왔다. 또한 후대의 '品'은 단지 관료세계의 등급을 나타내는 지표정도로 이해되어 온 감이 짙다. 따라서 연구영역도 골품제는 '신분제'란 측면이 강조되어 사회사적 고찰이 주가 되고, 후대의 품제는 '관료제'의 측면에 만 한정되어 주로 정치제도사적 관심의 대상이 되어 왔다. 과연 이런 정도의 이해에 머물러도 좋은 것인가? 이는 구체적인 '골품' 및 '품'의 용례분석을 통하여 해답을 구해야 할 것이다.

> G1 儒理王九年 置十七等 一曰伊伐湌…五曰大阿湌 從此至伊伐湌 唯眞骨受之 他宗則否[46]
> G2 執事省…中侍一人…位自大阿湌至伊湌爲之[47]
> G3 色服…興德王卽位九年太和八年 下敎曰…眞骨…六頭品
> 車騎…
> 器用…
> 屋舍…[48]

위의 사료는 이미 일찍부터 골품제 연구자들의 주목을 받아왔고 ―또 사실 골품제에 관한 사료도 통틀어 얼마되지 않기 때문에 반드시 인용되 게 되어 있다― 그것의 의미는 충분히 정리되어 있다고 말할 수 있다. 여기서 새삼스럽게 이 사료를 인용하는 것은 그것에 대한 평가가 미진하 기 때문이 아니라 지나치게 강조되고 혹은 부분적인 측면만 부각되었기 때문이다. 그러므로 이를 정당하게 평가하여 사회구성적으로 이해할 필 요가 생기는 것이다.

먼저 G1 사료는 골품이 '官等'을 결정하는 기준이 된다는 것을 말해

---

46) ≪三國史記≫ 권 38 雜志 7 職官 上
47) 同上
48) ≪三國史記≫ 권 33 雜志 2

주고 있다. 또 G2 사료는 G1과 관련하여 골품이 '官職'을 결정하는 요소가 된다는 것을 보여주고 있다. 종합하면 골품이 官等·官職 등 신라 사회에서의 상부 官僚秩序라는 정치적 측면을 결정하는 주요요인으로 되고 있음을 확인하게 된다. 즉, 골품은 신라 사회에서의 정치적 질서를 규제하는 기능을 수행한다. 그리고 그것은 일반농민의 그것이 아니라 상부관료세계의 정치질서를 표시하는 위치를 점하고 있다.

다음 G3의 사료는 각 골품에 따른 '色服' '車騎' '器用' '屋舍' 등에 관한 상세한 규정을 보여주고 있다. 이것은 사회생활에서 필수적인 의식주에 관한 규정이며, 따라서 골품이 사회적 제반 양식을 규정하는 기준이 되는 것을 확인하는 것이다. 그리고 그 질서 중 최하품에 해당되는 백성(혹은 평민)층의 그것들 조차 매우 사치스런 외양을 나타내고 있는 것으로 보아, 이것은 직접생산자인 일반 농민에 대한 규정일 수 없음은 자명하다. 그렇다면 그것은 상급지배질서 속에서의 사회적 제반양식에 대한 규정이라고 볼 수밖에 없다. 요컨대 골품은 또한 신라사회에서의 사회적 질서를 규제하는 기능을 담당한다. 그리고 그것은 전 신라民을 대상으로 한 것이 아니라 상급지배층만을 대상으로 한 것이다.

이렇게 골품은 신라사회에서의 정치적·사회적 질서를 규정하는 기능을 담당하며, 그것은 상급지배 질서의 영역에 한정되는 것이다. 그런데 현재 일반적으로 사회구성을 논의할 때 고려되어야 할 경제적·사상적 영역에서 골품은 전혀 어떤 기능도 하지 않았을까? 그것에 대한 직접적 규정이 없기 때문에 지금 단계에서는 어떤 단언도 할 수 없다. 그러나 논리적 연역에 근거할 때 신라사회의 정치·사회적 질서를 규정하는 기본요인인 골품이 여타의 경제·사상적 측면에 어떤 작용도 하지 않았다고 보기 어려우며, 오히려 이러한 측면을 적극적으로 규정하는 요인이었다고 봐야 하지 않을까?

이러한 추론에 근거하여 여기서는 골품이 신라사회에서의 정치·경

제·사회·사상의 전 사회구성을 결정하는 기능을 수행하며, 그러한 기능
은 상급지배 질서의 영역에 한정되는 것이라 봐도 무방할 것 같다.

　골품이 이렇게 신라사회구성상에서의 상급지배질서의 규정요인이라
이해할 수 있다면, 후대 (人)品의 사회적 기능 및 위치가 어떠한가를 살
피는 것은 흥미있는 일이며, 꼭 필요한 일이기도 하다. (散·官)品의 기능
및 위치에 대한 사료는 다음의 것들이 주목된다.

　　　H1 吏曹 掌文選受封之政…
　　　　　文宗定…侍郎一人正四品[49]
　　　H2 文宗改官制 文散階凡二十九 從一品曰開府儀同三司[50]
　　　H3 公服 毅宗朝詳定 文官四品以上服…
　　　　　冠服 忠烈王元年七月定朝官服章…
　　　　　六品以上…[51]
　　　H4 學校 仁宗朝式目都監詳定學式 國子學生 以文武官三品以上子孫及
　　　　　勳官二品帶縣公以上幷京官四品帶三品以上勳封者之子爲之…[52]
　　　H5 凡限職 仁宗三年正月判 電吏·杖首·所由·門僕·注膳·幕士·驅史
　　　　　大丈等子孫 依軍人子孫 許通諸業選路例赴擧 其登 製述·明經兩
　　　　　大業者 限五品…[53]
　　　H6 大夫·士·庶人祭禮 恭愍王二年二月判…六品以上祭三世…[54]
　　　H7 朝野通行禮儀…辛禑…三品見一品…[55]
　　　H8 田柴科…始定, 改定, 更定…[56]
　　　H9 文武班祿 文宗三十三年定…
　　　　　三百石(…吏部諸曹侍郎…)[57]

49) ≪高麗史≫ 권 76 百官志 1
50) ≪高麗史≫ 권 77 百官志 2
51) ≪高麗史≫ 권 72 輿服志
52) ≪高麗史≫ 권 74 選擧志 2 學校
53) ≪高麗史≫ 권 75 選擧志 3 限職
54) ≪高麗史≫ 권 63 禮志 5
55) ≪高麗史≫ 권 68 禮志 10
56) ≪高麗史≫ 권 78 食貨志 1
57) ≪高麗史≫ 권 80 食貨志 3

우선 H1에서 특정 官職이 '品'에 의해 규정되고 있는 것을 볼 수 있다(官品). 또 H2에서 보듯이 특정 현직이 아닌 散職도 일정하게 '品'에 의해 규정되고 있다(散品). 이 官品·散品의 관계가 정확하게 어떠한 것이었는지에 대해서는 정밀한 사료고증이 필요하지만, 그것은 현재의 당면과제는 아니다. 다만 관료에 대한 일정한 정치적 질서를 규제하는 요인으로서 '品'이 기능하고 있다는 점이 확인되면 충분하다.

다음 H3에서는 품이 관료의 복식을 규정하는 요소로 되어 있음을 알 수 있다. 즉, 品이 官人의 의생활에 대한 규정적 요소가 되고 있는 것이다. 그리고 H4는 고려사회의 교육기관에 입학할 수 있는 자격을 품이 규정하고 있음을 보인다. 물론 '勳封'의 사실도 아울러 고려되고 있지만, 이것이 위의 사실을 부정하는 것은 아니다. 다시 말하면 특정인이 사회적 활동을 하기 위한 소양을 갖추는 데도 그 祖父의 '品'에 의해 규제를 받고 있는 것이다.

이런 식의 사회적 제약은 H5의 사료에서도 확인된다. 그런데 여기서는 일정한 신분·직업이 品의 한계(限品)를 규정하는 것처럼 서술되어 있어, 品이 어떤 사회적 규제요소가 된다는 현재의 견해와 상치되는 것으로 보인다. 그러나 그것은 현상적인 착각일 뿐이지 사실은 그 반대임을 쉽게 알 수 있다. 즉, 品이 가령 상급지배질서의 사회적 규제요소라 할 때, 이 品을 띠지 않은 자(非品者)들(혹은 그 후손)에게 品을 부여한다는 것은 특혜적 행위가 된다. 따라서 그런 특혜를 무한정하게 확대할 수는 없었을 것이고, 그들이 승진할 수 있는 한계를 정하기 위해, 그들의 전체 사회에서의 지위(직업·신분)를 고려할 필요가 있었을 것이다. 따라서 이 기사는 그들이 특정 신분 내지 직업의 소유자이기 이전에 '非品者'(상급지배질서에 포함되어 있지 않은 자)이었기 때문에 승진의 한계를 규정받고 있었고, 그 한계를 정함에 있어 그들의 전체 사회에서의 지위가 고려된 데에서 나온 것으로 이해할 수 있다. 단적으로 말하면 限職의 보다 근본적 이유는 신분이 아니라, 이전에 品을 띠고 있지 못했다는 사실이라는 것이다(이것은 品이 일정범위 안에서 세습될 수 있다는 사실을 배제하는 것은 아님에 주의를 요한다). 이렇게 '品'은 상급지배질서에서의 복식·교육·신분·직업 등의 제반 사회적 기능에 대한 규제 요인으로 되고 있음을 확인할 수 있다.

'品'이 상급관인 세계에서의 사상적인 규제요소로 작용하고 있음은 사료 H6, 7에서 볼 수 있다. 즉, H6에서 보듯이, 전근대 사회생활의 일부를 구성하면서, 그들의 정신세계 지주였던 조상에 대한 '제사의식'이 '品'에 의해 등급화되어 있는 것이다. 뿐만 아니라 官人들이 관료로서의 직무를 수행하는 과정에서 마주치는 경우 상호간에 이루어지는 儀禮도 品에 의해 엄격히 규정되어 있음을 H7에서 확인할 수 있다. 다시 말하면 '品'은 당시 상급지배체제내부에서의 '제사의식', '상호간의 의례' 등 諸思想的인 규제요소로서 작용하고 있었다는 것이다.

위와 같이 고려(조선)[58] 사회에서의 정치·사회·사상적 제측면에서 '品'이 그 상급지배질서를 규제하는 일차적인 기준으로 되고 있음은 명백하다. 그러면 사회 구성상의 일측면인 경제적 측면에서 '品'은 어떤 기능을 수행하였을까? 이를 보이는 것이 사료 H8, 9의 전시과 및 녹봉의 규정이다. 여기서 녹봉규정은 官品성립 후인 문종대의 규정이기 때문에 H9를 H1과 아울러 이해하면, 品이 구체적 관직을 매개로 하여 녹봉액을 규정하는 것으로 볼 수 있다. 그런데 전시과의 경우는 규정상 科 ─官職─田柴額이 연결되어 있을 뿐이고, 더구나 앞에서 이해한 방식에 의하면 始定·更定의 경우 아직 官品이 성립되지 않은 시기의 규정이기 때문에 바로 '品'을 '田柴額'과 연결시키는데는 무리가 있다. 그렇다

---

58) 여기서는 朝鮮朝 '品' 관계사료는 취급하지 않았다. 그것은 현재 상정되고 있는 '品制'와 무관해서가 아니고, 순전히 서술의 편의를 위한 것이다. 조선조 品制의 구체적 논의는 '品制' 내부의 변천과정의 문제와 아울러 다음 기회에 언급하고자 한다.

고 이전의 '人品'과 직접 관련시킬 수 있을 정도로 정비되어 있지도 않
다. 바로 제도의 과도기적 성격 때문이다. 이럴 때 '品'과 '田柴額'간의
상관관계를 밝히기 위해서는, '科'와 '品'의 관계를 밝히는 것이 첩경일
것이다. 그러나 현재까지의 논의로서는 그것을 밝히기에는 불충분하며,
그것은 현재 단계에서의 목표도 아니다. 다만 '科'와 '品'이, 따라서 '品'
과 '田柴額'이 상관관계를 가질 가능성이 있다는 사실만을 확인하면 족
하다. 그리고 실제 그것은 현재 일반적으로 인정되고 있다.[59] 즉, 品(官
品이든 人品이든)이 田柴額을 결정하는 요소라는 사실만 확인하면 되는
것이다.

이렇게 해서 이제 品이 고려(조선) 사회에서의 정치·경제·사회·사상
적 사회구성을 규제하는 주요 요인이 되고 있으며, 그것은 상급지배질서
의 영역에 한정되는 것이란 점을 확인한 셈이다. 이것은 바로 '骨品'이
신라사회에서 수행했던 기능 및 위치와 바로 부합된다. 즉, 공간적 측면
에서 品과 骨品은 동일한 구조를 가지고 있는 것이다. 이 점은 앞서 용
어 검토에서 밝혀진 '골품'과 '品'의 시간적·계기적 이행이란 점과 아울
러 양제도가 결코 이질적인 것이 아니라는 것을 밝히는 명백한 증거로
보아 좋을 것이다.

이제 골품과 품을 동일체제내부에서 계통적으로 비교할 수 있는 방법
론적 지반이 마련된 셈이다. 이를 바탕으로 골품의 경제적 기반을 재구
성해 보기로 한다.

5. 골품의 경제적 기반

앞의 두 장에서 골품과 품의 용어를 검토하고, 그것의 사회적 기능

---

59) 국사편찬위원회, ≪한국사≫ 고려

및 위치를 밝힘으로써, 골품제와 품제가 전혀 이질적인 제도가 아니라 오히려 계기적 이행의 성격 및 공통의 구조를 가지고 있음을 확인할 수 있었다. 이제 골품제와 품제를 그 변화의 계기를 고려하면서 동일 평면 상에서 비교할 수 있는 방법론적 단서를 얻은 셈이다. 이러한 제도의 상호 비교를 통하여 현재 거의 맥락이 닿고 있지 않는 골품과 당시 토지제도 — 文武官僚田 — 와의 관련을 복원해 보기로 한다.

前章에서 보았듯이 品制의 경제적 기반은 '녹봉'과 '田柴科'의 두 가지가 있다. 그런데 녹봉의 경우는 구체적인 현직에의 근로적 봉사에 대한 대가라는 측면이 강하다. 따라서 그것을 '귀족'의 특권적 기반으로 볼 수는 없다.[60] 실제 어떤 연구자도 암묵적으로 전제하고 있듯이, 이들의 보다 본질적인 특권기반은 바로 그 토지소유에 있는 것이다. 이런 이유로 해서 여기서는 '토지소유'의 문제에만 한정시켜 고찰하고자 한다.

(1) 官職을 매개로 한 골품과 품의 비교

우선 골품과 품의 정치적 기능의 하나인 관직 규정을 상호 비교함으로써 그들의 관련을 밝혀 보기로 하자. 이를 위해서는 다음의 두 가지 사료가 유용하다.

> I1 執事省
>   中侍一人…景德王六年改爲侍中
>   位自大阿湌至伊湌爲之
>   典大等二人…景德王六年改爲侍郎
>   位自奈麻至阿湌爲之
>   大舍二人…景德王十八年改爲郎中
>   位自舍知至奈麻爲之
>   舍知二人…景德王十八年改爲員外郎

---

60) 물론 그것이 의미없다는 것은 아니다. 이와 아울러 신라 귀족의 기반을 '녹읍'에 다 맞춘 견해도, 그 의미를 한정할 수 있을 것이다. 녹읍의 계통은 녹읍→녹봉→녹읍→녹봉(고려 문종)으로 이어지는 것으로 보이기 때문이다.

　　位自舍知至大舍爲之[61]
　I2 吏曹…
　　　文宗定　判事一人　宰臣兼之
　　　　　　尙書一人　秩正三品
　　　　　　知部事一人　他官兼之
　　　　　　侍郞一人　正四品
　　　　　　郞中一人　正五品
　　　　　　員外郞一人　正六品[62]

　먼저 비교대상 官府를 신라 執事省과 고려의 吏曹로 선정한 데는 간단한 설명이 필요하다. 집사성의 경우 총괄적 성격을 갖는 보다 상부의 부서이고, 吏曹의 경우는 실무의 성격을 갖는 하부부서이기 때문에, 이들을 직접 비교하는 것은 엄밀한 의미에서 부적당하다. 그렇긴 하지만 현재 비교할려는 官職(品의 근간을 이루는 4·5·6品에 해당하는 侍郞·郞中·員外郞)을 체계적으로 갖추고 있으면서 서로를 공통적으로 비교할 수 있는 부서가 이들 뿐이라는 자료상의 한계 때문에, 부득이하게 이런 차이를 무시할 수 밖에 없었다. 그렇다고 해서 이런 비교가 가치없는 것은 아니다. 제도 자체는 시기를 따라, 그 자체 발전원리에 의해 변화하는 것이 당연하기 때문이다. 그런 자체 발전원리는 또 다시 추구되어야 할 것이지만, 여기서는 제도의 변천과정보다 원제도의 모습을 밝히는 것이 당면과제이기 때문에, 이런 정도의 차이는 현재 작업 단계에서는 큰 의미를 갖지 않는다고 보아도 좋을 것이다. 이런 점을 고려하면서 상기 자료의 관직을 기준으로 하여 표로 정리하면 <表 1>과 같다.

---

61) 《三國史記》 권 38 雜志 7 職官 上
62) 《高麗史》 권 76 百官志 1

<표 1> 관직·품·관등·골품

| 官職 | 고려 文宗 11C(品) | 신라 景德王(8C) | |
		官等	骨品
⋮	⋮		
侍 郎	4	奈麻 ～ 阿湌	↑6
郎 中	5	舍知 ～ 奈麻[63]	↑5
員外郎	6	舍知 ～ 大舍	↑4
⋮	⋮	⋮	

여기서 우리는 다음의 사실을 확인할 수 있다. 첫째, (官)品 4,5,6은 골품 6,5,4에 대응한다. 둘째, (官)品은 그 성격상 당연한 것이지만, 특정 관직에 계열적으로 대위된다. 이에 반해 골품은 특정 골품족[64]에 부여된 官等에의 승진의 상한을 반영하고 있다(이 점이 기존의 연구에서는 지나치게 강조되어 왔다. 그러나 특히 강조해야 할 점은 골품의 모든 품이 '지배자' 계층을 의미한다는 것이다. 따라서 각 골품간의 차이가 어떠하냐는 것보다 골품을 띠고 있느냐 아니냐는 것이 더욱 중요하다. 또 사실 각 골품족 내부의 모든 구성원이 각 골품에 해당하는 관등을 갖는 것은 아니다. 그것은 가능성일 뿐이다. 따라서 상위골품족의 구성원이라 하더라도, 그에 상응하는 관등을 띠고 있지 않을 때, 그는 당연히 그것에 부여된 제특권을 누릴 수 없었을 것이고, 각각 소속 골품족의 물질적 기초를 마련하는 생산노동에 참여할 수밖에 없었을 것이다). 결국 (官)品은 그 자체로 특정단계를 의미하지만, 골품은 그 자체내부에 '상한'이란 의미를 내포하고 있는 것이다.

이상의 점을 고려하면서 4,5,6品에 적용되는 원리를 1—9品 체계에

---

63) 郎中의 上限官等이 '大奈麻'가 아니라 '奈麻'로 되어 있어 이를 5頭品의 上限官職이라 보는 것은 엄밀하게는 옳지 않다. 그러나 이런 차이는 전체적인 구조를 혼란시키는 것은 아니다.

64) 여기서 '族'이란 단순히 '共同體'의 의미로 사용된다. 그것은 반드시 혈통·지연을 매개로 해서만 성립되는 것은 아니다.

까지 확장하여 생각하면 <表 2>와 같이 된다. 이는 극히 단순화시킨 결과이지만, 지금 단계의 목표는 세밀한 구체적인 운영의 해명이 아니라, 원칙적인 추상적 운영원리의 파악이기 때문에, 이것은 충분히 유용한 지표로 보아도 좋을 것이다.

〈表 2〉 品과 骨品

品	1	2	3	4	5	6	7	8	9
骨品	9	8	7	6	5	4	3	2	1

(* 단, 골품은 각 층이 상한의 의미를 내포하고 있음)

(2) 골품·품을 매개로 한 文武官僚田 百姓丁田의 복원

전절에서 官職의 비교를 통하여 骨品과 品의 제도적 관련을 추론하였다. 이제 이를 매개로 하고 전시과의 제도적 관련을 추구함으로써 골품의 경제적 기반을 발견할 단계에 이르렀다.

이를 위해서는 먼저 田柴科에 대한 약간의 예비적 고찰이 필요하다. 전시과가 '科'를 기준으로 하여 '田柴額'과 '職散官'을 관련시킨 제도임은 말할 필요가 없다. 문제는 그 기준으로서의 '科'란 무엇인가, 그리고 그것은 '品'과 어떤 관계에 있는가 하는 점이다. 우리의 추론처럼 '品'이 제반 사회제도를 매개하는 기초라면 당연히 '品'이 기준으로 되었어야 할 것이다. 사실 이 점은 田柴科를 이해하는데, 나아가서 이 시기의 정치사적 성격을 이해하는데 있어서 하나의 중요한 쟁점이 되어왔다.

즉, 소위 '官僚制說'을 주장하는 論者는 이 '科'와 '品'이 전혀 별개의 것이라 생각하고, 실제 개정·갱정전시과에서 그 주장의 실증적 논거를 제시하기도 하였다.[65] 또 소위 '貴族制說'을 주장하는 논자는 '科'와

---

65) 朴菖熙, 1977 <高麗時代 貴族制社會說에 대한 再檢討>, ≪歷史學報≫ 58

'品'간의 일정한 관련을 유추하여 이해하고 있다.[66] 이 논쟁이 이 시기 사회성격을 보다 풍부하게 이해하는데 도움이 된 것은 사실이나, 여타 제도—특히 토지제도—와의 보다 깊은 관련속에서 진행되지 않았다는 점에서 반드시 정곡을 찌른 문제제기는 아니었다고 생각된다.

이 논고에서는 당면의 주제에 충실한다는 의미에서 이 논쟁에 대해 더 이상 언급하지 않기로 한다. 다만 '科'와 '品'은 일정한 제도적 관련을 가지며, 비록 실증적으로 그들간의 非相關性이 밝혀진다 해도, 그것은 제도가 형성 변천되어 가는 과정에서의 과도성 때문이라는 점을 지적해 두고자 한다. 그것은 品制의 骨品制로부터 官品制로의 이행이란 지금까지의 논의에서 명백해졌다고 생각된다. 또한 그 기준으로서 品이 채택되지 않고 '科'가 채택된 이유도 바로 그 제도의 과도성—신라관등, 고려관계, 중국식 문산계 등이 복합적으로 존재했었다는—에서 발견할 수 있을 것이다.

이상의 점을 염두에 두면서 우선 고려 文宗代 官品 正4品, 5品, 6品으로 질서지워진 諸曹의 侍郞·郞中·員外郞에 차정된 田(柴)額과 복색 규정을 보다 자세히 검토하여, 始定田柴科에서 이들 官品에 상당한다고 여겨지는 前代品階(그것은 규정에 의하면 人品이다)의 해당 田額을 추론해 보기로 하자.[67]

주지하듯이 始定田柴科는 '人品'에 의해 규정되어 있다. 그리고 그 '人品'은 다름아닌 '色服' 규정일 것으로 추정하였다. 따라서 여기서는 이 色服 규정을 보다 자세히 관찰해 보기로 한다.

<표 3>에서 다음의 점을 확인할 수 있다. 첫째, 복색을 결정하는 것이 官等(신라 법흥왕)→官職·官階(고려 광종)→官品(고려 의종)으로

---

66) 국사편찬위원회, 《한국사》 고려
67) 田柴科에서의 柴地의 문제는 후대 제도와의 관련속에서 갖는 특수한 의미가 있을 것으로 추측된다. 이 글에서는 이 문제는 접어두고 우선 田地에만 한정해서 논지를 전개하기로 한다.

변화하고 있으나, 品階가 그 결정요인인 점은 변함이 없다. 둘째, 신라 법흥왕제와 고려 의종제는 각각 官等·官品이란 일의적인 계열을 기준으로 삼고 있으나, 고려 광종제는 官職·官階의 이중적 기준을 채택하고 있다. 셋째, 복색은 시기에 따라 일률적이지 않고, 또 복색을 매개로 한 대칭적 품계를 바로 발견할 수 없다.

〈표 3〉 복색—品의 변천

신라 법흥왕			고려 광종		고려 의종	
골 품	관 등	복 색	복 색	관직·관계	관 품	복 색
진골	太大角干 ~ 大阿湌	紫	紫	元 ~ 尹	1品 ~ 4品	紫
6두품	阿湌 ~ 級湌	緋 (牙笏)	丹	~ 中壇卿	5品 ~ 常祭 6品	緋
5두품	大奈麻 奈麻	靑	緋	~ 都航卿		
4두품	大舍 ~ 先沮知	黃	綠	~ 小主簿	7品 ~ 9品	綠

이제 이 결과를 고려하면서 고려 광종조 복색제와 경종조 시정전시과를 한 표로 나타내 보면 <표 4>와 같다.

〈표 4〉 복색과 시정전시과(단위 : 結)

복 색	관직·관계	시정전시과(상한~하한)		
紫	~ 元 尹	110~32		
丹	~ 中壇卿	文 65~30 / 雜 60~30 / 武 65~45		
緋	~ 都航卿	文 50~27 / 雜 欠~27 / 武 65~45		

綠	～ 小主簿	文 45～21 雜 欠～21

  <表 3·4>를 종합해 볼 때, 복색＝人品이란 우리의 추정은 다소 문제를 가지고 있음을 알 수 있다. 즉, 전시과액의 상한～하한선을 인정할 경우, 각 복색간의 계열적인 연계가 이루어져 있지 않기 때문에, 복색＝人品이란 우리의 전제는 어긋나고, 실제 田柴額을 결정하는 기준은 상한선만 의미를 갖는 신라 骨品과 같은 어떤 것이어야 한다. 결국 복색＝人品이란 우리의 추정은 옳지 않음이 판명되었다. 그렇다고 이 시정전시과를 결정하는 어떤 人品을 어디에서도 발견할 수는 없다. 따라서 <表 3·4>를 종합해서 현재의 주제와 관련시켜 각 요인간의 관계를 도출할 수밖에 없다. 즉, 시정전시과는 신라에서의 '골품'과 같은 성질을 갖는 어떤 기준에 의해 규정되고 있었으며, 그것이 바로 '人品'이다. 그리고 각 복색은 이 '人品'의 상한선을 반영하는 기준으로서는 여전히 유효하다. 요약하면, 복색＝'人品의 상한'이다. 따라서 시정전시과에서 복색과 관련하여 의미를 갖는 부분은 그 상한선 뿐이다. 또 당연히 시정전시과의 상한선은 해당 복색을 띤 人品의 상한선이기도 하다.

  이제 시정전시과에서의 전시액의 구성상의 특징을 살펴 보기로 하자. 현재의 논의와 관련하여 다음의 두 가지 특징을 발견할 수 있다. 첫째, 각 하부 品간의 田(柴)額이 110結에서 45結까지는 '5結'을 단위로 차등지워져 있고, 그 이하는 혹은 3結, 혹은 2結의 단위로 되어 있다. 둘째, 위에서 본 바대로 차정기준의 하나인 色服은 '人品의 상한선'을 나타내며, 그 각각에 따른 전(시)과액의 상한은 紫衫 110結, 丹衫 65結, 緋衫 50結, 綠衫 45結로 되어 있다. 이들 상한 額을 각 색복에 규정되면서도 각 색복층에서 특별한 대우(이를테면 특진의 道등)를 받는 자에게 1階를 올려줄 수 있다는 가능성을 상정해서 다시 조정하면, 紫衫 105結(15×7),

丹衫 60結(15×4), 緋衫 45結(15×3), 綠衫 45結(15×3)이 된다. 이를 표
로 표시한 것이 <表 5>이다.

〈表 5〉 복색과 시정전시과(상한) 및 그 조정   (단위 : 結)

복 색	시 정	조 정
紫	110	105(15×7)
丹	65	60(15×4)
緋	50	45(15×3)
綠	45	45(15×3)

여기서 우리는 다음의 사실을 유추할 수 있다. 즉, 각 색복층간에서의
田(柴)額의 차등단위는 원칙적으로 15結이었을 것이다. 따라서 당연히
'人品의 상한'간의 차등단위는 '15結'이었을 것이다. 이는 시정전시과에
서의 '未及此年科等者'의 田(柴)額이 '15結'로 되어 있는 것으로 보아
더욱 보강된다. 그러나 보다 결정적인 것은 당시 量田의 단위이며, 또한
力役의 차정단위이기도 했던 足丁이 '17結'이며, 실제 시정전시과에서
의 '未及此年科等者'의 田(柴)額 15結이 개정·경정전시과에서 각각 限
外科·18科 17結로 수정된다는 사실이다. 결국 이 15結, 17結은 같은 실
체를 갖는 田額(지표농가의 田額)[68]이며, 그것이 '品制'와 관련하여서는
각 人品의 상한 간의 차등단위이고, 최하 人品의 上限額으로서의 의미
를 갖고 있는 것이다.

이제 人品 — 始定田柴科간의 이러한 관계를 바탕으로 하고 다시 복
색 규정을 매개로 하여, 이들과 官職간의 관계를 살펴볼 단계에 도달하
였다. 이를 위해 신라 경덕왕代 복색 — 관직 — 골품과 고려 경종代 복
색—시정전(시)액—人品의 관계를 비교해 보기로 하자. 그런데 이를 바
로 비교하기에는 어려움이 있다. 즉, 각각의 복색 및 그 구성이 다르기

68) 윤한택, 1983 ≪足丁制의 性格과 成立≫, 서울대 석사논문

때문이다. 그러나 3세기란 시기상의 간격을 고려할 때 그 비교가 불가능
한 것은 아니다. 즉, 복색의 변화 사이에는 다음과 같은 경향성이 존재한
다. 맨 상위의 紫色은 변함없고, 緋色은 丹色과 緋色으로 분화되어 있
어 그것이 같은 계통이었음을 알 수 있다. 그 다음의 靑色·黃色은 그
間色이라 할 수 있을 綠色으로 통합되어 있다. 이를 고려하여 표를 작성
하면 <表 6>이 된다.

〈表 6〉 복색, 시정전시과, 관직, 人品, 骨品

고려 경종			신라 경덕왕		
人　品	田(柴)額(結)	복　색	복　색	관　직	골　품
7	105(15×7)	紫	紫		
4	60(15×4)	丹	緋	시　랑	6
3	45(15×3)	緋			
3	45(15×3)	綠	靑	낭　중	5
			黃	원외랑	4

이 표를 기존의 나말려초 사회변동에 대한 이해를 염두에 두면서 관
찰하면 다음의 제점이 주목된다. 첫째, 원래 각각 靑·黃色 착용을 그 상
한으로 하던 골품 5,4두품은 나말려초를 거치면서 거의 구분이 없어져서
고려에 들어와 綠衫착용을 그 상한으로 하는 人品 3品으로 편제되었다.
둘째, 원래 綠色착용을 상한으로 하던 골품 6두품은 나말려초를 거치면
서 매우 다양한 변화를 겪는다. 즉, 가장 상급층은 진골과 구별없이 紫
衫착용을 상한으로 하는 人品 7品층으로 편제되었다. 그 다음층은 緋衫
보다 더 귀한 것으로 보이는 丹衫착용을 그 상한으로 하는 人品 4品층
으로 편제되었다. 마지막층은 원래의 緋色을 유지하면서 실제 이전의
골품 5,4두품과 경제적 지위에서는 차이가 없는 人品 3品으로 편제되었
다. 이러한 제도 변화와 더불어 관직상에서도 그 상한의 변화가 수반되

었을 것이다. 이를 <表 6>에서는 정합적으로 추적할 수는 없으나, 골품제에서 원외랑, 낭중, 시랑이 각각 4,5,6두품을 그 상한으로 했던 편제원리를 人品制에서도 그대로 답습했다고 가정하면, 그 각각의 관직은 人品, 3,4,5品을 그 상한으로 한 것이 된다. 즉, <表 7>과 같이 된다.

〈表 7〉 관직―시정전시과―人品―골품

관 직	고려 경종		신라 경덕왕 골품
	전시액(結)	人 品	
侍 郎	75(15×5)	↑5	↑6
郎 中	60(15×4)	↑4	↑5
員外郎	45(15×3)	↑3	↑4

이제 이 결과를 갱정·개정전시과와 나란히 쓰면 <表 8>이 된다.

〈表 8〉 갱정·개정·시정전시과

관 직	관 품	갱정(結)	개정(結)	시정(結)	인 품	골 품
侍 郎	4	70	75	75	↑5	↑6
郎 中	5	60	60	60	↑4	↑5
員外郎	6	50	55	45	↑3	↑4

이 표는 지금까지의 제 추론과정이 크게 무리가 없음을 재확인케 해주기에 충분하다.

이제 우리는 그 과도기적 성격 때문에 매우 혼란스러운 외양을 보여왔던 시정전시과의 모습을 보다 선명하게 이해하게 되었다. 다음으로 이런 이해를 바탕으로 해서 田柴科의 原形이었을 것으로 믿어지는 新羅의 文武官僚田·百姓丁田의 모습을 복원해 볼 차례가 되었다. 이것이 이 논고의 최종목표이다.

그러나 이 작업에 착수하기 전에 이상에서 확인된 시정전시과의 특징을 몇가지 정리해 두고 싶다. 첫째, 그 差定의 기준은 '人品'이었으며, 그 성질은 신라의 골품과 같은 것이었고, 또 각 복색은 7品, 4品, 3品의 상한을 표시하는 것으로 추정되었다. 둘째, 신라 골품제로부터 고려 '人品制'로 이행하는 나말려초 사회 변동에서의 '品制'적 지표는 5,4두품의 구별이 소멸되어 人品 3品으로 통합되고, 6두품이 세갈래로 분화하여 제일 상층은 진골과 구별없이 人品 7品층으로 편제되고, 다음층은 기존 세력 기반보다 한단 높은 지위를 확보하면서 人品 4品층으로 편제되었으며, 여전히 현상을 유지하고 있던 제일 하층은 신분상으로 여전히 우위를 유지하나 경제적 지위에서 기존의 5,4두품과 다름없는 人品 3品층으로 편제되었다. 이것이 갖는 의미는 종래 나말려초 변혁의 주체자가 6頭品층일 것으로 생각한 견해를 보다 구체화·다양화시킬 수 있다는 점이다. 또 첫째 둘째의 점을 종합해서 이해할 때 신라 골품제와 고려초 人品制 사이에 근본적인 변화를 발견할 수 없고, 따라서 羅末麗初에서의 '사회체제의 변화'를 상정한 기존의 정설은 재검토되어야 하리라 믿는다. 세째 單位人品의 田(柴)額은 15結이었을 것이며, 이것은 실제 당시 量田單位이며 力役차정의 단위였던 足丁=田 17結이 그 원실체일 것으로 추측하였다. 또 경정전시과 官品 4,5,6品에 해당하는 官職인 侍郞·郞中·員外郞의 시정전(시)과액은 각각 75結, 60結, 45結이었으며, 그것은 각각 人品 5,4,3品에 대응하는 것이었다.

이제 이 논고의 최종과제인 신라골품 귀족의 경제적 기반을 찾아보기로 하자. <表 7·8>에서 보듯이 人品과 골품과의 사이에는 각기 1品씩의 차이가 나타나고 있고, 또 각 단위 品의 토지액수는 田 15結이었다. 이 점을 고려하여 골품과 田額간의 관계를 복원해 본다. 그런데 앞에서 지적했듯이 田 15結은 그 原田額이 17結이었을 것이므로, 이에 준하여 田額을 수정해보면 <表 9>와 같이 된다.

〈표 9〉 골품과 田額

골 품	田 額(結)	原田額(結)
6	6×15=90	6×17=102
5	5×15=75	5×17=85
4	4×15=60	4×17=68

이 결과는 6, 5, 4두품에 한하는 것이지만, 이를 진골~백성 체계까지
확장해도 그 기본원리에는 변함이 없다. 이렇게 신라 골품귀족들에게 일
정한 토지액수(실제 상한선―그 의미는 다음 절에서 살핀다)를 보장해
준 제도는 무엇이었을까? 그것은 바로 '教賜文武官僚田 始給百姓丁田'
규정을 두고는 있을 수 없다. 그것이 '品制'를 매개로 서로 이어지는 兩
班·軍閑人 田柴科의 선구형태라는 점에서도 그렇다. 이것이야말로 職
役을 매개로 하여 일정액의 토지에 대한 특권을 부여하는 한국 중세토
지제도의 출발점인 것이다. 이제 이 문무관료전―백성정전을 17官等,
골품, 복색을 고려하여 복원해 보면 <表 10>이 된다.

〈표 10〉 문무관료전·백성정전

관 등	관료전, 정전	골 품
1. 伊 伐 湌	153	진↑
2. 伊 尺 湌	143	골
3. 迊 湌	133	
4. 波 珍 湌	123	
5. 大 阿 湌	113	
6. 阿 湌	102	6↑
7. 一 吉 湌	98	두
8. 沙 湌	94	품
9. 級 伐 湌	90	
10. 大 奈 麻	85	5↑ 두
11. 奈 麻	77	품

12. 大　　舍	<u>68</u>				4 ↑ 두 품
13. 舍　　知	65				
14. 吉　　士	62				
15. 大　　烏	59				
16. 小　　烏	56				
17. 造　　位	53				
	<u>51</u>				↑백성

(* 각 골품의 上限額을 기준으로 하여 내부 각 官等의 田額은 편의상 적절히 조작한
것임)

이러한 토지 차정제도를 구체적으로 보여주는 개별사료는 없는 것으
로 보인다.[69] 이것은 사료의 불비이기보다는 법적규정을 반복할 필요가
없었기 때문일 것이다. 그것은 田柴科 규정이 개별 사례에서 등장하지
않는 것과 같은 맥락에서 이해된다. 그런데 다음의 사료는 현재의 입론
에 불리한 증거가 될 수 있다. 즉,

　　　　冬十一月二十日至京賜庾信田五百結…[70]
　　　　熊川州有向得舍知者　年凶其父幾於餒死
　　　　向得割股以給養…王賞賜租五百石…[71]

라 하여, 당시 太大角干의 位에 있던 김유신에게 田 500結을 사급한 사
실, 舍知의 位에 있는 자가 흉년을 당하여 '割股'하여 '給養'할 수밖에
없던 사실들이 기록되고 있다. 그러나 앞의 賜田 사실은 文武官僚田制
실시 이전(A.D 663)의 것이며, 또 특별히 공훈이 있을 경우의 예외적 사

---

69) 그 방증例로는 기껏 '新羅帳籍'에 보이는 村主位畓 19結 40負가 있다. 또한 ≪三
　　國史記≫ 屋舍條에는 外眞村主·次村主가 5品 4品과 같은 것으로 되어 있으나 금
　　석문에서는 여러층의 촌주가 나타나는바, 이들이 백성층의 어느 階에 해당할 수
　　있다.
70) ≪三國史記≫ 권 43 金庾信傳
71) ≪三國遺事≫ 권 5 孝善 9

실이란 점이 지적될 수 있을 것이다. 두 번째 向得舍知의 예는 ≪삼국
사기≫에서 조금 달리 기록하고 있다. 즉,

　　熊川州板積鄕人也…向德亦以孝順爲時所稱…王下敎賜租三百斛宅
　一口口分田若干　命有司　立石紀事以標之[72]

이라 하여 동일 사실을 기록하면서 이름(向得·向德), 位(舍知, 없음), 賜
租額(500石, 300斛)을 달리하고 있어 이를 통일적으로 이해하기 어렵다.
어쩌면 舍知란 位는 向德의 이러한 孝善사실을 追贈함에서 붙여졌을지
도 모른다. 혹은 그 位를 그대로 인정한다 하더라도, 다음 절에서 살피는
바와 같이 文武官僚田의 성격(면조지, 상한선)과 관련하여 생각할 때 이
런 상황을 예상할 수 없는 것은 아니다. 따라서 이 점을 보다 분명히 하
기 위해 절을 달리해서 살펴보기로 한다.

(3) 문무관료전·백성정전 (이하 문무전이라 함) 의 성격과
　　그 경영

　지금까지 골품의 경제적 기반으로서의 文武田을 적출해 내고 이것을
재구성해 보았다. 그리고 그것은 官等 내지 骨品에 차정되는 田額의 상
한이라는 것을 추론할 수 있었다. 이제 이렇게 차정된 토지는 어떤 성격
의 것이었으며, 그것은 구체적으로 어떻게 경영되고 있었는가를 살필 차
례이다. 막연히 일정한 品에 대응하는 田額을 발견했다 해도, 그것이 그
들에게 무엇을 보장해 주는가는 다시 추구해야 할 문제이기 때문이다.
　文武田이 양반전시과의 바탕이 되는 제도였다는 지금까지의 결과에
의거한다면, 文武田의 성격에 대한 자료가 없는 현재로서는 양반전시과
의 성격과 같은 것으로 놓고 논의해도 무방할 것이다. 양반전시과의 성

---

72) ≪三國史記≫ 권 48 向德傳

격에 대한 추구는 일찍부터 이루어져 왔는 바, 현 단계에서 그것이 私田
이었다는 점은 대체로 의견의 일치를 보이고 있는 것 같다. 문제는 이
私田이 어떤 성격의 토지냐 하는 것이다. 여기에 대해서는 크게 두 가지
설이 있는 것으로 보인다. 하나는 전통적인 해석방법에 따른 收租地설
이고 다른 하나는 '免租地'설이다.

이 부분에 대한 추구는 계속 이루어져야 하겠지만, 필자는 다음의 몇
가지 이유 때문에, 당분간 '免租地'설에 서서 논의를 전개하고자 한다.
먼저 이미 지적된 바와 같이73) 1) 私田에서의 수취액을 租로 표시한 기
록이 없다는 점, 2) 따라서 租라 하면 公田의 租에만 한정된다는 점, 나
아가 3) 전시과의 차정액이 상한선을 의미할 뿐이지 꼭 그만한 액수의
收租額이 보장되는 절대선이라 보는 것은 비현실적이라는 점, 즉 현실
로 보아 상당히 높은 직역의 담당자도 원래 토지기반이 없었을 경우 녹
봉에만 의지할 수밖에 없었던 듯한 사례가 ≪高麗史≫ 열전에 다수 보
이는 바, 이는 제도 자체가 혼란되어서라기 보다는 원래 제도가 그 상한
선만을 규정해 놓았고, 그 범위내에서만 일정특권을 부여한다는 취지때
문이었을 것으로 보아야 순조롭다는 점, 아울러 골품이 상한의 의미를
내포하고 있다는 점도 고려될 수 있겠다.

4) 전시과가 '지급'되었다기보다는 기존의 자기소유지를 職役의 한계
내에서 추인받는 성질의 것으로 보이기 때문에, 기존 소유지에서의 地
主·佃戶制的 경영을 가능하게 하기 위해서는 일정한 특권—일반公民
(職役을 담당하고 있지 않는 자)의 토지에 부과되는 것이 租이므로, 그것
은 이런 租를 면제받을 원리—이 부여된다고 보는 점이 온당하다는 점,

5) 收租權의 분급이라 이해되는 科田法에서도 白丁으로서 직역을 담
당하는 자에게는 일정액의 토지에 대한 租를 면제해 주는 권리를 부여
하고 있었음으로 보아, 수조권이 免租權의 변형형태에 불과하고, 따라서

---

73) 濱中昇, 1981 <高麗田柴科의 一考察>, ≪東洋學報≫ 63

免租權이 原形이라 볼 수 있다는 점. 즉,

> 白丁代田 百姓付籍 當差役者 戶給田一結
> 不許納租 其在公私賤人 當差役者 亦許給之[74]

아울러 外方軍田의 경우에도 '本田多少'에 따라 '或 10結 或 5結'을 지급받는다고 했을 때, 그것이 문자 그대로 지급이라기 보다는 기존의 자기 전지위에 일정한 특권(형식적으로는 收租이나 사실은 免租인)을 부가한 것이라 보는 것이 온당할 듯하다.

이상의 사실을 논거로 하여 요약하면, 골품의 경제적 기반은 문무전이다. 그것은 각 品에 대응한 租額을 면제받을 권리가 부여된 私田이며, 이는 地主·佃戶制에 의해 경영되고 있었다. 그런데 이러한 地主·佃戶制的 경영은 구체적으로 어떻게 이루어지고 있었을까?

이미 살핀 바와 같이 문무전의 최하층은 이론상 1頭品이고, 그것은 田 17結이었으며, 그것에는 일반 公田에 부과되던 租가 면제되고 있었다. 그리고 그 위로 2, 3, 4,…頭品은 1頭品의 배수로 되어 있었다. 따라서 1頭品=17結이 그 기본단위이며, 이것의 경영을 밝히는 것으로 전 구조를 해명할 수 있다. 그런데 필자는 전고에서 田 17結과 人 6丁으로 구성되는 지표농가가 한국 중세전기사회에서의 운동의 기축형태이며, 그런 제도를 '足丁制'라 부른바 있다.[75] 농업생산을 축으로 하여 이루어진 당시 사회에서의 所有的 指標인 '品制'와 그 生産樣式的 指標인 '足丁制'는 바로 1頭品=1指標農家라는 데서 그 접합점을 발견하게 된다. 이를 도시하면 <도 1>과 같다.

---

74) ≪高麗史≫ 권 78 食貨志 1 趙浚上疏
75) 윤한택, 전게논문

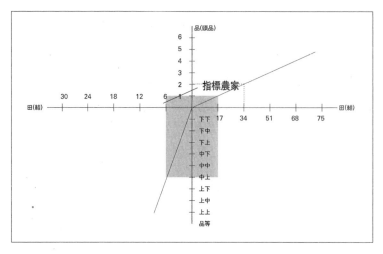

〈도 1〉 品制와 足丁制—지표농가

이 지표농가는 다음의 제조건하에서 경영된다. 첫째, 지대율은 1/2이다. 둘째, 토지의 조성에 스스로의 자력을 거의 들이지 않는다(그러한 資力이 부역노동에 의거했을 경우 토지 자체가 가치를 가지기는 하지만, 그 가치는 부역노동력의 지출이기 때문에 노동력 가치부분에 점차 전화되는 것으로 보아도 좋으므로 토지의 가치는 0으로 볼 수 있다). 셋째, 당시 結當수확량이 水田의 경우 米 20石, 旱田의 경우 米 10石이었다. 여기서는 旱田의 경우를 기준으로 해서 그 생산관계를 수식으로 표현해 보면,

170石＝17結＋6丁＋85石

으로 된다.

여기서 수확량의 절반 米 85石은 지대로, 나머지 절반인 85石은 직접 생산자인 6丁(＝30人)의 생계비로 분할된다. 따라서 당시 私田경작농민 1人當 평균생계비는 약 米 2.8石으로 계산된다. 그리고 지표농가의 소유＝경영자인 1頭品 해당 貴族은 米 85石을 지대로서 수취하고 있었던

것으로 된다(2,3…頭品貴族은 그것의 각각 2,3…배의 수임).

6. 맺음말

이상에서 골품과 품의 비교를 통하여 골품의 경제적 기반이 '文武官僚田·百姓丁田'이었음을 밝히고, 그것을 복원해 보았다. 또한 그것의 성격을 고려 양반전시과의 原形으로서의 '免租地'였을 것으로 보고, 그것은 '지표농가제'를 바탕으로 한 지주·전호제적인 형태로 경영되고 있었던 것으로 생각해 보았다. 史料上의 제약 및 능력의 부족으로 상당한 부분에 무리한 추론이 따랐음을 인정하지 않을 수 없다. 그러나 백남운의 문제제기 이후 본격적으로 이 문제가 추구되지 못하고 방치되어온 현 단계에서 이런 정도의 추론은 불가피하며, 따라서 이글은 시론적인 성격을 띨 수밖에 없었다.

주체적으로 근대사에 진입하지 못한 한국사회에서 중세 사회구조 및 성격, 그것의 역사—성립·발전·변질·소멸—를 체계적으로 이해하는 것은 매우 중요한 일이다. 그것은 바로 한국 중세사 연구자들에게 떠 맡겨진 현재적이며 실천적인 과제이기도 하다. 그러한 맥락하에서 필자는 전고에서 한국 중세 사회구조의 생산양식적 지표라 생각되는 토지—노동력(田丁—人丁, 田—役)의 편성체계를 '지표농가제' 혹은 '족정제'란 관점에서 정리해 보았다. 이 글에서는 그런 작업에 연속하여 그 소유적 지표라 여겨지는 '品制'의 실체의 하나를 확인하는 작업을 진행하였다.

이 글에서의 品制논의가 시론적인 의미에서나마 한층 설득력을 가지기 위해서는 다음의 제점이 보다 더 추구되어야 할 것으로 보인다. 첫째 文武官僚田·百姓丁田 외의 여타의 私田(공음전·內視令畓 등)과 品制는 어떻게 관련되어 있었던가가 밝혀져서 보완되어야 한다. 둘째, 公田

은 일반 농민들의 소유이며 그것에는 租·庸·調가 부과되는 것으로 이해
되고 있는데, 이런 성격의 토지는 品制下에서 私田과 어떤 상관관계에
있는가가 밝혀져야 겠다. 셋째, 私田의 성격 및 그 경영의 문제도 보다
심도있게 추구되어야 하겠다. 넷째, 品制 자체가 중세사회를 나타내는
징표로 이해되기 위해서는 品制이전 사회에서 이에 대칭되어 그 기능을
수행했던 제도가 무엇이었으며, 그것이 구체적으로 어떻게 운영되고 있
었던가를 밝혀야 한다. 다섯째, 品制 내부의 성립·발전·변질·소멸의 원
인 및 현상이 실증적이고 이론적으로 규명되어야 하겠다.

가령지 122, 164
가령지배 140
가문적 토지지배 140
가산관료제 120
감무 197, 198
강감찬 184, 191
강릉군부인 137
강사후 105
강수사 84
강융 46
개정·경정전시과 259
개정전시과 100, 112, 114, 140, 261
경대승 92
경순 85
경정전시과 53, 63, 143, 144, 262
경제외적 강제 161
계림공 희 137
계림국대부인 136
계연 125, 129
골품제(骨品制) 185, 227~230, 233~
    236, 243, 245, 246, 252, 256, 262
공·사 대립 24
공·사 연립 11, 21, 23, 24, 26, 27,
    37, 44, 64
공·사 전화 5, 24, 51
공·사의 상호전화 3
공법 130
공신전 10, 72
공연 125, 129

공음전(功蔭田) 5, 73, 75, 89, 233, 269
공음전시 8, 71, 72, 75, 93, 98, 116
공전(公田) 16, 266, 269
과전법(科田法) 53, 54, 186, 245, 266
관료제설(官僚制說) 255
관품(官品) 52, 237, 238, 240, 242,
    244, 245, 250, 251, 256, 257
官品制 256
官品체계 243, 245
광주원군 187, 195, 196
광주원부인 187
구분전 54, 59
국유 121, 162
국유론 4
군인전 4, 61, 69
궁원전 4, 61
貴族制說 255
기삼만 47
기인전 4
기철 46
김개물 46, 47
김경손 85
김경용 138
김광중 138
김극경 50
김덕명 199
김락 84, 86
김록숭 74
김보위 138
김부식 35
김승우 84
김승준 84
김실 47

김심언 42
김양감 137
김영석 138, 154
김원충 105
김원황 92
김유신 264
김은부 135, 136, 140, 184
김이영 56
김인규 139
김인위 136
김인존 137
김인준 84
김정준 137
김존중 56
김중온 85
김진 85
김철 84, 86
김한충 106

나예 105
낙랑군대부인 138
납공토지 5, 69, 71
노동생산성 128, 132, 133
노동의 이중성 162
노진 85
녹과전 13, 16, 54, 55, 59
녹봉 12~16, 31, 55, 144, 250, 252, 266.
녹읍(祿邑) 140, 141, 161, 252, 236
농장 16

대령후 56

면조권(免租權) 121, 266, 267
면조지(免租地) 164, 265, 266, 269
묘청난 198
무산계(武散階) 40, 71, 242
문경왕후 138
문공원 137
문극겸 56, 92
문무관료전(文武官僚田) 43, 186, 252, 261, 263~265, 269
문무전(文武田) 265, 267
문산계(文散階) 40, 71, 75, 144, 241, 242, 256
민희 85

박녹전 85
박문성 85
박송비 84
박수경 196
박술희 195, 196
박연 46, 47
박응소 35
박희실 84
반정 59
방사량 48, 49

배용보 85
배현경 80, 188
백성정전(百姓丁田) 261, 263, 269
백인수 85
백정(白丁) 8, 266
범청(範淸) 186, 232
법종 106
변한국대부인 138
보린 85
복지겸 188
본관(本貫) 120, 121, 162, 183
봉건 영주의 직영지 164
봉건적 사령지(私領地) 184
부곡제 121
비담(毗曇) 234

사농공상론 44, 47, 65
사숙태후 136
사원전 4
사유 121
사유론 5
사적, 가문적 소유 162
사전(私田) 3~5, 12, 13, 28, 44, 50,
    51, 57, 60~62, 65, 69, 141, 266~
    270
사족 28, 45, 46, 49, 65, 186
사패 63
산품(散品) 240, 241, 249
상당군대부인 137
상당현군 136
생산요소 구성의 고도화 133
서호 46, 47
서희 85, 86, 184

성달 188
세계(世系) 119~121, 135, 162, 183
세량 137
소(昭) 194, 195
소격달 80
소광주원부인 187
소유권 5
소황린 35
손변 110
송국화 81
수기 85
수조권(收租權) 57, 66, 121, 266
收租地 266
순덕왕후 124
시정전시과(始定田柴科) 41, 52, 53, 71,
    100, 112, 114, 238, 244, 245, 256~
    259, 261
시지(柴地) 13, 63, 256
식실봉 147, 148, 155, 156, 158~160,
    164, 173
식읍 140~142, 147, 148, 151, 153,
    155~161, 169, 170, 173
식읍주 163
신라장적(新羅帳籍) 125, 228
신분적 토지소유 100, 162
신분적 토지소유제 186
신분적 토지제도 186
신숭겸 84, 86, 188
신충 85

아자개 40
안산군대부인 136
안홍우 46, 47

안효국태부인 136
애선 188
양검 40
양규 85
양반공음전시 5, 70, 74, 93, 114
양반공음전시법 8, 73, 74, 87
양익경 56
양전(量田) 3, 130, 259
양전단위(量田單位) 262
양전제 121
양전척 129
양측적 친속 186
양호 61
양혼 105
엄수안 111
역분전(役分田) 52, 242
연덕궁주 136, 142, 170
염신약 107
영업전 58
예순 105
오연총 85
오탁 85
왕가도 136
왕건 187, 193
왕규 184, 187, 188, 191~197
왕규의 189
왕만세 188
왕무숭 137
왕석 137
왕식렴 196
왕자지 139
왕충 188
요(堯) 194, 195
용검 40
원성후 136
원신궁주 137

원정 81
원평후 136
원혜후 136
유경 84
유규 81
유금필 81
유문율 40
유응규 85
유익 85
유중경 81
유중연 50
유징필 73
유학 49, 50, 65
유형원 127
윤관 85
윤선 85
윤소종 48, 49
윤언이 35
윤징고 184
윤취 111
윤택 92
이공 81
이공주 84
이몽 81
이분연 50
이사남 50
이색 47, 49, 50, 65, 160
이성계 46, 47
이세광 138
이순목 110
이승휴 110
이신석 105
이연소 84
이웅 85
이위 138
이유 85

이자겸 59, 191
이자겸난 198
이자성 85
이자연 81, 123, 184
이자의 144
이자인 138
이작 85
이작승 56
이제로 106
이제현 59, 194
이준창 87, 109
이중약 85
이행 47
이행리 46
이홍숙 58
이휘 50
익양후 12
인경현비 137
인예태후 123, 137
인절현비 137
인정(人丁) 3, 129, 269
인품(人品) 52, 237, 238, 242, 244,
　　245, 251, 256, 258~262
人品制 262
人品체계 243, 245
임민비 107
임연 84
임원애 138
임유간 74

장경궁주 137
전시과(田柴科) 3, 12, 23, 43, 44, 54,
　　55, 65, 71, 72, 89, 121, 144, 186,

250, 252, 255, 261, 263, 264, 266
전의충 85
전이도 111
전장 13, 63, 140, 161
전정(田丁) 3~5, 8, 51, 54, 57, 66, 69,
　　129, 234, 269
전정연립(田丁連立) 3, 5, 23, 27, 28, 37,
　　44, 51, 53, 55, 58, 64, 66, 69,
　　100, 114, 186, 233
전체토지 5, 69, 71
전품 121, 128, 130, 132, 133
전품제 129~131
전호 60, 61, 63, 161
정가신 45, 47
정문 105
정서 56
정선곡 35
정숙첨 199
정신현비 137
정의 85
정전 14, 19, 61
정중부 12, 198
정지상 35, 59
정함 56
정호 3
조가전 61
조맹 184
조문발 110
조숙보 85
조원정 56
조위총 45
조인규 35
조준 54, 111
족정(足丁) 59, 100, 259, 262
족정제(足丁制) 267, 269
주선길 40

중층적 소유 162
지대 3, 4, 13, 16, 27, 37, 51, 64, 161
지주·전호제(地主·佃戶制) 267, 269
地主·佃戶制的 경영 266, 267
지표농가(指標農家) 132, 267
지표농가제 269
직영지 경영 160
직전 56, 59, 149
직전법 53
직촌 121
진준 109
징효대사 187

최충헌 30, 198, 199
최치원 80, 186
최항 22
충층적소유 121
친속 120

ㅌ

토지생산성 128~130, 132, 133
토지소유론 4
토지소유형태 121
토지이용방식 121
토지지배관계 122, 140
통의국대부인 137

ㅊ

차송우 84
차약송 29, 109
채정 110
처간 60
척준경 59, 139, 149
천기 46
총진 85
최균 85
최보 85
최사위 184
최사전 85, 86
최사추 138
최숙 80, 85
최승로 80
최유선 137
최의 9
최자성 137
최지몽 195
최충 105
최충행 105

ㅍ

편호 125
평량후 12
품제(品制) 229, 236, 237, 245, 252,
    256, 259, 262, 263, 267, 269, 270

ㅎ

하공진 81, 85
하원군대부인 136
한산후 윤 137
한안인 85
한영신 56
한인경 184
함규 184, 187, 188
함유일 188

해릉군대부 137
향도 121
向得 265
허겸 135, 136, 140, 141, 151, 153~
  155
현덕수 45
형순 187
홍다구 124
홍유 188

홍중방 35
활리길사 39, 111
황문상 85
황보영 74
효령태자 12
후광주원부인 187
훈전 71
흔도 46